U0722236

重庆市教育科学"十四五"规划 2022 年度一般课题"民族地区农村中小幼德育一体化建设实践与探索"的研究成果（课题批准号 K22YG138639）

中小幼德育一体化建设

——区域实践与探索

陈恒平　李军章　编著

重庆大学出版社

图书在版编目（CIP）数据

中小幼德育一体化建设：区域实践与探索 / 陈恒平，李军章编著. --重庆：重庆大学出版社，2025.6.
ISBN 978-7-5689-4901-9

Ⅰ. G631；G611

中国国家版本馆CIP数据核字第2024V8U154号

中小幼德育一体化建设——区域实践与探索

ZHONGXIAOYOU DEYU YITIHUA JIANSHE——QUYU SHIJIAN YU TANSUO

陈恒平　李军章　编著

责任编辑：陈筱萌　　版式设计：陈筱萌
责任校对：谢　芳　　责任印制：张　策

*

重庆大学出版社出版发行
出版人：陈晓阳
社址：重庆市沙坪坝区大学城西路21号
邮编：401331
电话：（023）88617190　88617185（中小学）
传真：（023）88617186　88617166
网址：http://www.cqup.com.cn
邮箱：fxk@cqup.com.cn（营销中心）
全国新华书店经销
重庆市正前方彩色印刷有限公司印刷

*

开本：720mm×1020mm　1/16　印张：18.75　字数：315千
2025年6月第1版　2025年6月第1次印刷
ISBN 978-7-5689-4901-9　定价：78.00元

本书如有印刷、装订等质量问题，本社负责调换

版权所有，请勿擅自翻印和用本书
制作各类出版物及配套用书，违者必究

编委会

顾　问：任孝云　冉　婧

主　任：李　俊

副主任：卢策群　王付权　陈代全　刘　敏　任牟交

委　员：周　勇　陈恒平　冯国宾　何晓培　龚建涛　郭旭东

编　著：陈恒平　李军章

编　委：胡显强　任传光　龚万琴　唐强生　陈世涛　陈　湧　王元猛
　　　　何玉英　马应顺　侯洪刚　谢中菊　黄　方　郑德友　刘　曦
　　　　邓　超　杨　梅　杨　磊　熊　胜　董　静　窦向军　艾光跃
　　　　金　鋬　罗　娟　谢承红　蔡娅娜　孙雪琴　舒敏亚　李　黎
　　　　昌建敏　刘金波　陈春霞　马　婧　滕　浩　向秋菊　聂春梅
　　　　王茂莲　吴嘉敏　胡贵花　罗远琼　王莉霞　李雨洪　邓雪娇
　　　　赵学乾　何　苗　王子川　任永龙　黄　伟　姚耕容　熊　敏
　　　　何　婧　田　华　黎　庆　蔡小芸　沈元程　毛基勇　张　杰
　　　　谢　磊　任桂花　付姝蕾　刘玉素　刘　洋　周强生　袁小丽
　　　　李　引　万　里　唐小瑛　刘欣梅　晏国敏　任　萍　李晓丽
　　　　赵学斌　谢承丹　张泽容　罗马兰　曾庆峰　罗春梅　陈　媛
　　　　张　帆　蔡照攀　张启林　张德胜　谢　静　廖雪西　任长华
　　　　任泅翔　代世波　张　旭　何泽卫　谢忠灿　肖　山　高人山
　　　　廖海君　周光福　唐春梅　曾善红　张　建　邵建波　王晓莲
　　　　魏云霞　宁　超　黄　胜　赵泽锦　廖小荭　赵泽梅　罗永红
　　　　喻文学　赵小倩　罗晚霞　王　莉

序

党的二十大报告指出："育人的根本在于立德。全面贯彻党的教育方针，落实立德树人根本任务，培养德智体美劳全面发展的社会主义建设者和接班人。"国无德不兴，人无德不立。当前，我国已迈上全面建设社会主义现代化国家、向第二个百年奋斗目标进军的新征程，教育事业进入了高质量发展的新阶段。培养一代又一代拥护中国共产党领导和我国社会主义制度、立志为中国特色社会主义奋斗终身的有用之人，无疑是我国教育工作的首要目标。

"为党育人、为国育才"，中国教育必须始终坚持社会主义办学方向，坚持把立德树人作为根本任务，加快推进教育现代化，建设教育强国，办好人民满意的教育。深化教育改革创新，必须加强和改进学校思想政治教育工作，把立德树人的成效作为检验学校一切工作的根本标准，建立全员、全过程、全方位育人体制机制，培养德智体美劳全面发展的社会主义建设者和接班人。基于此，德育一体化的思想便应运而生。如今，推进德育一体化建设、整体构建大中小学德育体系已成为德育领域的重要主题。

德育一体化建设产生于活动实践的需要，它的提出具有深刻的现实背景，它与德育工作中一直存在并愈益明显的碎片化与系统化的冲突和张力有着紧密关系。这种冲突和张力集中表现为：一方面，德育具有系统化、整体化、衔接化的迫切需要，它是落实国家教育战略、培养全面发展的人的基础；另一方面，德育在现实中又面临着碎片化、分散化、条块化的种种风险，这制约了德育的效果和质量的提高。因此，化解德育的碎片化风险、凸显德育的系统性诉求，也就成了当前以及未来一段时期德育改革与发展的重点。

德育在实现国家教育目的、促进人的完善发展等方面，发挥着基础、核心的作用，具有深刻的系统性诉求。德育的系统性诉求，即德育需要通过自身的理念、目标、课程、方法等方面的一体化建构，来实现培养全面发展的人的使命。

一体化德育从横向和纵向对德育工作提出了要求：横向贯通，积极挖掘各学科、各活动所蕴含的德育因素，整合德育资源。建立多方协同育人机制，实现全员育人、全程育人、全方位育人，促进学生健康成长，达到横向一体化融合共育的目标。纵向衔接，深刻把握幼儿园、小学、初中、高中及职业教育的特点，找准连接首末两端学段的关键结合点，构建纵向衔接、分层递进、低中高学段一体化的德育体系，保证各个学段德育工作的连续性和生成性。

以彭水教委、教师进修校为主导，全域中小幼及职业学校协力，耗时三年完成的《中小幼德育一体化建设——区域实践与探索》一书，吸纳了山东、北京等地德育一体化建设的优势，立足于彭水自身特色，分析了德育一体化的具体情况，研究德育的时代特征，系统地论述了德育一体化的目的论、价值论和理论基础，比较全面地阐述了德育一体化的内容和方法，同时以彭水区域为根基，以大量学校的实践案例作为论证，结合了新世纪对人才的要求，把德育融入整个教育过程中，具有时代的特点，颇有新意。

本书为正在或者打算进行德育一体化建设的区域提供了理论基础和实践方案，同时还有大量翔实直观的案例作为参考，通过阅读本书，无论是书记、校长，还是在一线的工作者，都能有所收获。

储朝晖

2024 年 10 月于北京

前　言

德育在实现国家教育目的、促进人的完善发展等方面，发挥着基础和核心的作用。德育需要通过自身的理念、目标、课程、方法等方面的一体化建构，来实现培养全面发展的人的使命。习近平总书记强调："我们的教育绝不能培养社会主义破坏者和掘墓人，绝不能培养出一些'长着中国脸，不是中国心，没有中国情，缺少中国味'的人！"由此可见，德育工作是区域教育发展固本培元的根本工作。

德育一体化建设是落实国家教育战略，培养全面发展的人的重要基础。德育一体化建设致力于通过一体化来实现德育本质中所蕴含的普遍性，同时在一体化中尊重多样性，在普遍性中寻求"具体问题具体分析"的实践路径的特殊性。基于此，德育一体化建设应以立德树人为根本统领，以一体化的课程标准与多样性的课程体系为核心内容，以开放性、多样化的德育协同机制为主要途径，以良好的德育评价体系为激励和保障，全面提升德育工作的效果和质量。

自 2005 年教育部印发《关于整体规划大中小学德育体系的意见》以来，推进德育一体化建设，整体构建中小幼德育体系已成为德育领域的重要主题。在2014 年，彭水县教师进修校针对区域中小学德育存在"薄弱化、形式化、随意化、空虚化"的现象，在借鉴国内已有德育理论研究成果的基础上，大胆进行区域行动德育整体推动的实践探索，构建了"12345"行动德育项目实践模式，且取得了阶段性成果：2017 年，彭水县进修学校被市教科院确立为"重庆市立德树人特色项目研究基地"；2019 年被市教科院确立为"重庆市立德树人特色项目示范基地"。为了实现区域德育工作的"品牌化、专业化、课程化、常态化"发展，还需要从德育的理论和实践层面，进行系统的提炼和升华；从区域教育与学校本位的角度，思考德育建设的内容；从学校的职能和发展方向上，思考德育建设的策略。2021 年，彭水教委及教师进修校整合区域德育成果，结合彭水地区地方特色和地域文化，深化德育一体化建设，编撰了这本《中小幼德育一体化建设——区域实践与探索》。

本书分为理论篇和实践篇两大篇章。理论篇首先对我国目前德育及一体化德育的背景做了详尽的论述，其次对一体化德育的目标、价值及实施策略进行了分析和解读，目的就是要弄清一体化德育究竟"是什么""为什么""怎么做"，再进一步解读对区域而言，或对彭水地区而言，一体化德育又该怎样做才能切合地域特色，彰显区域文化。

对彭水而言，"规范为本 养心育人"是区域一体化德育的核心和品牌。那么，为什么要以规范为本，为什么要以养心作为育人的核心，具体的实践路径又是怎样的？这也是本书理论篇所要探讨的重点。

有了理论，自然少不了实践，本书的第二部分就是实践篇。实践篇根植于《中小学德育工作指南》，共分为六个章节，分别从管理育人、课程育人、文化育人、活动育人、实践育人、协同育人六大维度进行论述。对于各大育人板块的具体指标，《中小学德育工作指南》提出了明确要求，结合指标以及德育一体化的工作要求，本书提出了针对彭水区域学校的实施建议和解决方案，供校长、德育工作者及班主任参考。为了让校长、德育工作者、班主任乃至任课教师能更清楚直观地去了解和感受每一个维度要怎么做，我们精选了全国范围内比较有代表性的实践案例进行综述，让大家能管中窥豹。本书的核心是区域德育一体化的探索与实践，那么彭水县优秀的案例必不可少，在每一章的最后一个小节，我们收纳了彭水县德育工作取得显著成效的学校案例供一线德育工作者参考，这些案例与全国范围内其他案例相比有以下几大优势：首先，这些案例根植于彭水县，更接地气，更符合彭水自身发展的需求；其次，这些案例更加全面和完善，更适合作为样板和参考；第三，这些案例都是我们当地的学校，是我们的参照和榜样，也为我们追赶和超越树立了标杆。

德育一体化不仅仅是一个德育系统自身的专业问题，同时也是一个事关整个教育生态和社会环境变革的重大社会问题。因此，要想将德育一体化真正落到实处，就必须采取综合治理的推进思路，为一线教育工作者提供一系列完整的解决方案，这便是本书的核心旨归。

　　希望通过本书，给一线的教育工作者带来帮助，让他们能够在教育教学过程中，通过学习各学段的德育理念、德育内容、德育方法等，加深对中、小、幼各学段德育工作的整体认知和理解，提高自身在德育工作中的衔接和贯通意识，全面提升从事德育一体化工作的能力，为区域德育一体化发展贡献自己的力量。

陈恒平

2024 年 12 月

目 录

CONTENTS

理论篇

第一章 一体化德育提出的背景

党的十八大提出,立德树人是教育的根本任务。针对如何立德这一问题,学术研究和一线工作的具体实践在突出问题导向的同时,对学校德育工作的整体设计重视不够,致使德育工作中避重就轻的片面化、学段衔接不畅、引导实际教育教学的效力低下等问题始终得不到解决。中小幼德育一体化思路在解决德育问题的同时,能优化学校教育教学体系,提升中小幼教育的整体质量。

第一节 国内五育发展历程

五育并举是党和国家落实立德树人根本任务的关键举措。2019 年,中共中央、国务院印发的《关于深化教育教学改革全面提高义务教育质量的意见》明确指出:"坚持'五育'并举,全面发展素质教育。"教材体现国家意志,是教师教育学生的重要工具。将五育整体融入教育教学的全过程,对构建以"立德树人"为导向的教育体系和促进学生德智体美劳全面发展具有重要作用。

一、五育并举的历史沿革与内涵

五育并举是我国进入 21 世纪第二个十年的关键期,针对我国教育领域面临的新时代问题而提出的。将五育并举教育思想与新时代教材建设紧密结合具有划时代的意义。

(一)五育的提出及历史沿革

五育并举思想最早可以追溯到我国古代周王朝施行的六艺教育。当时的教育体系要求六种基本才能:礼、乐、射、御、书、数。这就是当时所说的"通五经,贯六艺"中的"六艺"。六艺的属性与五育相对应,礼、乐当属于德育,并涵盖美育;射、御当属于体育,并涵盖劳动教育;书、数当属于智育。古代六艺与五育的教学目标相同,都是培养全面发展的人。

19 世纪末,严复在西方教育学说的影响下,提出"三育说",即鼓民力、开民智、兴明德，分别指向体、智、德三育，认为这三育为国家民族富强的基础。20 世纪初，王国维提出"德、智、体、美四育并重"的教育思想，首次将美育与德智体三育相提并论。

而后，蔡元培在四育并举的基础上，进一步提出五育并举的教育思想，主张"军国民教育、实利主义教育、公民道德教育、世界观教育、美感教育皆之教育所不可偏废"以"养成共和国健全之人格"，该思想将社会价值与人的价值相统一起来，是中国教育思想史上的一大进步。

辛亥革命后，虽然封建统治被推翻了，但是教育领域中的革命才刚刚起步，当时中国的教育处于历史转折的重要关头。1912 年 2 月，蔡元培在《教育杂志》上发表了《对于教育方针之意见》一文，文章系统阐述了五育各自的内涵、作用和相互关系。

（1）军国民教育。即体育，它是物质基础，是实现"强兵"的重要一环。由于当时的我国处于一个内忧外患的状态，对外为了自卫，对内为了反对强权统治。

（2）实利主义教育。即智育，蔡元培把实利主义教育当作"富国"的手段。因为光有士兵身体强健还不够，我们还要加强科学技术教育、提高生产力、发展国民经济，才能在世界竞争中生存。

（3）公民道德教育。即德育，居于核心地位，因为军事体育和实利主义教育虽然是"强兵富国"之道，但是仅有两者还不够。他提倡"自由、平等、博爱"等，希望通过公民道德教育把人从封建伦理道德的束缚下给解放出来。

（4）美感教育。即美育，蔡元培认为美育是进行世界观教育的最好途径，把美育看成是促进科学发展的一种动力，认为美育可以发展人们的个性，调节人们的生活，给人以正当的娱乐和有益的消遣。

（5）世界观教育。它是最高境界，是一种对世界本体论的哲学思想教育，蔡元培认为世界观教育是教育的终极目的。

中华人民共和国成立后，1957 年毛泽东在《关于正确处理人民内部矛盾的问题》中首次明确表述了我国教育方针为："应该使受教育者在德育、智育、体育几方面都得到发展，成为有社会主义觉悟的有文化的劳动者"[1]，强调将德智体共同发展，奠定我国教育实践探索的基础。1999年，江泽民提出"造就有理想、有道德、有文化、有纪律的，德育、智育、体育、美育等全面发展的社会主义事业建设者和接班人"的教育方针，[2]首次将美育纳入全面发展教育的目标中。2018年习近平在全国教育大会上指出要"培养德智体美劳全面发展的社会主义建设者和接班人"，[3]首次将劳动教育纳入全面育人的体系中，意味着全面育人目标体系到了成熟阶段。

2019年，中共中央、国务院印发《关于深化教育教学改革全面提高义务教育质量的意见》指出：坚持"五育"并举，全面发展素质教育。要求突出德育实效，提升智育水平，强化体育锻炼，增强美育熏陶，加强劳动教育。至此，五育并举教育思想再次确立，其内容和质量要求也以文件的形式确定下来。

（二）五育并举的内涵

五育并举指同时发展"德、智、体、美、劳"五育，它是基于人的全面发展而提出的。各育是五育并举的组成部分，在地位上它们是平等的。在功能上，它们又是独特的，每个都有独立存在的价值。

德育促人向善，智育教人求知，体育使人强健，美育助人识美，劳育养人劳力。各育因其独特性而承担不同的育人功能，但它们彼此之间又是相互联系、相互依赖的。德育涵养德性，为其他各育定向，是各育之首；智育养人心智，为其他各育发展提供智力基础；体育强健体魄，为其他各育发展提供生理基础；美育陶冶情感，丰富人的精神世界，为其他各育发展提供心理情感支持；劳育教人实践，能为其他各育发展提供物质基础。

系统论的创始人冯·贝塔朗菲认为系统是由相互联系的要素构成的一个整体。五育并举是由相互联系的五要素构成的整体，是一个系统。

从系统理论的视角来看，五育并举的属性表现在以下几个方面。

---

[1]毛泽东.毛泽东文集：第七卷[M].北京：人民出版社，1999：226.

[2]江泽民.江泽民文选：第二卷[M].北京：人民出版社，2006：332.

[3]习近平.坚持中国特色社会主义教育发展道路 培养德智体美劳全面发展的社会主义建设者和接班人[N].人民日报，2018-09-11（1）.

一是整体性。整体强调五育要素之间的相互关联以及五育与五育并举的部分整体关系，五育不是各育的机械相加或孤立存在，每一要素的发展都需要其他要素的支持。要实现五育并举整体功能的发挥，就要在教育活动中善于利用各类条件，达到育人功能的最优状态。

二是全面性。全面注重学生在德智体美劳五个方面获得充分的、自由的和统一的发展。一方面，五育并举系统本身就要求五个方面都得到发展，缺少某一个要素都不构成为一个系统；另一方面，育人目标有全面性的要求，五育并举必须体现这一要求。

三是系统性（结构性）。系统关注五育并举的结构和功能，结构是五育要素存在的方式，功能影响着结构。

（三）五育之间相对独立

德育有广义与狭义之分。广义的德育指有目的、有计划地对社会成员在政治、思想与道德等方面施加影响的活动，包括爱国主义教育、集体主义教育、道德教育、政治教育、心理健康教育和法治教育等方面。狭义的德育专指道德教育。德育的任务是让学生获得道德认识，促进学生将道德认识转化为道德行为，养成道德习惯和道德品质。德育具有社会性功能、个体性功能和教育性功能。社会性功能主要是指学校德育与社会政治、经济、文化以及自然界等之间的相互作用而产生的结果，包含德育经济功能、政治功能、文化功能和自然性功能；个体性功能指德育对个体生存、发展、享有产生的影响，包括个体生存功能、个体发展功能、个体享有功能；教育性功能是指德育是教育的子系统，具有教育的属性。[1]

智育是教育者有目的、有计划地对受教育者传授系统的科学文化知识和技能，发展受教育者智力的活动。其主要任务是向学生传授科学文化知识，为学生全面发展奠定知识基础，培养学生的基本技能，发展学生智力以及热爱科学和学习的精神。智育的功能表现在其必要性和可能性上。人类智慧水平的提高必须通过智育，人的智力会随着年龄的增长而自然发展，但是这种增长缓慢而无目的，智育是一种有目的、有计划的教育，为智力的发展提供有效条件进而

---

[1]谢廷平.论德育功能［J］.西北工业大学学报（社会科学版），2004（3）：64-69.

加速其发展；另外，智育为智力发展提供可操作的内容，是激发人类智力发展潜力的重要途径。从社会角度看，智育具有促进社会进步的功能，智育通过科学文化知识的传递和再生产进而提高社会生产力和科学技术水平；从个人角度看，智育具有促进个人全面发展的功能，智育促进个体掌握科学文化知识和技能，发展能力，是个体全面发展的途径，有利于提高个体的生活质量。

广义的体育是指提高全体人民健康水平的教育，狭义的体育是指促进学生身体健康发展的教育。[1]体育的主要任务是促进学生锻炼身体，增强体质，具有强健的体魄，学会健康知识，养成良好的卫生习惯。体育的功能包含个体功能和社会功能。个体功能包括强身健体功能、健康心理功能、人际交往功能、休闲娱乐功能、生命美学功能；社会功能包括教育功能、政治功能、经济功能和文化功能。

美育又被称为审美教育，指培养学生认识美、体验美、鉴赏美、创造美的教育。美育的主要任务是树立正确的审美观，培养学生认识美、欣赏美、创造美的能力和审美情趣，提高学生追求更高人生境界和获得精神满足的能力。美育具有直接功能、间接功能和超越性功能。直接功能即提升个体审美素养的功能，间接功能即促进个体品德、智力、身体、劳动技术发展的功能，超越性功能指超出直接功能和间接功能的范围，即追求人生审美意趣的功能。

劳动技术教育是指教育与生产劳动相结合，提升学生劳动素养进而促进学生全面发展的教育活动。劳动教育的主要任务是将劳动知识与劳动实践结合起来，加强劳动实践的参与，手脑并用，掌握劳动技能和技术，树立正确的劳动观，养成良好的劳动习惯，具有培养品德、启发智慧、强身健体、提升审美素养的综合育人功能。

（四）五育之间相互依存

五育之间尽管有着自己的独特性，但德智体美劳任意一项都不能脱离其他四项单独存在，五育之间相互依存。

就德育地位而言，德育必须渗透进各育之中，它是各育的统领，为各育指

---

[1] 沈贵鹏，陈普芳.浅析心理教育课程及其与"五育"课程的关系［J］.当代教育论坛，2003（4）：50-52.

明方向。德育促进知识的获得，使学生以认真负责的态度学习，利用所学知识向善与行善；德育促进体魄强健，德育中包含拼搏精神、团结精神、坚强意志等高尚品德，缺乏这些高尚品德，学生就难以完成身体的锻炼过程，对体育活动的开展起着定向和监督作用；德育促进美育，德与美是统一的，美的东西包含道德，道德中包含美，德育促进学生具有美好的心灵、善意的语言以及高尚的行为，给人以美的感受；德育促进学生参与劳动实践，德育培育学生对劳动的正确态度和情感，进而促进学生参与劳动实践。[1]

智育是德育、体育、美育和劳动教育发展的认知基础和前提，为其他四育提供智力支持。智育为德育奠定智力基础，进行德育时，需要教授学生道德知识，使学生形成道德认知，培养学生的道德判断力，这是通过智育得到发展的；智育为体育提供健康知识和科学训练方法；智育帮助学生获得美的知识，提高其认识美的能力；智育帮助学生获得劳动的知识和技能。

生理发展是个体心理发展的基础，体育为人的全面发展提供健康基础，与其他四育关系紧密。体育传授学生有关健康的知识和运动技能，促进学生大脑和智力发展；培养学生的集体主义精神、竞争与合作意识、规则意识等良好品德；不但促进学生拥有健康美丽的体态，而且培养学生美丽的心灵，养成良好心态和审美观；帮助学生拥有健康的身体，进而能够进行有效劳动。

美育是对德育、智育、体育的进一步升华，具有辅助德智体教育的作用，是全面发展教育中不可缺少的重要部分，具有很强的渗透作用。美育促进道德的升华，以深入心灵的情感促进学生自觉向善、向美，陶冶学生情操；美育促进学生智力发展，激发人们的求知欲，提高学生的学习兴趣，培养学生的创造力；美育在体育中表现为对优美的运动形态、健美体魄以及高尚的体育精神的欣赏。

劳动教育是对德育、智育、体育以及美育的补充和进一步落实。劳动教育促进学生在实践中产生对劳动的热情，形成良好的劳动观和劳动品格；学生劳动过程中运用所学的劳动知识和技术将会提高劳动效率，掌握劳动技能；劳动能够促进学生身强体健，有助于提升学生体能；劳动教育能够让学生感受劳动

---

[1] 余小平，程建.小议德育与各育的关系 [J].软件（教育现代化）（电子版），2014（5）：272.

美，体验用自己的劳动创造美好生活的快乐与满足。

由此可见，每一育都有自己的特点和侧重点，但五育之间又是相互渗透的，每一育都包含着对学生品德、智慧、行为、健康、审美、意志的要求。五育之间体现出一定的关联性，因此在教育活动中，每一种活动都或多或少地完成了各育的任务，只是在活动中，有的任务是显性的，有的任务是隐性的，比如在智育的教学活动中，掌握知识与技能是显性的任务，激发学生的学习兴趣和培养学生良好的学习态度是隐性的任务。

同时各育之间相互促进，互为手段与目的。比如德育任务的完成以道德认知的获得为前提，智育就成为了德育的手段，智育任务的完成也需要不畏困难与失败的态度，德育就成为了智育的手段。微观个体心理学将智育、德育和美育划分为同一层次，以促进个体形成良好的认知、意志和情感，体育是智育、德育、美育的具体化，促进学生身心和谐发展，劳动技术教育是有关其他四育的创造性操作与应用。[1]

因此，五育之间的关系决定了五育不可分割，是一个统一的和谐整体，每一育任务的完成，需要各育的配合与支持，忽视任何一育或者只强调其中一育都是将某一育人为地从五育中分离出来，不利于学生的全面发展。

二、五育并举的价值意蕴

五育并举的核心就是将五育的内容进行有机融合，并通过教育教学进行实施，进而促进学生德智体美劳的全面发展。推进五育并举对立德树人、人才成长和教育教学的建设均有重要意义。

（一）五育并举是落实立德树人根本任务的重要需求

理解五育并举与立德树人之间的关系是厘清五育并举进教材与落实立德树人根本任务之间关系的基础。首先，作为教育的目标要求，立德树人与五育并举之间是根本目标与具体要求的关系：立德树人是根本任务，是总的教育目标；五育并举是实现总体目标的具体要求，是为落实教育根本任务而提出的具体举

---

[1]桑新民.对"五育"地位作用及其相互关系的哲学思考[J].中国社会科学，1991（6）：159-166.

措，最终服务于总体目标。

其次，作为教育的具体实践，五育并举与立德树人是手段与目的的关系，立德树人不是简单的德育问题，而是以德为引领，指向人的全面发展。因此，要实现立德树人的目的，就要构建德智体美劳全面培养的教育体系。实施五育并举，有利于构建全面培养的教育体系，推进立德树人教育实践向前；反过来，立德树人教育实践本身也要求实施五育并举。

（二）五育并举是实现人的全面发展的关键路径

在现代社会，生产力的发展扩大了人们的交往范围。人与人之间、地区与地区之间、国家与国家之间的交往日益频繁，人不仅仅是作为谋生的手段而存在的个体，更是处于丰富的社会关系中的个体，马克思曾经说过："人的本质不是单个人固有的抽象物，在其现实性上，人是一切社会关系的总和。"一个人的社会关系在一定程度上决定着他能够发展的程度，教育要为人的发展提供动力，帮助人的发展处理好各类社会关系所需的品格和能力，使个体可能的发展变为现实的发展，以实现个体生命的和谐丰盈。这些品格和能力凝聚了个体的道德精神、智力、体力、审美情趣和实践能力，发展这些品格和能力需要实现个体这些方面的和谐统一。为此，要实施全面发展的教育，为学生道德、智力、体力、审美和实践能力发展提供路径。

构建五育并举的教育体系，能促进德育、智育、体育、美育和劳动教育在教学实践中得到具体的实施。因此，五育并举是实现人的全面发展的关键路径。

（三）五育并举是个人发展的需要，同时也体现了社会对综合型人才的需求

（1）满足时代对综合性人才的需求。经济社会发展对教育提出一个非常直接的要求就是对人的素质、人的全面素质提升。五育并举的实施能够促进人的全面发展，进而满足时代对综合性人才的需求。

（2）满足个体的需求与发展，提升人的生活质量与幸福感。五育并举的教育举措不仅促进了人的身心健康发展，也给予人更加丰富博大的精神世界，提升个体的生活质量和幸福感。

（3）满足个体终身发展的需要。时代的变化使终身学习成为了人们的共

识，为了适应这种变化，受教育者要力求全面发展，为未来打好基础。

（4）满足个体个性发展的需要。全面发展与个性发展辩证统一，受教育者的个性发展离不开全面发展所积蓄的能量。

（5）满足社会未来发展的需要。社会的发展离不开高质量人才，高质量人才的培养离不开全面发展教育。

三、从五育失衡与分离到融合

2018年，习近平总书记鲜明指出要培养德智体美劳全面发展的社会主义建设者和接班人，但在学科主义、应试教育的观念下，许多学校在实行五育教育时，造成五育严重失衡与分离的局面。主要表现为过于关注智力的发展，注重学生知识的获得和成绩的高低，音乐、美术、体育等课程被随意占用，忽视其品德、身体、审美和劳动技能与精神的发展，使五育失衡甚至缺乏。学校以学科为中心，割裂了知识间的内部联系，将五育看作五类知识，每一学科仅仅关注某一育，忽视了五育间的融合，使五育分离，禁锢了学生的全面和谐发展。五育的失衡与分离使得学校教育偏离教育初衷，抑制了教育效果，无法达成"全面发展的人"的目标，其主要原因还是在于教育者功利主义的教育立场，关注学校的升学率、优生率，将学生作为装知识的容器，不考虑学生的个体差异和承受能力，忽视学生的主体性。

2019年，中共中央、国务院印发的《中国教育现代化2035》中提到"更加注重全面发展，大力发展素质教育，促进德育、智育、体育、美育和劳动教育有机融合"。[1]针对五育分离而导致学生片面发展的问题，国家从宏观层面给出了"五育融合"的导向。

华东师范大学基础教育改革与发展研究所五育融合研究中心主任、首席专家宁本涛指出："五育融合作为一种探索性学术话语表达，更多是从动词和实践方法'怎么做'层面上来讲的，其主旨就是探索如何把培养德智体美劳全面发展的社会主义建设者和接班人这一目标落实到中小学日常教育实践活动中来，如何通过学校、课堂、教师、家长及社区等多元主体协同机制变革，走出'五

---

[1] 中华人民共和国教育部.中共中央、国务院印发《中国教育现代化2035》[EB/OL].（2019-02-23）[2022-10-9].

育失衡'和'五唯'（唯分数、唯升学、唯文凭、唯论文、唯'帽子'）顽疾困境，进而探索建立一个充满自主发展活力的、能持续提升学校综合育人效能的学校治理生态体系。"

五育融合是在五育并举的基础上发展而来，面对五育分离与失衡的困境，五育融合是学生全面发展的重要途径，成为教育改革的重要任务。

四、五育并举的未来发展

（一）要以素质发展为核心

素质教育注重人各方面的实际发展，追求对人的发展的有效引领和促进。发展的内涵包括两方面：一是人的发展的全面性与和谐性；二是人的发展的差异性与多元性，重视和鼓励人的个性发展的多样性。

（二）要确立和体现全面发展的教育观

教育目的的实现，不仅要在人实际发展程度和水平上关注素质教育，还要在内容上关注人的全面发展教育，具体表现在以下几点。

（1）确立全面发展教育观的必要性。人的全面发展已经成为当代世界各国教育普遍重视并努力实现的目标，缺乏全面发展的观念，甚至忽视全面发展，都不能培养和造就适应未来社会发展的人才。

（2）正确理解和把握全面发展教育。首先全面发展并不是指"平均发展"或"均衡发展"，全面发展强调的是人的各方面素质的和谐发展；其次，全面发展不是忽视人的个性发展，全面发展与个性发展是辩证统一的，是联系在一起的。

（三）正确认识和处理五育关系

（1）五育并举指每一育都有自己特定的内涵，有自己特定的任务，有自己特定的社会价值和教育价值。各育之间都不可分割、不可相互代替。这反映了它们在全面发展教育中的关系是辩证统一的。

（2）防止教育目的的实践性缺失。当下中国教育依然有很多问题，在妨碍着全面发展教育的实现，如片面追求升学率的应试教育等就背离了五育并举的教育实践的方向，也背离了教育目的的宗旨。我国当下正亟待解决和防止这些问题，所以，不断强化全面发展的教育观念，加强对教育实践的评估指导是非常必要的。

五育中"德"是核心，所以必须先立德才能进一步实现五育并举，而要实现立德，就需要先构建实现德智体美劳全面培养的教育体系。构建德、智、体、美、劳全面发展的培养体系，既要搭建五育培养体系，又要根据五育融合，强调五育一体。当然教育目标和改革并不会止步于此，"五育并举德育为先"的教育思想未来会被继续完善和拓展。而德育作为五育的核心和统领，实现德育一体化，将是彭水乃至于中国教育未来发展的必由之路。

第二节 习近平新时代德育观

一、习近平总书记关于德育的相关论述

在全国教育大会上，习近平总书记提出了"九个坚持"的重要论述，这是我们新时代教育发展的重要理论指导。其中特别强调要把立德树人作为根本任务，这是新时代加强学校德育工作的重要指导思想，也是习近平总书记德育观的核心要义。所以，我们要坚持把立德树人作为根本任务，作为习近平总书记立德树人德育观的核心理念。

在本书的编写过程中，我们对习近平总书记德育观进行了全面研究、学习和深入的贯彻。习近平总书记关于德育管理有一系列重要的论述，概括起来，包括德育的地位、德育的目标、德育的内容、德育的方法和途径等。

（1）在德育地位上，强调青少年是拔节孕穗期，要扣好人生第一粒扣子，打好底子。

（2）在德育目标上，强调整体性与阶段性相结合，要循序渐进、螺旋上升；强调要培育与党和人民同心同行的人，希望学生做一个心灵纯洁、人格健全、品格高尚的人，一个有文化修养、有人文关怀、有责任担当的人。

（3）在德育内容上，提出了一系列关键内容，如要加强理想信念教育，培

育和践行社会主义核心价值观，传承中华优秀传统文化，加强意志品格教育、劳动意识教育等。

（4）在德育方法上，特别强调遵循规律，知行合一，学用结合，贴近学生，突出时代特点。他特别强调理论与实践相结合，育德与育心相结合，课内与课外相结合，线上与线下相结合，解决思想与解决实际问题相结合，不断增强亲和力、针对性。

（5）在德育形式与途径上，强调加强人才培养体系建设，提出了四大培养体系，注重"以文化人"，强调教师要"学高为师，德高为范，教师作为引路人，要用好课堂讲坛，用好校园阵地，要全方位、全程、全员育人，注重家庭、学校、社会各司其职，形成合力"。

习近平总书记关于教育的重要论述，尤其是关于德育的重要论述，体现了他的德育观。在德育原理的研究过程中，德育问题说来复杂，其实也很简单，就是一个"两化"的问题，一是"内化于心"，二是"外化于行"。"内化于心"就是培养健全的人格，使每个孩子人格完善；"外化于行"是使每个孩子融入社会，成为社会的建设者和接班人。把内化和外化解决好了，也就把德育问题解决好了。这些年我们德育工作中之所以出现问题，是因为这"两化"没有解决好，或者说这"两化"分裂了。

习近平总书记特别强调，在教育过程中，要把多元化价值取向和多元育人任务融合在一起，提出要以"凝聚人心、完善人格、开发人力、培育人才、造福人民"为工作目标，以"五育并举"为育人目标。这两个目标是在新时代指引我们教育价值取向的重要方向。

工作目标中，"凝聚人心"代表了政治性价值取向，"完善人格"代表了个体性价值取向，"开发人力和培育人才"代表了教育的经济性价值取向，"造福人民"代表了教育人才的社会性价值取向。形成多元价值取向的和谐统一，这是党在新时代教育方针中的重大突破，在世界教育史上，也都是非常好的教育价值融合典范。

五育并举的育人目标，是新时代到底培养什么样的人的顶层设计，它体现了马克思主义哲学观。马克思主义的"人学"是马克思主义唯物史观和辩证唯物主义的重要成果之一，主要体现了人的个体性和社会性，而人的个体性和社会性之间的桥梁称为工具性——人的劳动。所谓教育的核心问题，是培养人三种重要的价值能力：要使人成为一个健康的生命体，这是个体性；要使人成为有能力的生命体，就是劳动能力；要使人成为社会的建设者，就是社会性发展，这就构建了三元价值取向。"凝聚人心、完善人格、开发人力、培育人才、造福人民"让这三个价值取向形成了闭合的整体，是全覆盖、全统一的整体，这就实现了对德育问题内化和外化的统一，给我们提供了重要的哲学指引。

习近平总书记在学校思想政治理论课教师座谈会上讲了"八个统一"。

坚持政治性和学理性相统一：是将政治属性建立在具有严密科学逻辑的基础上；

坚持价值性和知识性相统一：要用丰厚的知识成果滋养先进的价值观念；

坚持建设性和批判性相统一：是建设需要批判，批判加强建设；

坚持理论性和实践性相统一：要把教科书与新时代中国这本"大书"融为一体；

坚持统一性和多样性相统一：需要贴近实际、贴近对象、贴近具体；

坚持主导性和主体性相统一：要用主导开发主体，靠主体顺应主导；

坚持灌输性和启发性相统一：需要通过启发达到灌输目的；

坚持显性教育和隐性教育相统一：要用好主干道、开发多渠道。

这八个统一，从目标、内容、效果、方法、价值、评价等方面给我们指出了具体德育工作的基本原则，概括起来就是"螺旋上升，循序渐进"。

二、落实习近平德育观构建一体化德育

全面落实习近平总书记关于教育的重要论述和全国教育大会精神，坚持问题导向，聚焦一体化问题，立足彭水特色，体现彭水特点。

（一）全面贯彻习近平总书记关于教育的重要论述

立足纵向衔接、横向协同，构建新时代中小幼一体化德育体系。这是两个维度，具体涉及目标体系、内容体系、方法体系、途径体系、评价体系、队伍体系、资源体系、家庭社会教育、大德育体系、一体化德育机制体系等

一系列问题。

（二）基于中小学德育工作指南，提出六个基本原则

（1）坚持立德树人与"五育并举"相结合。

（2）坚持遵循规律与改革创新相结合，遵循德育规律、人才培养规律、教育规律，同时实施改革创新。

（3）坚持目标导向与问题导向相结合。

（4）坚持纵向衔接与横向协同相结合。

（5）坚持整体构建与体系贯通相结合。

（6）坚持彭水地域特色与时代特点相结合。

（三）聚焦一体化问题，提出明确指导意见

（1）在德育目标上，整体构建德育目标。虽然德育目标可能在不同阶段有所不同，但理想信念教育、社会主义核心价值观教育、公民教育、生态教育、行为习惯教育要贯穿所有学段，方法可以不同。

幼儿园阶段重在感性认知，培养良好习惯；小学阶段重在启蒙道德情感、塑造完善人格；初中阶段重在打牢思想基础，培养良好品行；高中阶段重在提升政治素养，树立良好志向。中小幼各学段要尊重学生认知规律来构建这个工作体系。这样，目标既有整体也有分层，相互结合。

（2）在德育内容上，要根据不同学生的认知规律，重点整合德育内容。

（3）在德育方法上，由近及远、由己达人，由感性到理性，以循序渐进、螺旋上升为原则，提出了不同阶段德育工作的侧重点，如：幼儿园体验式活动，小学仪式活动，初中知识学习、实践融通，高中思想政治课和各学科渗透、理论学习与社会实践相结合。

（4）在德育途径上，强调不同阶段德育的融通，强调主要德育渠道、重要德育渠道、常规德育渠道、辅助德育途径和补充德育途径的相互结合。

（四）贯彻党的教育方针，提出一体化德育实施原则

德育的实施原则主要分为"三中心、四原则、五要素、六维度"。三中心

即"以学生为中心，以行动为中心，以生活为中心"，是学生自主性、能动性和参与性的集中体现。四原则即坚持"进、小、实、亲"的工作原则，具体来讲："进"指进家庭，进学校，进社会；"小"指小处着眼，小处入手，小事做起；"实"指真实的情感，实际的行动，求实的态度；"亲"指亲切融洽，可亲可信，亲身践行。五要素即包含"理想信念、社会主义核心价值观、中华传统文化、生态文明和心理健康"教育五个方面的内容。六维度即以《中小学德育工作实施指南》为遵循，从"课程、文化、活动、实践、管理、协同"六个方面进行区域德育一体化实践。

（五）加强一体化衔接、构建一体化机制

建立中小幼一体化干部教师贯通式培训与教研机制；建立中小幼一体化德育优秀案例和教师评选机制；建立跨校德育衔接机制。

第三节　德育变革的战略选择

教育是综合国力的基础，随着社会的快速发展，综合国力的强弱越来越取决于劳动者的素质。1999 年，中共中央、国务院发布的《关于深化教育改革全面推进素质教育的决定》一文对全面推进素质教育做出了详细的论述，指出各级各类学校要更加重视德育工作，改进德育工作方式方法。在素质教育的观念下，学生思想道德素质的培养得到了进一步强调和明确，强调德育与各育的统一与融合；学生素质的提高是教育的落脚点，凸显了学生的主体地位，强调德育的实施要依据学生的需求，要求学生的充分参与；强调社会发展需要与人发展需要之间的结合。素质教育的全面推进为德育带来了新的发展机遇，各级各类学校应该抓住机遇，适应社会发展对教育的要求和素质教育的需要，做好有关德育的战略调整，主要包含以下方面。

一、德育先行战略

德育是我国教育改革的一个突破口，德育的变革将带动其他方面工作的不断完善和发展。学校教育的根本宗旨是培养全面发展的社会主义建设者和接班人，德育先行即将德育放在首位，以德育为学校教育的根本指向，保证办学方向的正确性，培养高素质，特别是思想品德素质高的社会主义建设者与接班人。

国无德不兴，人无德不立。德行是个人成长的基础，个人只有具备崇高的品德，才能为社会作出贡献，在社会上立足。一个国家和民族，只要加强全社会的思想道德建设，持之以恒地引导人们追求有道德的生活，将过有道德的生活作为人们的主流生活，就能产生巨大的精神力量，凝聚人民思想共识，使全体人民在理想信念、价值理念和道德观念上紧密团结在一起，共同推动社会的进步与兴盛。

从历史发展的角度来看，从古至今，德育一直是教育家们讨论的重点，人们将"德"看作是内在于生命的东西，德才兼备是对人才的要求，也是用人传统，有才无德之人与有德无才之人都不是理想的人才，正如儒家所说的"智德兼举""仁智合一"，体现了对智德的重视，更是把智看作是一种特殊的道德，将德行看作教育的灵魂，揭示了知识与道德之间的密切联系。进入科技与经济飞速发展的时代，由于科学本身的革命性，传统知识的边界不断扩展，人们汲取着丰富多样的知识，享受着技术带来的便利，也遭受着多样化伦理道德观念的冲击。网络渗透人们生活的方方面面，现代科技发展扩大了人们的交往面，丰富了交往内容，将人包围在数字之中，人与人的交流异化为人与机器的交流，传统道德约束人们的难度增大，人们的道德关系更加复杂，形成道德自律成为迫切任务。

现代科技文明已成为不可逆转的历史潮流，道德关怀与现代技术相结合是新时代下德育应该关注的问题，思想道德作为一种精神力量，为学生的成长与发展提供源源不断的动力，对学生全面发展起着不可替代的作用，思想道德规范不仅是一种信念，也是一种责任，德育先行是历史的选择也是现实的需要。

二、德育创新战略

道德具有历史性，随着时代的发展而对道德教育有着不同的要求。新形势下，只有进行德育创新，才能增强德育的针对性和说服力。加强中小幼德育工作必须进行不断创新，主要从以下几个方面入手。

（一）转变德育观念

（1）改变"重智轻德"的观念。社会竞争激烈，应试教育仍然是一种有效率的知识教育途径，但是片面追求考试分数，培养出来的人有着广博的知识却没有高尚的品德，这样的人就算不上人才，这样的教育也算不上好的教育，无法实现科教兴国、人才强国。因此学校、家长、社会要走出僵化的教育模式，构建共同的价值信仰。

（2）转变"小德育"的观念。德育不只是学校的责任，是整个社会的共同责任。在这个开放的社会，德育也应该是开放的，凝聚德育合力，不断推进德育发展，不断促进学生全面和谐发展，形成全员、全程、全方位的德育格局。

（二）探索德育方法

（1）传统的德育以道德知识灌输、典型人物、集体教学、奖励惩罚等为主要方法，这些方法有其优势的一面，但也有其局限，忽视了学生的个别差异和主体性，难以对学生产生长远的动力效果，使得德育短效无力。因而德育实施要注意学生道德的时代特征和个性特征。

传统德育由于生产力不发达，空间、时间、距离有所限制，将大多数人的交往局限在特定的地方，使得人们的交往面窄，德育内容简单，人们对道德的依赖性和服从性强，德育的实施往往是自上而下。[1]

（2）互联网时代的到来扩大了人们获取知识的途径和范围，促进了学生对道德的自我思考。学生的自我意识觉醒，摒弃权威，对传统的道德说教持怀疑和厌烦态度，高年级的学生更是如此。因此，德育实施过程中，要摆脱传统德育方法，探索新的德育方法，将"灌输教育"转变为"养成教育"，开展各种德育活动，从小处着手，大处着眼，让学生融入道德情境中，注重学生道德体验，唤醒学生的道德自觉。

（3）重视隐性德育，发挥环境的育人功能和教师的榜样作用，注重教师师德的培养和教学艺术，让学生在和谐友好的氛围中得到道德的熏陶。同时，加强德育与科学技术的融合，整合德育媒体资源，实现德育的现代化，创造富有

---

[1]韩美兰.现代科技发展对道德进步的意义［J］.理论探索，2004（4）：21-22.

时代气息的德育场景。

（三）更新德育内容

（1）传统德育重视政治教育，强调学生意识形态的培养，忽视学生创新动机的培养和个性教育。传统德育以学科德育为主，教师缺少在学科德育课堂之外培养学生品德的意识，所学内容枯燥无味，学生缺乏兴趣，德育质量低。传统德育将德育的场景局限于教室内，德育内容与现实生活、大自然缺少互动。因此，要加强对学生的心理教育，增强创新动机和能力的培养，加强学生的个性教育，将激发学生创新动机、培养学生创新能力、发展学生个性作为德育的主要内容，训练学生发现问题、解决问题的能力，养成克服困难的勇气和合作精神。

（2）要突破书本教育的局限，只埋头于书本难以培养出符合时代要求的人才，应选择学生感兴趣的内容，在课堂上融入社会热点，继承和弘扬中华优秀传统文化，也吸收国外的优秀文化，使德育贴近实际生活，开阔学生眼界。另外，要突破德育场所的局限，加强生态德育和网络德育，不再将德育困于教室之中，于大自然、大社会中对学生进行德育，认识到人与自然以及不同民族和国家之间的密切关系，激发德育活力。

（四）改革德育评价

（1）德育评价是学校德育工作的重要环节，它是提供德育反馈、检验德育效果以及改进和修正德育过程的重要手段。目前德育评价维度单一，以考试形式或者积分形式将德育数量化，或者以操行评定的方式对学生进行评价，测查的是学生的外显行为或者知识性的内容，学生心理健康、合作精神、人际交往等方面未纳入德育评价中。[1]

（2）在德育评价主体上，实施多元主体评价，家长、教师、学生都参与到评价当中。将评价的权利还给学生自己，鼓励学生自我评价、相互评价，发展学生评价能力，促进自我反思；教师要提升德育敏感性，善于发现生活中的德育契机，有能力对学生良好的道德行为和品质做出判断，并对学生的德行做出

[1] 王烨晖，辛涛. 当前我国德育评价的困境与出路 [J]. 中国德育，2015（11）：24-27.

正确反馈；学生在家中更容易表现出自己真实的德行，家长参与到德育评价中来会对学生的德行产生很好的监督作用。

（3）在德育评价手段上，实施常态化的德育评价，将德育评价手段细化到学生学习和生活中去，淡化成绩分数，重视道德实践层面，体现人文关怀，同时评价不限于书面记录，重视积累德育评价数据和信息，利用信息技术引导各方关注并跟踪了解学生品德发展状况，鼓励学生培养良好道德行为。

（4）在德育评价内容上，对学生道德品质进行多维度测评，重视对学生情感、动机、行为的评价。

创新是一个国家的灵魂，德育同样离不开创新。创新型国家战略是事关社会主义现代化建设的重大决策，教育是一个国家的基础，实施创新型国家战略离不开教育创新，如何实现德育工作的突破，走出一条德育新路是教育创新的重点。

三、因材施教战略

因材施教是指在了解学生的基础上，针对性地对学生进行教学。包括尊重学生的个性特征，发挥教师的专业优势，合理利用教育资源。

因材施教是推行素质教育的前提，符合现阶段国家人才发展战略，也符合个人发展的需求。一方面，在国际竞争激烈的今天，人才的竞争是核心，人才是社会发展的宝贵资源，是创新最关键的要素，这已经达成社会共识。社会各界对人才的质量和数量的需求不断上升，因材施教是培养多样化创新型人才的必要途径，是人才发展战略的必然选择。另一方面，每一年龄阶段的受教育者的个性特征有其共性，不同的受教育者的个性特征也有差异性，因材施教符合个体自身发展的需求，促进个体成长。

因材施教在德育中发挥着重要作用，实施因材施教战略要面向全体学生，每一位学生都有向上发展的需要，都有思想道德品质发展的需要，在目标体系的建立上，要设立每个学生都能达到的基本目标。此外，不同的德育对象在思想道德方面有差异性。科尔伯格提出的道德发展阶段理论为德育科学化作出了巨大贡献，该理论将个体的道德发展划分为三水平六阶段，指出个体的道德发展是阶段性的、渐进性的。德育实施要适应学生的年龄和道德发展水平，要根据个体的实际情况进行德育，对幼小中不同阶段的学生进行针对性德育，力求发挥德育实效。

总之，因材施教战略主张德育既要面向全体，又要面向个体，同时进行分层次的德育，全体学生的思想品德既要得到基本的发展，也要得到个性发展，对部分学生的思想品德提出高要求，储备社会主义建设积极分子。

第二章　一体化德育的目标、价值与实施策略

第一节　为什么实施一体化德育

自从 2005 年教育部印发《关于整体规划大中小学德育体系的意见》以来，推进德育一体化建设、整体构建大中小学德育体系已成为德育领域的重要主题。德育一体化建设产生于实践的需要，它的提出具有深刻的现实背景，它与德育工作中一直存在并日益明显的碎片化与系统化的冲突和张力有着紧密关系。这种冲突和张力集中表现为：一方面，德育具有系统化、整体化、衔接化的迫切需要，它是落实国家教育战略、培养全面发展的人的基础；另一方面，德育在现实中又面临着碎片化、分散化、条块化的种种风险，这制约了德育的效果和质量的提高。因此，化解德育的碎片化风险、凸显德育的系统性诉求，也就成了当前以及未来一段时期德育改革与发展的重点。

一、一体化德育的基本概念与问题

从历史溯源来看，中小学德育一体化早在 20 世纪 80 年代就已提出，上海市普陀区真如中学于 1988 年着手进行德育一体化实验。在 2005 年，教育部印发的《关于整体规划大中小学德育体系的意见》，是德育一体化体系构建的重要政策依据。

（一）"一体化德育"和"德育一体化"

1. 德育一体化

德育一体化是一个复合概念，要清楚其概念，就要解释"德育"与"一体化"的概念。关于德育的概念前文已经阐述，这里就不再赘述。"一体化"是一种系统思维，其实质是将部分化为整体，处理好部分与整体的关系。德育一体化是改革开放之后为了推进德育科学化、系统化、实效化而形成的新理念。

对德育一体化的概念，有不同的说法，有的学者认为德育一体化主要指的

是学校德育、家庭德育与社会德育的结合，从而形成德育合力，使德育在每个领域发挥其最佳作用。[1]一部分学者认为德育一体化主要指的是将学校道德教育与生活中的道德教育结合起来的教育模式。[2]

还有一部分学者对德育一体化进行了综合概述，认为德育一体化就是运用系统的方法对学校德育纵向、横向进行综合的整体设计，从而达到德育的有序、高效和整体优化。[3]纵向方面的德育一体化主要指小学、初中、高中的德育衔接，而横向德育一体化包括家庭德育、学校德育、社会德育的结合，德育目标、内容、途径、方法、管理与评价等道德要素的结合，学校道德与校外道德实践的结合。

由此可见，德育一体化包含德育的各方面，包括纵向、横向、外部、内部等进行整合，形成德育共同体，发挥德育合力。

2. "一体化德育"和"德育一体化"概念区分

谈及一体化德育概念时，有研究者对"一体化德育"概念进行了说明：聚焦新时代德育提出的纵向衔接、横向贯通，研究的内容就是一体化德育，主要是强化统筹、突出协同、立足实践三方面的研究。有研究者指出，一体化德育是把德育对象、德育活动、德育机构作为一个整体，依据德育规律所进行的大中小幼一体化德育实践系统，将德育工作体系化。这是一个德育的统一体，也可称为大中小幼德育共同体。其中薛丽霞将"德育一体化"和"一体化德育"设为同级标题，她说："德育一体化是当下乃至未来一段时间内学校德育工作努力的方向"。[4]这是在将德育一体化和工作方向画等号，而"一体化德育"更多是与体系相结合。能佐证此观点的还有申敬红，她著文一直都在强调"一体化德育体系"和"德育一体化建设"。这已经是在做出相应的区分了。

[1]张健，潘国梁.学校、家庭、社会德育一体化课题研究报告[J].上海教育科研，1991（2）：46-48.

[2]刘世明.德育一体化运行机制研究[J].教学与研究，2002（7）：70-73.

[3]张孝宜，李辉，李萍.德育一体化研究[M].广州：广东高等教育出版社，1997：2.

[4]薛丽霞.构建德育一体化，共绘最美"同心圆"[J].北京教育（普教版），2021（10）：16-18.

相关表达表明，德育一体化一般不和"体系"二字结合，而是和工作、建设等词语结合。相反，"一体化德育"则是更多与体系二字结合。

（二）一体化德育的基本问题

把握基本问题，才能求真务实。一体化德育涉及育人目标、内容、方法策略、实践模式、机制保障和效果评价等基本问题。

（1）积极构建中小幼一体化德育体系，是解决育人根本问题、落实立德树人根本任务、培养德智体美劳全面发展的社会主义建设者和接班人的战略选择。

在育人目标落实过程中，应该处理好以下几个关系：

为党育人、为国育才和为儿童青少年身心健康发展、人生幸福奠基的关系；

理想信念、心理健康和良好习惯的关系；

学生发展的主体性、自主性和育人者的导向性、客体性的关系；

学校家庭社会协同育人和儿童青少年接受性、适切性的关系。

（2）在内容上要突出学段纵向衔接，上下学段的育人衔接点是关键和难点；在教育方法途径和课程资源支持方面要突出横向协同；育人策略要强调全员全过程全方位。

在立德树人前提下，学段之间，学校家庭社会之间，内容、途径、方法之间相结合，形成育人共同体和大德育体系，发挥出系统协同、整体优化的效应。著名教育家陶西平同志生前特别关注教育的全过程优化问题，积极倡导钱学森先生的"大成智慧学"理论，主张德育要集大成，得智慧。他的教育嘱托非常值得大家学习和落实。

（3）一体化德育实践模式探索应该各具特色，主要包括学校家庭社会的教育协同策略、中小幼育人目标内容建设策略和课程体系纵向衔接策略。育人实践模式的个性化、多样化、丰富性和特色性是一体化德育实践模式的建设主轴。目前，一体化德育在实施层面存在着"千人一面、学段割裂、内容庞杂、难以操作、效果不彰"等问题。开展区域一体化德育实验，是应对育人复杂性的理性选择。

（4）一体化德育机制保障涉及学校德育实践机制、政府管理体制、效果评价等。德育运行模式有宏观、中观和微观三个层面，都需要解决好纵向衔接和横向协同的问题。只有结合国家、省市、学校的不同育人责任，从一体化德育政策设计入手，才能有效解决立德树人系统化落实机制的问题。

二、主导一体化德育的要素

（一）主观和客观要素

1. 地区经济水平

经济基础决定上层建筑，经济基础是上层建筑赖以生存的根源。一个地区的经济发展水平一定程度上决定着该地区的教育水平。因此，区域德育一体化建设同样离不开经济发展水平。良好的经济水平为德育一体化提供经费上的保障，推进德育变革。

经济发展能够改善区域德育一体化建设办学条件，优化教学资源配置。教学设施与教育效果密切相关，经济发展能够满足各学校设施设备的需求，为学生提供良好的学习环境，提升教育效果，促进区域德育水平的提高。经济水平不同，人们的教育理解、教育观念、教育意识也有所不同。经济发展较好的地区，有条件接受先进的教育理念，人们对教育都比较重视。在经济发展有所欠缺的地方，人们更多关注基本生活需求的满足，相比之下对教育重视程度不足，同时教育观念也相对落后。

良好的经济水平能够留住人才，同时吸引人才。经济欠发达地区往往会有人才流失现象，外出务工人口增多，留守儿童的数量也随之增长。由于家庭结构不完整，监护留守儿童的成人往往是祖辈或者母亲。祖辈年事较高，精力和知识储备有限，难以辅导孩子教育。这些家庭的母亲，除了孩子教育问题还有许多其他事务需要操持，这就使得对孩子的监护力不足，由此在家庭德育方面存在挑战。良好的区域经济水平说明有较高的生产力，有较多的就业机会，有助于留住本地人才，同时加强在师资和教育方面的投入，吸引从教人才。

2. 教育观念

理念引领行为，教育观念的转变引领德育的变革。不同地区的教育观念影响着教育发展水平。先进积极的观念思想需要通过教育进行传播，必然影响对德育内容的选择，增加德育丰富程度，提高德育发展水平。

封建社会时期，学校出现，德育具有明显的阶级性，德育与生产劳动相分离，具有封闭性。现代社会，德育水平达到更高的层次。

德育价值体系与思维方式影响着德育全过程。德育工作是一个复杂的系统，受到社会、家庭、学校多方面因素的影响。新时代，互联网的飞速发展与外来文化的冲击使得德育工作情况更加复杂，并且德育具有自主性，学生生活背景不同，道德选择与水平有所不同，使得德育一体化建设面临阻碍。因此构建正确的德育价值观和思维方式是推进德育工作的关键因素。

3. 个体自身发展需求

人的身心发展具有顺序性、阶段性、差异性和不均衡性，这要求德育工作要循序渐进，不可不考虑学生年龄阶段进行超前德育，也不可落后于学生的发展。对不同阶段的学生教授适宜的德育内容，同时考虑不同阶段之间的衔接。德育过程要充分考虑到学生之间的差异性，对道德发展程度不同的学生进行因材施教，使得每个人的思想道德得到最大化发展。

科尔伯格将人的道德发展分为"三水平六阶段"，即前习俗水平，包括惩罚和服从的道德定向阶段、相对功利主义的道德定向阶段；习俗水平，包括寻求认可的道德定向阶段、维护权威或秩序的道德定向阶段；后习俗水平，包括社会契约的道德定向阶段、普遍原则的道德定向阶段。科尔伯格的理论指出道德行为、道德情感、道德认知的发展都具有阶段性的规律。

人的身心发展和道德发展的特征要求将各种因素综合起来考虑德育工作，将各阶段的德育连贯起来，进行整体性德育。德育的对象是人，一体化德育必须要考虑到这一点。

（二）一体化德育的时代要素

党的十八大以来，我国一体化德育迎来健康发展的新时代，具有如下时代特征。

1. 突出一体化德育的全局性、系统性和整体性政策设计

北京市学校德育研究会会长关国珍多次强调，新时代一体化德育领域更广

泛全面，更强化大德育视角、大育人格局，尊重育人规律。而且，各级政府统筹协同德育发展的自觉性更强，一体化德育发展具有现实性和前瞻性，德育日益成为我国教育发展的核心和灵魂，"三全育人"成为立德树人的规律性认识，党和政府日益注重德育目标的纵向衔接，强化学校家庭社会协同育人的一致性。

2. 突出一体化德育的制度构建

《关于深化教育体制机制改革的意见》强调，要健全立德树人系统化落实机制。要针对不同年龄段的学生，科学定位德育目标，合理设计德育内容、途径、方法，使德育层层深入、有机衔接，推进社会主义核心价值观内化于心、外化于行。这是一体化德育建设的制度构建重点。

3. 突出一体化德育体系建设的科学性和规律性要求

一体化德育体系建设更加注重育人规律，符合儿童青少年身心发展需求和年龄阶段特点，强调循循善诱，螺旋上升，防止急功近利、揠苗助长的错误做法。习近平总书记在学校思想政治理论课教师座谈会上提出的思政教育要做到"八个相统一"，是一体化德育体现科学性、规律性的时代规约。

4. 突出一体化德育实践创新的价值导向

一体化德育体系建设研究与实践是新时代中国共产党治国理政大局对教育发展提出的新要求，更加强调德育实践层面的价值引领与协同创新。思想政治理论课是落实立德树人根本任务的关键课程，而创新落实立德树人根本任务是一体化德育研究和实践的初心。

（三）一体化德育的创新与实践要素

（1）以问题和目标为导向，大胆探索一体化德育发展的体制机制，是落实一体化德育体系建设标准的需要：将中小幼各个阶段的学校德育进行统筹，借助一体化德育机制和体制优势，统筹聚合各类德育资源和研究力量，聚焦一体化德育建设研究，纵向衔接，横向协同，提高德育发展的整体效益，在落实立德树人根本任务方面发挥前瞻性和引领性作用。

（2）以理论和政策学习引领一体化德育发展：以习近平新时代中国特色

社会主义思想的学习为引领，加强骨干队伍思想建设和业务建设，深化对一体化德育意义的认识，明确一体化德育的发展方向。彭水教师进修校开展系列实践调研，把握德育实践脉动，进行一体化德育内容的建构，当好德育政策"思想库"，盘好德育"资源库"，组好德育研究"专家库"，建好德育实践"项目库"。

（3）以德育政策需求研究为重点，推动一体化德育可持续发展：聚焦一体化德育，彭水教师进修校围绕一体化德育，开展接地气的研究，聘请知名专家为一体化德育研究咨询顾问，积极发挥指导作用。

（四）一体化德育未来发展要素

1.以自觉学习引领一体化德育实践创新

深入学习理解习近平总书记关于立德树人系列重要讲话精神和全国、北京市教育大会精神，特别是学习领会好党的十九届五中全会精神，深化教育理论学习，积极落实关于"建设文化强国、教育强国、人才强国、体育强国"的2035发展愿景，聚焦立德树人根本任务，强化高质量发展主题，以一体化德育研究项目推动德育实践创新。巩固一体化学校德育研究品牌的建设，开展一体化育人故事同台分享活动、一体化德育骨干队伍培训和德育资源、专家、项目、数据基础建设，夯实学校德育研究基地建设。建立开放的德育研究发展格局，适度扩大一体化德育研究基地学校。协同社会资源单位，落实一体化德育横向研究。

2.注重顶层设计，构建"大德育"格局

德育发展的体制性问题突出，一体化德育发展具有复杂性和挑战性。目前，制约中小幼德育发展的关键问题是许多地方依然缺乏统筹协调的组织机制和研究机制，碎片化、割裂式管理和研究普遍存在，尚没有彻底打通中小幼德育的组织化路径，缺乏管理和政策上的统筹协同，形成了德育的体制性壁垒。德育一体化是一项社会系统工程，应该着力构建全员、全方位、全过程、全面发展的"大德育"育人新格局。尤其是注重家庭和社会协同，每个人在家庭的时间最长，受社会影响最大，不能一出校门就动摇和改变教育信念，必须做好顶层设计，从内容、机制、评价、衔接等方面以上推下、持续推进。

3. 各美其美，积极进行一体化德育研究和实践创新

我国中小幼德育一体化研究有很好的理论和实践基础，北京、上海、山东、浙江、福建等省市特色很鲜明，地方一体化德育课程建设成效明显，教育政策的驱动性强。浙江省出版了大中小幼一体化德育地方教材，推荐全省使用。教育部在山东省召开课程德育一体化建设现场会，推介山东省的德育课程一体化经验。一体化德育研究与实践要纵横结合，从两个角度进行研究和实践：一个是纵向的学段衔接，形成大中小幼德育一体化目标系统和实践系统；另一个是横向的育人体系构建，形成家庭、学校、社会"三位一体"育人体系，交汇于立德树人的过程中。

抓住强化德育一体化发展机遇，赢得未来。在新时代，中小幼德育一体化领域更加广泛全面，幼儿园也被考虑进来；国家层面更强化新时代大视角、大格局德育，尊重育人规律和学生成长规律；各级政府统筹协同德育的自觉性更强，发展一体化德育的现实性和前瞻性更突出。

三、德育碎片化的现实与系统化的诉求

（一）德育的碎片化风险

1. 德育的基本理念及目标导向存在碎片化风险

（1）从德育基本理念的角度来看，当前德育基本理念的研究仍然存在着一定程度的碎片化趋势。如何更好地凝聚德育共识，促进德育理念的整合，聚焦立德树人根本任务，依然是德育理论研究需要解决的重要问题。

改革开放以来，德育基本理念的研究已经取得了巨大进展，一批批德育学者基于中国国情、教育实情开展了深入的理论探索，形成了诸如生活德育、情感德育、欣赏型德育、制度德育、生命德育等德育理论及模式，对中国德育事业的发展产生了重大推动作用。但是，如何在这些理论创新、学术争鸣的基础上凝聚德育理论的共识，依然是今后很长一段时期德育建设需要面对的主题。也正因为如此，有必要对德育基本理念展开一体化、系统性的整合和建构，这

也是未来德育发展的需要。

（2）从德育目标的角度来看，当前的德育目标也依然存在着一定程度的碎片化风险。例如：各学段之间的目标体系的条块分割状况仍然比较显著，需要整合、升华出更加贯通和衔接的核心目标体系。这就需要在德育领域中构筑国家教育目标、人才培养目标、课程目标以及教学目标之间的一体化的和谐、平衡关系，共同服务于培育时代新人这一总目标。但是，在当前的中小幼德育目标体系当中，国家教育目标、人才培养目标、课程目标及教学目标依然是比较分散的，没有很好地以立德树人为灵魂和统领，缺乏对总目标的全面、系统和深刻的把握，没有把总目标层层分解，有效地落实到各具体目标当中，从而造成德育目标体系在一定程度上的分散化与碎片化。

2. 德育课程内容及教学方法存在碎片化风险

（1）在纵向衔接上，各个学段的课程内容依然不顺畅，往往呈现出"各学段各自为战、相互割裂"的状况，没有使各学段的课程内容构成纵向衔接、分层递进的有机整体。例如：当前义务教育阶段主要使用的是《道德与法治》的课程及内容体系，但是高中阶段课程内容又自成体系，课程的基本理念及内容和小学阶段、初中阶段有较大区别，在结构的统一、内容的衔接上都存在着不小的问题，各学段之间的"裂痕"仍然比较深。

（2）在横向协同上，德育课程的内容体系各内容模块之间也存在着"各自为战"的问题，没有形成紧密的联系。德育在内容体系上涉及个体品德模块、社会公德模块、思想政治修养模块，同时还有心理健康模块、法治教育模块、传统文化教育模块等。各个模块之间的关系是什么？如何才能促进各个模块之间形成横向的有机衔接和贯通？这也是当前德育内容体系建构中亟待解决但又没有解决好的问题，并且如果这个问题没有解决好，德育课程内容就容易产生模块分立、缺乏有机联系的弊端。

（3）德育的教学方法层面也缺乏整体的、系统的设计，教学方法呈现出多元、分散乃至于随意的现象。知性讲授法、榜样德育法、叙事德育法、道德两难法、社会行动法等各种方法不一而足，但是，各个学段的德育工作在方法层面上一直缺乏系统的、整体的谋划，没有形成科学、合理的德育方法体系以供德育教师们选择和使用，这样就制约了德育工作实效性的提升。

3. 德育评价及矫正机制存在碎片化风险

德育评价具有评价、诊断、导向和激励等功能，它在推动德育工作发展的过程中发挥着重要作用。当前，德育评价及矫正机制的碎片化问题，主要体现为以下几个方面。

（1）缺乏系统、有效的学生品德评价机制。根据对国内各个学段的德育评价情况调查发现，受中考和高考的影响，初中、高中阶段的学生品德评价几乎都是以考试为主，而通过考试来完成学生品德评价本身是不科学、不合理的；小学和幼儿园阶段一般是采用日常操行评定及考试。可见，中小学的德育评价并没有形成贯通、衔接的体系，没有形成一体化、衔接化的评价理念及机制，各个学段是相互背离、分裂的。在没有系统性、整体性德育评价机制的情况下，德育工作的效果无疑将大打折扣。

（2）缺乏对学校和教师的德育工作成效的系统性的评价和督导机制。对学校德育工作的成效，到目前为止依然缺乏系统性的指标体系来加以评价和督导，由此也就很难对学校德育工作进行优劣奖惩的判定，而德育评价对于学校德育工作的反馈、导向和矫正功能也就无从发挥。同时，对教师的德育工作效果也同样缺乏系统性的评价机制。目前，教师对立德树人根本任务的落实、对德育工作任务的落实，落实得好不好，依然缺乏系统性的评价和诊断机制。对教师的评价主要集中在考试成绩和升学率的评价，而缺乏贯通性、系统性的教师德育工作的评价。评价机制的"缺席"，也在很大程度上使教师的德育工作缺乏有效的指导和激励。

（3）德育的途径及渠道存在碎片化风险。德育工作是一项系统工作，它需要系统性、一体化的途径和渠道来更好地完成育人的使命。当前德育的途径及渠道的碎片化风险，集中体现如下：其一，德育途径缺乏系统的建构，途径比较单一，并且各个学段也缺乏一体化的建构。德育工作主要依托的是德育课程这一比较单一的途径，通过德育课程来实现德育目标。

但是，德育课程之外的实践活动、管理制度、校园文化活动等德育途径没有得到充分重视，从而也就难以实现活动育人、管理育人、文化育人的效果。

同时，各学段之间也缺乏一体化、系统性的德育途径的建构，各学段各自采用自己认为好的德育途径，相互之间缺乏沟通和衔接意识，从而没有成为一个有机的整体，无法实现德育效果的螺旋式上升。

其二，德育的渠道也处于比较分散、碎片和单一的状态。学校德育是主渠道，甚至有时候成为了"唯一的渠道"，家庭德育、社区德育等渠道的功能没有得到充分发挥。但是，作为一项系统工程，德育不仅需要依托于学校这一主渠道，还需要依托于社会各界、各领域的密切协同配合和支持。各个学段对学校德育、家庭德育、社区德育等渠道的运用也几乎是处于割裂的状态，没有相对系统的规划、整合和设计，学校德育、家庭德育以及社区德育之间的有机整合还比较匮乏，无法获得一体化的协同育人效果。

（二）德育的系统性诉求

德育在实现国家教育目的、促进人的完善发展等方面，发挥着基础、核心的作用，其具有深刻的系统性诉求。德育的系统性诉求，即德育需要通过自身的理念、目标、课程、方法等方面的一体化建构，来实现培养全面发展的人的使命。

（1）德育的系统性诉求，不仅源自国家教育战略的需要，也源自人的发展完善的需要，同时还源自德育工作不断深入发展的需要，它是由德育的本质内涵所决定的。

①德育的系统性是落实国家教育战略的需要。当前，在国家教育战略层面上，党和国家强调"要努力构建德智体美劳全面培养的教育体系，形成更高水平的人才培养体系"，要把立德树人作为教育的根本任务，健全立德树人的落实机制，实现教育强国、人才强国。这就要求，德育工作要成为德智体美劳全面培养的教育体系的重要组成部分，德育要通过自身的"一以贯之"的系统性建构，来促进各学段之间德育工作的螺旋式、有序性的上升，持续培养出高水平、高素质的人才。而这种人才也正是实现中华民族伟大复兴的中坚力量，是我们这个时代所迫切需要的时代新人。

②德育是实现立德树人根本任务的基础性工程。"立德"是德育的灵魂，"树人"是德育的根本，"立德""树人"贯穿所有教育阶段和教育形式的始终，

也贯穿人的所有生命阶段的始终。正因为如此，德育需要在各个学段之间实现融会贯通，需要建构起一体化的育人体系，从而真正培养出品德健全的时代新人，满足国家教育战略的需要。

（2）德育的系统性是人的完善发展的需要。正如哲学家康德所言，人需要"一种均衡且合目的地发展人之一切禀赋的教育"。这种教育必须是均衡的、全面的，从而才能培养出健全的人格。

①马克思主义哲学也非常重视人的全面发展以及全面发展教育。马克思认为，人类未来的社会形态是一种"自由人的联合体"，教育则是为了促进"每一个人的全面而自由的发展"。不论是从康德哲学还是从马克思主义哲学的角度出发，我们都能够看到人的全面发展的重要性，人不断走向发展、完善的过程，事实上就是不断地实现全面发展与自由发展的有机统一的过程。

为了促进人的全面而自由的发展，德育工作就不能只是一个分裂化的、碎片化的工作，而是要成为一个系统性的、整体性的工作，从而促进"整全的人"的培育，而这个"整全的人"又是自由而有个性的人，两者是统一的。

②德育工作的系统性、整体性，不是以压制人的自由个性为代价，而是以人的全面发展、整全人格为基础来促进人的自由个性。这也正是马克思主义哲学所讲的"自由人的联合体"的重要内涵。如果德育工作是分散的、割裂的，那么它就无法培育出持久的、完整的人格，也就无法真正促进人的完善发展。

唯有通过德育的系统性、一体化的建设工作，德育才能促进人的人格养成以及道德品质的提升，人才能成为一个整全的、完善的人。

（3）德育的系统性是德育工作不断深入发展的需要。德育工作是一个系统工程，要推进德育工作不断深入发展，就需要打破条块分割、学段分立的碎片化德育机制，使德育成为系统性、专业化的工作。因此，推进德育工作的一体化建设，也是德育自身不断发展完善的需要，是德育实现自身的本质属性的需要。

①从德育工作的纵向角度而言，德育工作需要不断加强各个学段之间的系统性，建构各个学段之间的理念、目标、内容等的有机衔接，并以螺旋上升的方式来促进学生的品德发展，从而实现德育的目标与使命。如果各个学段之间是不衔接、不通畅的，缺乏一体性的贯穿和联结，那么德育工作就很难把核心

的道德素养有效地传递给学生，最终也就很难完成德育的使命。

②从德育工作的横向角度而言，德育工作的本质要求是展开多渠道的协同育人，德育工作不仅是学校、课堂的工作，同时还与家庭、社会有着紧密的联系。德育要想达到效果，就必须从横向上实现"家—校—社"的一体化建设，形成相互之间的沟通桥梁，引领学生的个人品德、家庭美德、社会公德等全面发展。只有如此，德育工作才能不断实现自身的本质需要，不断促进自身的深入发展。

四、一体化德育是个性与共性的辩证统一

从哲学理念的角度而言，德育一体化建设事实上蕴含着普遍性与特殊性的共融的哲学基本理念。德育一体化既是对德育本质的普遍性的追求，同时也是对德育工作的特殊性的彰显。一体化蕴含着普遍性与特殊性相统一的哲学规律。

事实上，中国哲学一向强调从"形象之内"（特殊性）和"形象之外"（普遍性）两个方面来看待事物。公孙龙在其著名辩论中提出了"白马非马"的经典命题，即事物除了具有具体、特殊的"殊相"之外，同时还具有普遍性的"共相"。马克思唯物辩证法也非常重视普遍性与特殊性之间的辩证关系。马克思主义哲学认为，普遍性寓于特殊性之中，并且通过特殊性（事物的特殊形象或者属性）来表现自身；同时，特殊性也离不开普遍性，因为事物的存在离不开与其他同类事物的共同属性，而在普遍性与特殊性的辩证关系中，又蕴含着共性与个性、一体与多面等具体层面的辩证关系。

从德育工作的角度而言，德育一体化建设无疑是以普遍性与特殊性的唯物辩证法的哲学理念为基础的，它所期望的是实现德育工作的共性与个性、一体与多面的辩证统一，进而实现国家发展与个体生命发展的和谐共融。

（一）德育一体化是共性与个性的辩证统一

德育一体化，归根结底是要在德育的特殊性中去寻求普遍性，抓住德育工作的共同的本质属性，进而以普遍性来推动特殊性，促进德育具体工作的升华和发展。这就意味着，德育一体化不仅要透彻地理解和把握德育工作各个阶段

的个性，同时要透过各阶段的个性来把握共性，实现共性与个性的辩证统一。这种辩证统一具体体现为以下几个方面。

（1）德育的共同的本质属性（"共性"）就是培养全面发展的人，德育是使人不断发展、完善的育人活动。正如哲学家康德所言，它是为了使人成为真正的人，是为了"把人类带向其本质规定"。因此，各个学段的德育工作虽然有其个别性和特殊性，但是，其本质属性都是为了导人向善，都是为了使人不断走向完善，从而更好地实现人的类本质。这是德育一体化始终要坚持和追求的共性，也是德育工作的总的、本质的规定性。

（2）德育工作也要注重个性，要关注各个学段、各类学校的具体的、特殊的属性及需要，在深刻把握德育工作的共性目标的同时，还要给予个性以空间，激发德育的创新活力和具体针对性，避免以共性来压垮个性，以一体化的目标来压垮个性化的需要，从而在培养全面发展的人的基础上，更好地培养有个性、有创造力的人。

（3）德育一体化要促进共性与个性的相互转化。共性与个性并非完全对立的关系，共性可以转化为个性；同时，个性也可以转化为共性。在德育一体化过程中，发挥不同阶段的德育工作的个性，可以更好地服务于一体化的目标，从而实现德育从个性向共性的转化；而且，把德育的共同本质属性落实到各个学段和各类学校的具体德育工作中，也可以促进德育的共同的本质属性的个性化转化，最终实现共性与个性在德育中的辩证统一。

（二）德育一体化是一体与多面的有机融合

德育一体化体现着一体多面的辩证哲学。一体是事物所具有的普遍属性，多面则是事物所具有的特殊的侧面或者属性。马克思主义唯物辩证法从来都不是把一体与多面割裂开来对待的，而是主张两者之间相互影响、相辅相成的关系。在德育一体化建设中，一体与多面有机融合集中体现为以下三个方面。

（1）德育一体化是注重多面性的、有机的一体化。正如自然生态世界中的物种多样性，失去了物种的多样性，作为一体的生态系统就失去了存在的基础；只有保持了物种的多样性，生态系统才能够获得可持续的发展动力。同样的道理，德育一体化也是这种生态的、有机的一体化，它不是摈弃、排斥德育工作多面性的特点，而是在尊重多面性、多阶段性等特点的基础上来追求德育一体化的目标，进而实现德育的本质以及人类的本质。

（2）德育一体化是在多面性中寻求一体化的共识。这种共识往往是经由多元主体在协商交往中经过持久的对话和协调而形成的。从这个意义上而言，德育一体化的过程就是不断在特殊性、多样性的背景下寻求德育共识的过程。德育一体化要尊重和满足不同学段、不同学校、不同教师和学生的需要，同时又要在多样性需求的背后去努力寻求"共同的东西"（德育的共识），并且完成德育共识的不断生产，从而使德育工作既能够充分凸显特殊的多面性，同时又始终追寻共同的一体性。

（3）德育一体化强调德育工作中整体性的理念及目标，但是它也支持多元的具体目标分类及实践策略。德育的一体化是对德育工作的根本宗旨、理念以及目标的一体化。同时，德育一体化也并不排斥各个学段、各类学校的具体分类目标以及德育实践策略的多样性。这是一体与多面的辩证统一，是哲学的内在含义。

（三）德育一体化是国家发展与个体发展的和谐共荣

德育是国家和社会发展的重要推动力，德育一体化建设是落实国家教育战略、推进立德树人的基础性工程。同时，德育又是一项促进个体发展的教育活动，德育要凸显个体发展与国家发展的和谐共融。正如德国哲学家黑格尔所指出的，国家本身就蕴含着普遍性与特殊性的辩证关系，"国家的目的是普遍的利益本身，而这种普遍利益又包含着特殊的利益"。马克思指出，"国家总是从一定的个人的生产活动中产生的"。因此，作为普遍性的国家发展总是与作为特殊性的个体发展紧密交织在一起的。从德育一体化建设的角度而言，这意味着：德育一体化建设要肩负起国家发展的使命，发挥德育对于民族振兴、国家富强的基础性作用，使德育工作成为中华民族不断走向复兴的重要推动力量。德育一体化站在新的历史时期来思考我们的德育工作，并使德育工作能够更好地服务于新时代的国家发展和社会建设的需要；德育一体化也并非对个体发展的摒弃，一体化同样尊重人的生命发展的个体性和多样性。一体化不是以国家、社会的需要来压倒个体的需要，而是通过国家和社会的公共发展来激发个体发展的动力和活力，来引导个体发展的方向，在成就个体发展的同时促进国家和社会的进步。这就有机地形成了个体发展与国家命运的交织融合，两者共生共存、和谐共荣。事实上，德育一体化承载着促进国家与个体和谐共融的教育使命，这也是新时期德育工作的重要特征。

五、一体化德育是自我价值与社会价值的统一

德育体现着国家的意志，承载着国家民族的公共使命。因此，德育一体化在价值导向层面上需要倡导国家和社会的公共价值，涵养、培育人的公共道德及公共精神。同时，德育一体化也并非以一体化来压制个性，德育一体化也同样重视人的个体价值、生命价值，它倡导人的生命自觉与道德自觉，实现人之自我超越。因此，促进公共价值与个体价值的融合统一，是德育一体化建设在价值导向层面上的核心主题。

（一）追求公共价值，扩展德育的公共性

德育一体化致力于使德育成为公共事业，这就要求不断扩展德育的公共性，使德育能够更好地培育出具有公共德性品质以及公共精神的"公共人"，而非只关注一己之私利的"个体人"。这种"公共人"正是我们这个时代所需要的时代新人。

（1）贝克曾指出，现代社会以及现代教育已经愈来愈陷入个体化的误区，教育所培养出来的人日益丧失了对国家使命和社会责任的担当意识，变得更愿意退缩到个体化的私人生活空间，成为"为自己而活"的个体人。

桑内特用"公共人的衰落"来描述当代社会生活以及人格特征的变化。他也认为，虽然当代人生活于公共空间之中，但人的公共理性精神以及公共德性品质却出现了衰落。从当前中国教育以及德育领域的现实来看，这类"为自己而活""为一己之私利而活"的个体人现象是普遍存在的，并且伴随着个体化、排他性的知性学习和考试竞争的不断加剧，我们的社会及教育体系在现代化进程中面临的个体化风险也越来越大，集中表现为个体日益沉湎于私人利益，对于国家、社会的公共福祉和公共责任则表现出较为冷漠的情绪。这对于传递社会的公共价值、培育人的公共精神是非常不利的。

因此，德育一体化建设的重要价值导向，就是要把公共价值的教育贯穿于各个学段和各类学校的德育工作中，把人们，尤其是青少年学生，从个体化的生存状态中解放出来，全方位地培育人的公共德性及公共精神。

（2）德育一体化中的"一体"，在价值导向上就是要不断地促进公共价值的传递，以此不断地扩展德育的公共性，使人更好地成长为具有公共道德精神的公共人。为此，德育的一体化建设需要不断地追寻、传递国家和社会的公共价值，这些公共价值是人们在公共生活的实践和需要的基础上自主地选择和发展起来的价值，它是"人们在公共生活中共享的、在理性上共同认可的价值"。

（3）当前，我们国家和社会的公共价值集中体现为社会主义核心价值观。从该意义上而言，德育一体化建设的重点，就是要把社会主义核心价值观融入德育工作中，把培育和弘扬社会主义核心价值观作为主要任务，分层、有序地贯穿于各级各类德育工作。因此，德育一体化建设要传递自由、平等、公正等公共价值，在各级各类学校中贯穿自由、平等、公平、正义的价值理念，以平等、公正、尊重的方式来对待生活中的他者。要在各个学段及各类学校中推广民主法治的教育，发展社会主义民主精神，倡导依法治国的理念，把法治教育贯穿于整个德育工作。

同时，还要把爱国、敬业、诚信、友善等公共价值渗透到一体化德育工作中，培养青少年学生的国家认同意识及爱国主义精神，发展敬业爱业的职业生活态度，形成诚信友善的人际交往关系。

德育一体化建设需要以这些公共价值为重要着眼点，推动人们更加深刻地理解和认同这些公共价值，并努力成为社会公共价值的积极践履者。

（二）倡导个体价值，促进人的自我实现

德育一体化不仅追求公共价值，同时也致力于通过公共价值来促进个体价值，进而更好地实现个体生命及个体价值的升华。

（1）德育一体化所彰显的是公共价值与个体价值的辩证统一，它不仅传递社会的公共价值，同时也彰显个体的道德自觉，使个体成长为一个有修养、有个性、有创造力的道德人。这就意味着，德育一体化建设应当不断促进个体道德修养的提升，使个体把社会道德规范内化进自己的道德意识之中，成为个体道德观念体系的重要组成部分，实现道德规范的自觉理解和内化，这也意味着德育一体化在价值导向层面上兼顾个体价值和个体的自我实现。

（2）德育一体化并不存在僵化的模板，没有完全刻板的要求，它不是让每个人成为一模一样的人，而是期望每个人都能够更好地履行自身的道德责任，形成自由自觉的道德意识，彰显个人的存在价值。

（3）德育一体化并不否定人主体性的价值选择，否定人的道德个性，而是在传递社会公共价值、提升人的公共道德精神的基础上，更好地实现个体的价值选择，激发个体的自由个性，使个体更好地成长为具有主体性与创造性的道德人。

（4）德育一体化对个体价值的倡导，最终是为了推动个体的道德生命自觉，使个体去追求更加完满的生命意义，促进人的自我实现。自我实现是人的生存本性，引导人之自我实现是德育的根本使命。

（5）人总是具有超越性追求的人，德育是推动人去寻求人之自我超越、实现自我价值的重要途径。德育一体化不仅要强调公共价值的传递；同时，德育一体化也要引导人的自我超越，推动人去寻求生命的本真意义，使人成为更加自主自觉的道德主体，实现人之为人的根本价值。"人之自我超越，归根到底就是每个人对他自己生活意义的超越。自我超越的问题，就其本质而言是一个怎样使自己活得更有价值、更有意义的问题。"

一体化的德育，是培养人、促进人的德育，它从根本上而言必然是为了促进人的自我实现，使人过上一种更有价值、更有意义的生活。追求社会的公共价值和个体的自我超越的有机融合，无疑体现了德育一体化的辩证逻辑，是实现德育一体化的重要价值基础。

第二节　一体化德育的实践路径

德育一体化建设是落实国家教育战略、培养全面发展的人的重要基础。德育一体化建设致力于通过一体化来实现德育本质中所蕴含的普遍性，同时在一体化中尊重多样性，在普遍性中寻求"具体问题具体分析"的实践路径的特殊性。基于此，德育一体化建设应以立德树人为根本统领，以一体化的课程标准与多样性的课程体系为核心内容，以开放性、多样化的德育协同机制为主要途径，以良好的德育评价体系为激励和保障，全面提升德育工作的效果和质量。

从区域的角度出发，就是要形成"创建＋考核""规范＋特色"的落实机制，创新德育工作方式和育人方式；建立完善中小学德育工作质量评价体系，完善学校德育工作督导评估指标体系与反馈制度；深耕学校教育、赋能家庭教育、拓展社会教育，提升家校社协同育人机制和质量；定期推出一批德育首位落实成效好、德育系统化落实机制全、学生思想品德发展成效显著、学校文化建设富有特色的德育品牌项目，促进全县中小幼德育工作均衡优质发展。

一、一体化德育实施背景

德育是国家教育工作的核心，德育变革是提升学校教育质量的强有力动力，是解决育人根本问题、落实立德树人根本任务的着力点。当今世界正经历着百年未有之大变局，变革创新是社会向前发展的根本动力，跟随时代潮流进行变革是发展的必然选择，国家和个人发展需要具备主动求变的思维，具有积极应变的作为。构建一体化德育体系是新时代德育变革理念，也是德育变革方式与途径，提升教育质量，培养新时代人才，促使德育必须发生根本性的变革。

（一）德育本身的特征要求实施一体化德育

德育是根据社会要求对学生施加思想道德方面影响的活动，是五育之首，对五育之间的协调起着主导作用。个体思想品德的发展与智力发展、身体发展等有所不同，可以说个体随时随地都可以获得品德的发展。不论是在学校还是家里，不管是在玩耍时还是在学习时，这些场景中的人或事物都有意无意地对学生的品德产生不同程度的影响，这些影响或许是看得见的，也或许是内隐的，可能是直接的，也可能是间接的。在接受智育、体育、美育、劳育的过程中，或多或少都包含着对学生品德发展的要求。

德育具有生活性，它不仅存在于课堂中，还渗透于生活的方方面面。人的生活向来是一个整体，德育也不应该被割裂开来。也就是说，德育不可能光靠某一堂课、某一学科单独完成，也不可能脱离其他科目、其他事件、其他人物等独立存在。若仅仅将思想道德课程作为德育的唯一途径，没有其他课程、家庭、社会间的相互协同，很难实现学生德行上的发展。因为德育与生活是紧密联系的，是一体的。

此外，学生的品德不但包含道德认知，还包括道德情感、道德意志和道德行为，道德认知、情感、意志与行为这四项组成了学生品德的统一整体。因此，在德育过程中要充分理解道德认知、情感、意志、行为间的内在联系，考虑到学生的道德构成，将学生的道德构成看成整体去进行教育。

正是由于德育自身的独特性，进而需要强调德育一体化，通过德育把五育联系起来，将德育渗透在生活当中，以此提高德育实效。

（二）国家的育人目标要求构建一体化德育体系

党的十八大以来，党和国家强调要深入贯彻落实立德树人根本任务，把德育贯穿于学校教育教学全过程，形成全员、全程、全方位育人的新时代德育工作新格局。党的二十大指出，中国共产党的中心任务就是带领和团结全国各民族全面建成现代化强国、实现第二个百年奋斗目标，以中国式现代化全面推进中华民族伟大复兴。同时指出，全面建成社会主义现代化强国的首要任务是高质量发展，教育、科技与人才是全面建设社会主义现代化国家基础性和战略性支撑。

我国是社会主义国家，走的是社会主义道路，办的是社会主义教育，这就决定了国家教育培养目标是培养社会主义建设者和接班人。当今世界竞争激烈的根源，说到底是人才的竞争，是教育的竞争。中国是人才大国，离人才强国还有一段距离，实施人才强国战略必须开启建设教育强国新征程、深入实施科教兴国战略，必须要贯彻落实立德树人的总要求，实现教育现代化。

百年大计，教育为本，德育为先，进行德育一体化建设是中国共产党教育改革的重要任务。2014年，《教育部关于全面深化课程改革落实立德树人根本任务的意见》指出，基本建成从大学、中学到小学各学段有机衔接、相互协调的课程教材体系；统筹大中小学各学段，明确各学段育人目标，有序过渡。

2017年，中共中央、国务院印发的《中长期青年发展规划（2016—2025年）》提出进一步提高青年思想道德水平和文明素质，对青年进行分类思想道德教育。《关于深化教育体制机制改革的意见》中强调要构建以社会主义核心价值观为引领的大中小幼一体化德育体系。

2020年12月，教育部副部长郑富芝在召开的"全国中小学德育工作会议"上提出新形势下的德育工作要求，要求理论学习与实践学习并重，实现思政课与其他课程间的共育，教育部门与其他部门的共育，协同学校教育与家庭教育、社会教育，树立大德育观念，提高德育时效性。[1]

培养社会主义建设者和接班人的关键在于德育。学生思想品德的发展容易受到不同因素的影响，需要国家加大德育环境的治理，引领社会价值导向。一体化德育体系的建设是新时代德育工作的应有之义，必须全面贯彻党的教育方针，根据学生年龄特点、身心发展特点统筹协调可利用的一切资源，同国家合力促进培养学生道德品格，为祖国繁荣复兴培养有用人才。

（三）低效的德育现状要求构建一体化德育体系

品德一直被看作人最重要的素质，但在当前的德育工作中，德育实效性却不高，存在一系列问题。

①存在"重智轻德"的现象

党的十八大以来，国家大力推行素质教育和立德树人理念，强调德育工作的重要性，要求将德育贯穿于各类教育当中，注重学生德智体美劳全面发展。各地区各学校响应号召，加强德育工作，但是重智轻德的现象根深蒂固，面对升学压力，部分教育者和家长依旧以学习成绩来评判学生，过度重视知识学习，忽略道德体验、道德情感与道德实践，功利化学习的现状依旧存在。

2021年"双减"政策出台，部分家长与教师陷入焦虑，出现这种现象的根本原因在于应试考试局面未彻底变革，成绩高低是学生升学的标准，这导致在实际教学中忽视德育课程，重视考试需要考的内容，将德育课程变成简单的知识记忆课程使得德育与智育分离。因此有的学生考试成绩很好，但是道德水平不高，学校教育的目的在于培养而不在于筛选，知识学习固然重要，但品德的成长也是教育必不可少的内容，是学生未来能立足于社会的根本，是人全面发展的写照。

[1]中华人民共和国教育部.落实立德树人根本任务 全面提高中小学德育工作水平——全国中小学德育工作会议在上海召开[EB/OL].（2020-12-03）[2022-10-18].

②存在德育缺乏衔接的现象

目前德育过程中存在中小幼德育目标划分模糊的现象，每一学段德育目标存在不合理的现象，比如在小学对学生进行大量的道德灌输，忽视德育与学生生活的联系，忽视小学生身心发展特点。中小幼德育目标循序渐进做得还不够，缺乏整体规划，忽视各学段德育衔接的问题，教育方法单一，过分重视结果，忽视品德成长的过程，导致中小幼德育内容交叉重复、脱节断层。

③存在德育孤立化的现象

德育缺乏与其他学科、文化的相互融通。德育从来不是只靠思想道德课就能完成德育目标、发展学生品德的。想要提高德育实效就要将德育融合到学生生活当中去，强化其他学科课程的德育功能。另外，德育常常被人们看作是学校的任务，家庭和社会忽视了发展学生道德品行的责任，家庭德育、学校德育、社会德育相分离，未为学生营造利于其成长的德育氛围，抑制甚至抵消了学校德育效果，进一步使得德育孤立化。

这些问题，都在呼唤德育一体化，将分离、破碎、孤立的德育整合起来。任何事物与其他事物之间都是相关联的，是不可能脱离其他事物而独立存在的。中小幼德育工作是一个有联系的整体，实施一体化德育需要以系统性思维对德育工作进行整体规划，使德育取得实效。

二、一体化德育实施的主体

一体化德育实施主体主要包括政府及教育主管部门、社会组织（包括公益组织、第三方协作组织）、家庭、各类学校（包括进修校、教研室）。

（一）区域一体化德育体系建设需要政府及教育部门统筹

政府与教育主管部门在一体化德育当中发挥着宏观指导、顶层设计的作用，利于落实国家事权功能，可以更好地协调多方资源与力量。政府与教育主管部门要结合本地经济发展情况与本土特色文化，在区域教材、教育目标、教育内容、课程建设等方面进行系统性设计，出台相关政策文件，开展一系列区域统筹的德育项目，支持并引导区县各学校挖掘德育资源、构建德育体系、形成德育品牌，加速推动区域德育一体化教育体系的形成。

（二）社会组织是一体化德育实施的重要主体

家庭与学校不是学生生活的唯一场景，社会也是学生生活与学习的重要场地，承担着教育的职能。社会组织包括社区、街道、企业、公益组织、电视台、科技馆等，要以社会主义核心价值观为价值取向，传播精神文明，构建德育氛围。此外，社会组织应为学生提供校外实践与学习场地，向学生开放科技馆、博物馆、图书馆、革命基地等，将学校德育与家庭德育连接起来。同时，社会组织要以高度的责任感为学生的成长提供良好的环境，要仔细审核青少年读物内容，相关组织可定期向学生与家长推荐优质读物。网吧、酒店等公共场所要加强自身的管理，不可违规接纳未成年人。

（三）家庭是学生学习的第一个场所，是社会结构中最重要的基本单位

学生与父母之间存在着天然的血缘关系，父母对学生成长的影响是学校与社会都无法替代的，家长有对学生进行教育的责任与义务。家庭德育是学生受到的最初的教育，是学生品德得以发展的根源。另外，每个个体有不一样的家庭背景，家庭教育可以看作是一种个性化教育，家长需要对自己孩子的情况进行有针对性的教育。家庭生活是学生的主要生活，家庭教育具有终身性、示范性，良好的家庭教育是构建一体化德育体系的保障。

（四）学校是加强学生思想道德建设的主阵地

学生受教育的时间大多数都在学校，相比家庭教育与社会教育，学校教育是一种有目的、有组织、有计划的系统教育，具有严密的组织结构和制度，有系统连续的教育内容，这是社会教育与家庭教育所不具备的。此外，学校对人的发展作用具有全面性，关注学生智力发展，也关注学生道德、身体发展，以培养全面和谐发展的社会人为职责，这种职责只有学校才能承担。家庭教育与社会教育有一定的偶然性，而学校教育相对稳定，为学生发展提供了稳定的教育秩序，保证了学校德育的高度有效性。

德育工作是教育部门、学校、社会、家庭的共同责任。以往的德育工作中过多强调学校德育的重要性，忽视家庭、社会组织、政府及教育部门在德育中的重要作用，造成了德育部分实施主体缺失的现象，使得德育工作效果不明显。

学校是联通家庭德育与社会德育的桥梁，要想构建一体化德育体系，必须得到家庭、社会、教育主管部门的支持与配合，各方之间形成良好的联动关系。通过学校的桥梁作用统一各方德育观念，实现德育实施主体间的有效衔接，形成统一整体，协同构建区域一体化德育体系。

三、一体化德育的目标体系

德育作为构建德智体美劳全面培养的教育体系的关键领域和重要环节，必须以立德树人为目标统领，层层有序地推进一体化建设，全面贯彻落实党的教育方针。习近平总书记在全国教育大会讲话中明确强调，"要把立德树人融入思想道德教育、文化知识教育、社会实践教育各环节"，"要努力构建德智体美劳全面培养的教育体系，形成更高水平的人才培养体系"。这为德育一体化建设指明了方向。

（一）德育的根本是立德树人

德育一体化建设应以立德为魂、以树人为本，紧紧抓住立德树人这一根本目标和根本任务，将理想信念教育、道德修养教育、社会主义核心价值观教育、爱国主义教育等融入一体化德育体系中，实现立德树人的总目标和总要求。

（1）在立德树人的目标统领下，德育一体化建设要通过理想信念教育，深化人们对中国特色社会主义事业的理想信念，增强人们的中国特色社会主义道路自信、理论自信、制度自信、文化自信。

（2）通过道德修养教育，培养人们健全的人格品质和道德精神，为新时代的国家发展和社会建设培养时代新人。

（3）通过社会主义核心价值观教育，促进自由、平等、公正、法治、爱国、敬业、诚信、友善等价值理念的培育，形成学生正确的世界观、人生观、价值观。厚植爱国主义情怀，开展国家认同教育和爱国主义教育，引导学生肩负起国家强盛、民族复兴的时代重任。

只有通过立德树人的目标指引，德育一体化建设才具有了灵魂，有了根本的方向，才能更好地服务于国家和社会。

（二）德育要兼顾普遍性与个性

在推进德育一体化建设的过程中，还要兼顾立德树人的总目标在具体落实过程中所呈现的差异性、阶段性的规律，在普遍性中重视"具体问题具体分析"的特殊性。为此，德育一体化建设要针对不同学段、不同形态教育、不同类型学校等进行具体性、针对性的筹划，把立德树人的一体化目标真正落实、落细、落小，这就要求注意以下几个方面。

（1）德育一体化要兼顾幼儿园、小学、中学、职业教育等各个学段的阶段特点，兼顾学生的年龄特征和思维特征，对各个学段的德育目标进行具体化、多样性、阶段性的设计，在满足一体化目标要求的同时兼顾不同学段、不同年龄学生的特点和需求。

（2）德育一体化目标也要落实到不同类型学校的德育体系当中，要对公办学校、民办学校、职业学校、普通学校、特殊教育学校等不同类型的学校进行德育目标的统一指导，同时给予这些学校一定的自主选择空间，在一体化德育目标中构建具体的、分类的德育目标，挖掘学校自身的特点，满足学生的个性需要。

（3）要重视学校教育、家庭教育、社会教育等不同形态教育的特殊性。以立德树人来统领学校教育、家庭教育和社会教育，同时也要注重三种不同教育形态的具体区别，在兼顾差异性、特殊性的基础上更好地落实立德树人的德育一体化目标。

四、一体化与多元共治的课程体系

德育一体化建设要在立德树人目标的指引下，建构一体化与多元共治的德育课程体系，凸显德育课程的育人功效。一体化意味着德育课程要有整体性的理念、目标、内容等的设计和筹划，同时也要兼顾各个层级、类型的德育课程的多元特征，尊重学段、类型的差异性。德育课程的开发、编制和实施不仅要遵循国家的顶层设计和宏观指导，也要发挥多元主体的合作共治，实现德育课程整体架构的"一体"与各个层级、类型的"多元"有机结合。

（一）德育课程建设要兼顾学段特征

德育一体化建设要对德育课程的课程性质、课程目标、课程内容、课程实施方法及途径等进行总体性筹划，同时兼顾各个学段的阶段性特征，这就要求注意以下几个方面。

（1）要明确德育课程的性质，即德育课程是国家意志的重要载体，德育课程建设是落实立德树人根本任务、实现人才强国战略的重要基础。在明确总体性质的基础上，大中小各学段可根据自身的学段特性进行具体的阐发和延伸，明确各学段德育课程的具体属性。

（2）明确德育课程的纲领性目标，即培养德智体美劳全面发展的社会主义建设者和接班人，是为了新时代国家发展和社会建设培养"时代新人"。这一纲领性目标不会因各个学段的特殊性而改变。但是，各个学段德育工作可以在遵循纲领性目标的基础上展开分层分类目标的建构，使德育的纲领性目标能更好地落实到人才培养目标、课程目标、教学目标等具体目标之中。

（3）德育课程在内容结构上要贯穿和渗透社会主义核心价值观的培育，促进个人品德、社会公德、职业道德以及家庭美德等的全面发展。同时，各个学段、各类学校可以结合自身的特点进行具体内容的整合和创新，既保障德育核心价值的有效传递，又更好地满足不同层级、不同类型学校的教育需要。

（4）课程实施的方法、途径及评价机制等要进行一体化的指导和规划，使德育工作能有相对稳固的实施途径、方法体系和评价矫正机制，以起到导向、规范和激励的作用。同时也要给予各级各类学校一定的课程实施自主权，鼓励学校和教师在德育方法、途径以及德育评价等方面的创新，从而在一体化框架下激发多元德育主体的德育活力。

（二）德育课程开发要多元主体共同参与

德育课程的开发、编制和管理既要遵循一体化的原则，强化国家在德育课程体系中的权威主导和统一筹划，又要避免德育课程的条块化、分割化、碎片化。

鼓励多元主体的共同参与、合作共治，激发地方政府、学校、教师、学生等的德育课程参与积极性，从而更好地建构多元主体合作共治的课程开发、编制和管理的体系，这种合作共治体现为以下几个方面。

（1）发挥国家在德育课程开发、编制和管理中的权威和主导作用，全面贯彻落实国家教育方针政策，推进德育课程的顶层设计和总体规划，推进德育课程在基本理念、核心目标、内容架构等方面的一体化建设，满足国家立德树人战略的需要。

（2）重视地方政府在德育课程开发和管理中的主体责任。地方政府要贯彻落实国家德育课程的顶层规划和指导性意见，同时结合地方的特色和需要，统筹规划地方性的德育课程及教材的开发和建设。

（3）学校要积极参与德育课程的开发、编制和实施工作，落实好国家德育课程和地方德育课程，遵循国家和地方的总体规划，同时根据学生的个性需要以及学校的实际情况来开发校本课程，承担校本德育课程开发的主体责任，创建特色化、个性化的校本德育课程体系，以更好地满足学生品德发展的特殊需要。

五、一体化德育实施的开放性体系

德育一体化要有效地推进，离不开协同性、开放性的德育实施体系的建构。通过这种开放而协同的德育实施体系，可以不断拓展德育工作的途径和渠道，增进德育工作的纵向衔接和横向贯通，形成跨学科、跨学校、跨学段的德育实施，实现协同育人的德育效果。这种协同育人的德育实施体系的建构包括以下三个基本方面。

（一）坚持全科育人，构建跨学科德育实施体系

（1）要加强德育学科课程与其他学科课程的协同合作，推动跨学科的协同育德。德育不仅是德育学科课程的工作职责，也是其他学科课程（包括数学、语文、科学、音乐、美术等）的共同工作职责。因此，建构跨学科的德育实施平台，坚持全学科育人的协同合作，可以最大限度地提升德育效果。

（2）要加强德育教师与其他学科教师的协同。这就要求德育工作不仅要发挥德育教师的积极性，还要发挥其他教师的德育积极性。通过宣传、教育和培训等方式引导各科教师深刻认识德育工作的重要价值，通过考核、评估、督导

等机制来激励各学科教师积极参与德育工作，担负起德育的职责。通过这些方面的基本工作，构建起更加开放的德育实施体系，使德育课程和其他学科课程、德育教师和其他学科教师均能参与德育工作，实现跨学科的协同育德，更好地完成德育工作使命。

（二）突出全员育人，构建跨学校德育实施体系

（1）德育一体化建设要重视多元主体对于德育的全员参与度，包括学校、家庭、社会、教师、家长等均作为责任主体参与德育工作。这是全员育人的前提和基础。因此，推进全员育人的德育实施体系的建构，关键是要在坚持学校德育工作的主阵地作用的基础上，建构跨学校的德育实施体系，发挥家庭、社会等多元责任主体的德育作用。

（2）德育工作不能仅停留于学校范围内，德育终究是一种生活德育，要和学生的生活世界紧密结合，包括学校生活、家庭生活和社会生活等。为此，德育的一体化建设必须跨出校门、走进家庭、走向社会，鼓励家庭和社区等主体的全员参与，形成"家—校—社"的有效合作和协同育德。通过学校、家庭和社区的协同育德机制的建构，提升德育的整体育人效果，更好地促进整全人的培养。

（三）凸显全程育人，构建跨学段德育实施体系

德育一体化要重视跨学段的协同育德，使德育工作贯穿于中小幼全学段。这就要求做到以下方面。

（1）要加强各学段之间的课程建设和课程实施的协同，促进各个学段之间德育课程的目标、内容以及方法等的连续性、衔接性，避免课程体系的碎片化和分割化，使各学段既要有自身的独立性，又能有机衔接。

（2）应当为各学段学科专家的协同合作建立交流、研讨和协同合作的平台，使他们能够对不同阶段的德育共性以及特殊性展开深入交流，推进学段之间的基本理念和课程实施的有效沟通和衔接。

（3）要加强各学段德育教师之间的协同合作，提升德育教师对于跨学段德育工作的认识和理解。这就需要建立跨学段德育教师的培养体系，提升教师的

整体德育素养，破除教师的学段分裂化、分散化的意识，从而为跨学段的协同育德奠定师资素养基础。

六、一体多元的德育评价体系

德育一体化建设需要改革德育评价的指挥棒，发挥德育评价的导向、激励和矫正作用。德育评价要坚决破除唯考试、唯分数的终结性评价模式，综合采用诊断性评价、过程性评价、发展性评价等评价方式，建立以发展为本的德育评价系统。

在以往的德育评价体系中，大中小各学段的德育评价往往都具有比较浓厚的终结性评价色彩，主要以考试的方式来完成德育评价。尤其到了中学，由于中考和高考的需要，初中阶段和高中阶段的德育评价基本上都是依托于考试评价，但是以考试来评价学生的品德发展以及教师的德育效果，既不科学也不合理。

德育一体化建设，必须要消除终结性考试评价体系的不良影响，建构起以诊断性评价、过程性评价和发展性评价为核心的综合评价模式。为了实现德育评价模式的这种变革，德育一体化建设需要在评价体系上做好两个方面的转变。

（一）明确综合评价模式的主导地位

要在国家德育政策的顶层设计和总体规划上明确综合评价模式的主导地位，使各级各类学校在德育评价上深刻认识到"一体"的综合评价导向的重要性。这种导向坚持以发展为本、以学生为本，评价是为了更全面地了解、诊断和促进学生的发展。

（1）要注重学生品德发展的全过程，而不只是最终的结果；要坚持品德发展与品德评价的整体性和全面性，注重知情意行等方面的整体评价，避免唯考试、唯分数的量化评价的弊病，从而对各级各类学生的品德发展状况进行更加科学、合理的评价。

（2）要建立起综合评价模式的监测、督导、奖惩、限期整改等一体化的制度体系，推动和督促各级各类学校更好地落实综合评价模式，对于没有按照综合评价模式来实施德育评价的学校或者质量不过关的学校，给予一定的惩罚措施或者限期整改，从而更好地破除唯考试、唯分数的评价模式的弊端，建构以评促教的良性循环，充分发挥德育评价的导向和激励作用。

（二）注重多样性的德育评价方法的运用

德育一体化的综合评价模式的建立，还要注重多样性的德育评价方法的运用。一体化评价不是一元评价，一体化评价所倡导的是评价的基本理念、目标和原则的"一体化"，而具体的评价方法则可以是多样、灵活的。

（1）在具体的德育评价方法的选择和运用中，各级各类学校和教师可在不违反国家德育政策的顶层设计和综合评价的核心理念基础上，采用多样化的评价方法对学生的品德发展状况以及学校德育工作的成效进行科学合理、客观全面的评价。比如，在评价主体上可采用多元主体评价，包括教师评价、学生评价、家长评价、社区评价等。

（2）在评价形式上，可采用自评、他评和互评等。在评价方式上，可采用道德银行、道德积分卡、品德记录本等。

通过一体化德育评价理念、目标以及多样性的德育评价方法的构建，德育评价将更有利于学生的综合道德素养发展，并且德育评价也将更好地发挥诊断、导向和激励的功能，从而促进德育效果的提升。

第三节　一体化德育建设的策略

一、横向贯通的一体化德育

为了更好地落实一体化德育要求，要整体提升教师队伍的育人水平，促进全员共育。积极挖掘各学科、各活动所蕴含的德育因素，整合德育资源。建立多方协同育人机制，实现全员育人、全程育人、全方位育人，促进学生健康成长，达到横向一体化融合共育的目标。

（一）全员共育，实现育人的主体一体化

加强德育是全体教师的共同职责，全员育人应突出一个全字，关键在于共同发力，面向全体学生，全体教师全程参与，促进育人主体一体化、协同化。

全员育人既包括与儿童个体生命成长产生互动的所有成年人，也包括儿童生命个体自身，他们都有义务和责任承担起育人和自育的职责。全员育人的目的就在于为学生生命个体道德发展提供一个新的理论视角和教育理念，并希望通过这一视角和理念，开辟新的育人模式和实践策略，促进学生生命个体道德发展更合理、更全面、更符合生命发展的规律。

父母育人，父母是儿童生命的创造者，也是儿童的第一任老师。所谓"养子不教父之过"，就是在界定父母对子女的责任。但是，并不是所有的父母都能够承担起培育子女的责任。原因是多方面的，亲子关系、道德素养、个性特质、行为习惯、人生态度、工作作风、家庭背景、文化程度、责任心、对子女的态度和期望值等各个方面，无论是正面的还是负面的，都会对儿童的发展产生影响。

孩子感受到的亲子关系的好坏与学生品德行为的发展有显著的正相关关系。父母以民主的方式对待子女，更多地参与子女的生活，子女的品德行为往往表现更好。在控制了家庭社会经济背景（SES）之后（即在同等的家庭社会经济背景下），亲子关系越好的孩子，品德行为也往往越好。

亲子关系直接决定孩子对家长的权威性态度，家长的个性特质对儿童的处事风格和心态形成有较大影响。家长的道德素养、行为习惯和人生态度对儿童道德水平的发展产生了至关重要的影响。

品德教育是父母培养孩子的核心任务，家庭本就是传递主流价值观的重要场所。如今，家庭仍然承担着培育和弘扬社会主义核心价值观，发扬中华民族传统家庭美德的神圣职责。习近平总书记强调，家庭教育涉及很多方面，但最重要的是品德教育，是如何做人的教育。也就是古人所说的"爱子，教之以文方"。

教师育人，广义上的教师是指从事教育及相关行业的工作者，包括从事教育教学的教师、教育管理者和各个岗位上的服务人员。教书育人是教师的天职。从社会分工的角度来看，教师是专门从事教育职业的一类人，教书育人是教师的社会职责。在中国古代，教师的功能主要表现为社会政治伦理功能和教化功能。培根曾把教师称为"科学知识的传播者，文明之树的栽培者，人类灵魂的设计者"。教师作为人类灵魂的工程师，必须履行且应该一直履行自己的职责，让生命从蒙昧走向智慧，让人类从野蛮走向文明。

以德育德是对教师职业素养的根本要求。教师是在与学生的互动中完成教育任务的。这种职业的特殊性要求教师有严格的职业操守，尤其要求教师自身具有崇高的教育理想和令人称道的道德境界。

教师和学生的互动中，其言行举止、人格魅力，其所具有的道德力量，均在影响着学生的价值追求和人生态度，甚至会影响学生的生活。

《中共中央国务院关于全面深化新时代教师队伍建设改革的意见》中对教师的职业道德提出了一系列新要求，明确规定要"引导广大教师以德立身、以德立学、以德施教、以德育德，坚持教书与育人相统一、言传与身教相统一、潜心问道与关注社会相统一、学术自由与学术规范相统一，争做'四有'好教师，全心全意做学生锤炼品格、学习知识、创新思维、奉献祖国的引路人"。

重构师生关系。中小学德育的实践指向亲其师，信其道。建构师生间的主体性关系。现代教育过程是一种主体性活动过程，师生间的双向或多向交互活动是现代教育过程的关键。在德育实践中，主体性德育关系的建构应从以下几方面考虑。

首先是对生命的关怀。学校德育是一种师生生命主体间心灵的交流活动，是生命与生命的对话，生命是人的智慧和情感的唯一载体，是实现人生价值的前提。

其次是关注对话交往。学校德育旨在师生双向交往过程中形成道德价值共识，关注师生话语权的平等，使德育活动呈现出输入与输出的双向关系，保障德育的实效性，促进学生个体道德的发展。

再次是密切生活世界。从道德发生学的角度看，道德价值的真正获得必须在现实世界中通过人们的社会生活进行，生活世界是师生关系发生的地方，也是师生关系回归的地方，更是学生德性形成与发展的源泉。

社会人物育人的本质就是公众人物育人，包括脍炙人口的英雄人物、在历史上留下各种事迹的名人，以及如今社会背景下的公众偶像。

在当今社会背景下，学生受公众人物的影响越来越大。从信息的几何级数增长方式和信息传播途径来看，高度发达的媒体以无孔不入的渗透力影响着学生。从人际交往的频率来说，交通的发达、信息沟通形式的多样化，促使人们之间的交际日益密切和频繁，这些都在以前所未有的方式影响着学生道德的发展。

无论是正面的还是负面的，公众人物对学生道德发展的影响正在不断加大，尤其是从事文艺工作的社会公众人物所带来的偶像崇拜现象，对处于快速成长期的中小学生的影响更为明显。这种影响往往与学校教育的道德价值观不一致。正是如此，在中小学德育一体化中，我们应特别重视社会公众人物对学生的道德影响。

重视公众人物的影响作用，特别是学生的偶像崇拜教育。网络时代和自媒体时代已经到来，这是个容易制造偶像，极易产生偶像崇拜的时代，这也是学生教育面临的一个重大挑战。

充分发挥历史人物优秀品格及事迹在育人方面的重要作用，对学生树立正确的人生观和价值观有着非同寻常的意义。

重视对学生进行英雄模范人物的教育。任何一个民族都有自己的民族英雄，任何一个时代都有自己的旗帜性人物，让这些英雄模范人物成为学生学习的榜样，是时代教育的重大命题。

社会人物是影响学生道德成长的重要力量。全社会都要营造学生健康成长的良好环境，公众人物要自觉担负起学生道德建设的引领者这一神圣之职。

自我及同伴育人。毛泽东指出："内因是变化的根据，外因是变化的条件，外因通过内因而起作用。"对于个体生命的道德发展来说，学生道德发展的愿望最为关键，而家长、老师和社会都是促进学生道德发展的外部条件，必须通过内因——学生道德发展的内在需求，才能达到促进学生道德发展的目的。

在中小学德育一体化中，特别强调学生的自我教育，把学生的自我教育看作学生道德发展不可替代的重要主体力量。

学生的自主成长既包括学生个体的自主发展，也包括由学生榜样和学生团体形成的促进学生道德发展的力量。

学生从家庭走向社会，交往不断扩大。同伴交往越来越重要，友谊成为学生生活的重要组成部分，亲情和友情几乎被放到了同等重要的地位。同伴社会交往对参与其中的学生道德成长影响越来越大。

这个过程经历从不分性别的交往（小学 1~2 年级），到同性交往异性疲离（小学 3~5 年级和初中 1 年级左右）再到异性相吸（进入青春期以后）的变化。摆脱父母影响的倾向在生理逐渐成熟的过程中越来越明显。

中小学道德教育必须高度重视学生以友情为纽带的社会交往对学生道德发育的积极影响。

良好的校风、班风和校园、班级文化，是建立良好同伴关系的基础。教师在处理学生间的矛盾的时候若能公平公正，便可避免矛盾的激化。引导学生尊重他人，不因学习、行为不当或其他原因歧视同学，积极改善同伴关系。倡导学生之间互助互爱，可以使同学之间产生友谊，从而形成亲密关系，及时发现并纠正学生间拉帮结伙、对其他同学进行暴力欺凌之类的不正当同伴关系，使同伴关系健康发展。组织团队活动，提倡学生形成自组织团体，也可促成良好的同伴关系。

毫无疑问，父母、教师、公众人物、学生自身及其同伴这五类群体对学生生命个体道德发展起着巨大作用，他们实际上就是促进和发展个体道德生命的五个变量。

有效联结和汇聚各领域、各环节、各方面的育人资源和力量，把生命个体的道德发展看成这五大要素相互联系、相互影响、相互作用的系统工程。在这个系统中，各个要素间的系统发展，互相协调，进而促进学生的道德品质发展，这就是育人主体一体化。

（二）五育并举，实现德育引领下的五育一体化

蔡元培先生认为："德育实为完全人格之本。若无德，则虽体魄智力发达，适足以助其为恶，无益也。"道德教育与其他各育之间的关系就是"五者以公民道德为中坚，盖世界观及美育皆所以完成道德，而军国民教育及实利主义，则必以道德为根本"。这既说明公民道德教育在"五育"中的基础性地位，也说明公民道德教育与其他各育的内在一致性。

以德育为引领，把德育作为学校教育的主线，将其贯穿智、体、美、劳动教育诸领域中，用德育的力量促进学生在智、体、美、劳等方面更好地发展。德育是目标，也是促进五育并举，全面发展的手段。

党的十八大提出："要坚持教育优先发展，全面贯彻党的教育方针，坚持教育为社会主义现代化建设服务、为人民服务，把立德树人作为教育的根本任务。培养德智体美全面发展的社会主义建设者和接班人，办好人民满意的教育。"将"立德树人"的定位置于"全面发展"之上，或者说，用立德树人统率"全面发展"，这是对党的全面发展的教育方针的重大发展，是党的教育理论创新的最新成果。

2014年，教育部颁发的《关于全国深化课程改革落实立德树人根本任务的意见》中强调，"立德树人是发展中国特色社会主义教育事业的核心所在，是培养德智体美全面发展的社会主义建设者和接班人的本质要求"。

1. 德育贯穿课堂教学课堂是育人的主阵地

将立德树人的思想融入各学科教学，根植于学科的核心素养，紧密结合学科教学内容，归纳总结每一门学科的德育范畴和德育目标，并将德育目标融入并渗透到课堂教学的全过程，将学科课堂教学与德育有机融合。

在学科教育活动中重视道德教育，用道德启迪智慧、促进人的智慧发展。通过德育的效能，激发学生的求知欲，培养学生的创造品格。

课堂教学要达成以德启智，首先要弄清每门学科中都承载哪些德育目标，只有明确了具体的德育目标，才能在教学中利用这些道德因素实现启智。

2. 德育贯穿体育活动

在"双减"政策下艺体成重点，其中体育学科的课程标准要求形成坚强的意志品质，理解体育活动与自尊、自信的关系，建立和谐的人际关系，具有良好的合作精神和体育道德，提高对个人健康和群体健康的责任感，发扬体育精神，形成积极进取、乐观开朗的生活态度。

（1）体育学科的道德教育价值在一定程度上超越了体育学科的身体素质教育本身。体育课程是能够体现知行合一的课程，甚至可以说，它对"行"的要求远大于对"知"的要求，因为体育是身体技能教育与心理素质教育的综合体。

（2）体育课程本身的特点决定了它以活动和游戏为主，而无论是活动还是游戏，都涉及规则教育。规则教育的认知内容通常比较简单，就是在活动或游戏中培养规则意识。

遵守规则以及在活动过程中体验规则的约束力和魅力，无疑是学生社会化过程的有效载体。体育活动或游戏之所以具有魅力，在于活动或游戏的过程，在于团队意识与个体荣耀的选择过程，在于契约精神对学生的影响，在于竞争与合作融为一体的特质，在于运动本身所具有的对学生的吸引力，在于身体技能和心理素质在不知不觉中形成，在于竞技过程中兴趣与激情迸发出的火花，更在于学生自由奔放的青春。

（3）让学生参与规则的开发，让体育课程本身的魅力得到应有的体现，这就是最好的教学方法。当学生的主动性、自主性被充分调动起来的时候，学生的社会化过程，道德体验和社会认知结构的建立，便水到渠成。

根据新课标的要求，体育教学主要包括以下四个板块：体能教学、技能教学、适能教学、情能教学。其中适能教学主要是培养学生意志品质的，情能教学则是通过情感共鸣进而影响学生，这两类教学中贯穿德育目标不仅可以起到健体的作用，更会起到以体育品德进行道德教育的作用。

3. 德育融入美育教育

马克思在《1844 年经济哲学手稿》中写道："动物只是按照它所属的那个物种的尺度和需要进行塑造，而人则懂得按照任何物种的尺度来进行生产，并且随时随地都能用内在固有的尺度来衡量对象；人也按照美的规律来塑造物体。"自然，人类也要通过教育按照美的规律进行自身的再生产。

以美育人，从本质上说，就是强调德育与美育的内在统一性，凸显美育的德育价值，将德育融入美育。

（1）音乐、美术在美育中越来越具有基础学科的价值。音乐学科要求建立起对人类、对自然、对一切美好事物的关爱之情，养成对生活的积极、乐观态度和对美好未来的向往与追求，养成健康向上的审美情趣，使其在真善美中受到高尚情操的陶冶。培养爱国主义情感，增强集体主义精神，培养良好的行为习惯和宽容理解、互相尊重、共同合作的意识，增强集体主义精神。尊重艺术家的创作劳动，尊重艺术作品。热爱中华民族音乐文化，学习世界其他民族音乐文化。

（2）美术学科要求形成健康的审美情趣。崇尚文明，珍视优秀的民族、民间艺术与文化遗产，增强民族自豪感，尊重世界多元文化。

音乐和美术学科都承载着非常重要的德育重任。在美育学科（音乐和美术）教学中，道德与审美的关系密不可分，孔子的六艺教学，"礼"与"乐"是不分家的，"乐"是"礼"的载体，"礼"是"乐"的重要表现内容，这种表现形式一直传承至今。有人把音乐比作一个巨大的情感智库，喜、怒、哀、乐、悲、欢、离、合都会通过音乐的旋律展现出来。可见，美育的道德情感功能是其他各育不可替代的。

（3）美育的魅力在于开发学生精神享受的通道。在具体教学中，其建构过程在于激发学生自身的潜能和发现学生的"最近发展区"（维果斯基的"最近发展区理论"认为学生的发展有两种水平：一种是学生的现有水平，指独立活动时所能达到的解决问题的水平；另一种是学生可能的发展水平，也就是通过教学所获得的潜力。两者之间的差异就是最近发展区。教学应着眼于学生的最近发展区，为学生提供有难度的内容，调动学生的积极性，发挥其潜能，超越其最近发展区而达到下一发展阶段的水平，然后在此基础上进行下一个发展区的发展。），使学生在审美过程中潜移默化地净化心灵。

美育课程以提高审美能力为主。通过情境设置，让学生体会音乐的和谐之美、节奏之美、无形之美和美术的空间之美、线条之美、有形之美。在协作与交流的过程中，引导学生认识美、体验美、创造美，形成正确的审美能力。

"随风潜入夜，润物细无声。"学生在发现美、享受美和创造美的过程中，其精神境界将不断提升，道德发展自然会水到渠成。

彭水的美育有得天独厚的优势。苗族、土家族的民族舞蹈、民族音乐，"书、画、刻、制"等创新体验活动，都可以极大地陶冶学生情操，升华学生的道德情感。

（三）德育融入劳动教育

蔡元培认为，"劳动是人生中最要紧的事件。"苏霍姆林斯基认为，"劳动是道德之源。"在劳动教育中融入德育，就是学校教育要高度重视劳动教育在人的心灵塑造中的重要作用。

教育与生产劳动相结合是马克思主义人文教育思想（"知识内容体系、实践养成体系、培育环境体系、效果评估体系"四位一体）的重要组成部分，也是实现人的全面发展的根本途径和唯一方法。

习近平总书记在全国教育大会上的讲话中强调："培养德智体美劳全面发展的社会主义建设者和接班人，加快推进教育现代化、建设教育强国、办好人民满意的教育。"讲话将劳动教育与德智体美并列，重新确定了劳动教育在党的教育方针中的重要地位。

（1）科学把握劳动教育的育人价值。习近平总书记在全国教育大会上的讲话中指出："要在学生中弘扬劳动精神，教育引导学生崇尚劳动、尊重劳动，懂得劳动最光荣、劳动最崇高、劳动最伟大、劳动最美丽的道理，长大后能够辛勤劳动、诚实劳动、创造性劳动。"

劳动习惯的养成是一个长期的教育过程。劳动教育的特殊性就在于它是实践课程，学生必须在持续的劳动中养成劳动的习惯，而劳动习惯的养成又必须变成日常化的训练过程，关键是要从学生日常生活的点滴抓起。从起居洗漱到整理房间、洗衣叠被、清扫卫生、捡拾垃圾、物品分类摆放、班务劳动，要把劳动教育融入学生日常生活的方方面面，作为常规来抓，并使之成为习惯。

小处着手，大处着眼，是帮助学生养成良好的劳动习惯的重要方法。劳动习惯养成的过程，也是学生意志品格的培育过程。

劳动关乎品格。不管是个人日常劳动、公益服务劳动，还是物化创意劳动、社会生产劳动，其劳动结果或物化为物质产品，或体现对人的服务，都表征着劳动者的作风和精神追求等。

劳动关乎创造。很多劳动对动脑的要求已经超越了对动手的要求，更多的工作需要创造性思维和更多的创意。通过动手、动脑和创新解决问题已成为当代劳动者应具备的重要素质。

（2）拓展劳动教育的内涵。党和国家非常重视劳动教育，教育部、共青团中央、全国少工委联合下发的《加强中小学劳动教育的意见》提出：用3—5年时间，统筹资源，构建模式，推动建立课程完善、资源丰富、模式多样、机制健全的劳动教育体系，形成普遍重视劳动教育的氛围。

传统的劳动教育是以动手操作的体力劳动为主。在智能化时代，在坚持传统劳动教育形态的同时，应整合劳动教育、技术教育，综合实践课程，建构新的劳动实践教育课程体系。彭水的行动德育就是通过各种行动丰富了劳动教育的内涵。

（3）劳动教育要回归生活。陶行知认为"生活即教育。"劳动教育要融入日常生活中，在平日的学习和生活中开展各类劳动，体验劳动过程的苦与乐，才能热爱劳动，理解劳动对生命本身的意义。通过家务劳动可以培养学生的劳动意识和劳动习惯，以劳动为主题的社会实践活动，与劳动有关的兴趣小组、社团、俱乐部活动，能够让学生在努力获得好评的同时理解劳动的意义、体验劳动过程的辛苦、感受劳动成果带来的喜悦，社会公益劳动可以提升学生的社会公德和责任感。

（四）全域育人，实现家校与社会一体化

学校发挥主导作用，积极增强学校、家庭、社会协调一致的育人合力，建立多方联动机制，加强三位一体的协同化育人体系建设，为学生创造更好的教育环境。

1. 密切家校联系

加强家校合作育人的理想状态是家庭教育和学校教育各尽其责，在明确各自任务与定位的基础上，达到相互配合，协调发展。

（1）发挥学校的指挥作用。学校是学生德育的主阵地，家庭是人最基本的社会生活环境，对人们的影响也是最直接、最深远的，所以家庭教育中有许多方面又反作用于学校教育，家庭德育出现了问题对学校的德育也会产生直接或间接的不利影响。家庭作为德育的基础和起点，对学校德育起着重要辅助作用。

（2）办好家长学校，发挥家长在德育中的作用。通过家长学校，告知家长当前学生德育的主题和任务，并指导家长转变教育观念，探讨怎样做一名新世纪的合格家长等问题，听取家长对学校工作的意见，了解学生在家庭和社会上的情况，形成学校与家庭相互信任、相互配合的良性机制，提高学校的社会声誉和办学效益，共同促进学生的健康成长。

（3）指导家长创设良好的家庭环境。学校和德育指导委员会可以培训教师，让教师通过家访解决家长对待子女的态度问题，让家长在与教师的接触中产生紧密联系，在此基础上再对家长提出促使其进步的目标要求。

（4）创新家访形式，提升家访质量。学校要求教师家访要有明确的目的，教师家访要讲方法、讲策略，不要告黑状，不要批评学生，更不能指责家长，以鼓励、赏识为主，防止学生产生逆反心理、家长产生对立情绪。同时加强家访的形式和途径探讨，充分利用现代通信方式、家校联系卡等形式，保证家校联系零距离。

2. 挖掘社区德育资源

提升德育质量社区是学校德育工作的延伸，让实践活动有了更广阔的舞台，同时也是社会大环境的精华与缩影。目前，社区已成为青少年学习、生活、娱乐的重要场所，成为了一所没有围墙的大学校。

（1）利用社区丰富的人才资源，加强对青少年的德育教育。如聘请社区内的司法干警对学生进行普法教育，邀请社区内的劳动模范作先进事迹报告，以榜样的力量来影响、引导、感染学生，使学生养成积极向上的道德观。

（2）学生的社会实践活动可以促进社区的发展。学校具有浓厚的文化氛围，社区是社会生活的缩影，只要在不影响正常教学秩序的情况下，资源共享、优势互补、区域联动，一定会共同发展和提高。学生走进社区进行公民道德宣传，进行美化环境、倡导绿色环保等文明社区服务活动，既锻炼了社交能力，也为社区居民提供了一定智力援助，在一定程度上提高了居民素质，促进了社区发展。

（3）探究型课程的广阔舞台，真正实现学校德育向社会的延伸。学生的潜能是无穷的，个性发展是无限的，研究性学习的开展为学生的发展提供了广阔的舞台，让学生在与社会的互动中提高。学生在老师的帮助下，自主学习、自行研究，培养了关心他人、关注社会发展进步的责任心。

3. 注重发挥学生的主体性

在学校德育实施过程中，必须注重学生主体作用的发挥，否则就会重蹈过去德育由学校一手包办的覆辙，割裂家庭、学校、社会的联系。

（1）师生协同设计德育实践活动。学生德育必须以教育实践活动为重要载体。实践活动不仅是课内、校内的，还包括课外、校外的，是开放性的实践活动，是由学生和教师共同设计、共同参与的，更多地让学生主动尝试自主管理、自我评价的实践活动。注重学生主体性的德育实践的具体操作模式，是根据学校所处的社区条件以及办学特色、文化底蕴、环境氛围、教师特点等确定的。

（2）发挥学生对长辈的监督作用。学生在学校接受有效的品德教育，要使其固化为自身的品德修养，让孩子当"小老师""监督员"是很好的措施。家长的不良行为会对孩子产生很大的负面影响，但孩子如果能用自己的道德标准规劝家长，不但使家长的行为得到转变，还能巩固学生已有的道德标准。家长的良好行为反过来促进了孩子品德修养的提升，使德育效果进入良性循环。

二、纵向衔接的一体化德育

为使德育工作构建起一体化格局，我们要深刻把握幼儿园、小学、初中、高中及职业教育的特点，找准连接首末两学段的关键结合点，构建纵向衔接、分层递进、低中高学段一体化的德育体系，保证各个学段德育工作的连续性和生成性。

（一）建构育人文化，引领各个学段一体化

2014年的《教育部关于培育和践行社会主义核心价值观进一步加强中小学德育工作的意见》认为：中华民族优秀传统文化教育是中小学德育的薄弱环节，必须增强学生的民族文化自信，同时也要在优秀传统文化教育中"尊重学生个性发展"，使他们"为个人幸福、社会进步、国家富强而不断成长"。文化与自然生态教育的地位在2017年的《中小学德育工作指南》中空前提升，《中小学德育工作指南》中提出中小学德育的总体目标之一在于使学生"了解中华优秀传统文化和革命文化、社会主义先进文化"，优秀传统文化教育与生态文明教育也成为了中小学德育的基本内容。文化终于在中小学德育工作中从幕后走向了台前。

1.校园文化多元化

挖掘和构建学校文化。德育之本，根在文化。文化是学习积累和人格修养的基础。学校是一个文化场，学校的育人环境、校园生活、组织制度、校内人际关系及学校的管理体制等，作为隐性的校园文化，贯穿于学校教育的整个过程。德育品牌的建设，必须让校园中处处有文化，时时有文化，事事有文化。

每所学校所在地不同，地域文化也各有不同，彭水的土苗文化、红色文化、水文化、盐丹文化等各具特色。

结合地域文化、民族特色、学校办学特点等，推进学校大力开展学生喜闻乐见、丰富多彩、积极向上的人文、科技、体育、艺术、娱乐等活动，努力建设以社会主义核心价值观和优秀民族传统文化元素为主题的健康生动的校园文化。

（1）确立紧跟时代发展的办学方向、理念和目标，制定校风、教风、学风、校训，并加强学习体会与内化，形成共识并成为上下一致的行动指南。

（2）重视校园自然环境的建设，全方位搞好校园的绿化、美化、净化，让生活学习环境永远处在温馨、和谐的氛围，让知识化的元素布满校园。

（3）完善德育基地建设，搞好德育室、专题德育长廊、德育宣传栏、楼梯文化、墙面传统励志故事、传统美德故事等文化氛围建设，让师生随时随地能感受到浓郁的德育气息。

（4）营造一个宽松、和谐、理解、融洽的校园文化环境，增强教职工的责任感。强化学生积极向上的荣辱观，形成良好的世界观、人生观和价值观。

（5）结合客观实际挖掘潜力，组织科技、艺术、文体等实践活动，建设固定的实践育人载体，把思想规范、意识形态、行为纪律等纳入各项活动中。

校园文化建设的多元化，对学校师生的德育工作起到了很好的教育、凝聚、约束和鼓舞作用。

2.传统文化教育规范化

中华民族五千年悠久历史，积淀了灿烂的传统文化，这是我们中国人的骄傲与自豪。运用好传统文化资源，培养与激发人们"爱祖国、爱人民、爱劳动、爱科学、爱社会主义"的情怀。

（1）制定春节、元宵、清明、端午、中秋节、重阳节等传统节日活动策划方案。方案从主题队会、社区活动、征文比赛、演讲比赛、制作手抄报、献爱心等不同形式入手，制定详细实施方案，以达到最佳教育效果，不同学校、不同学段根据自身情况选择对应的方案开展活动。

（2）将中华传统文化与学校特色校园文化相结合，研发并撰写学校特色校本读本，将实践与理论高度结合，让文化育人真正落到实处。

（3）按照"一月一事、一事一主题、全年成系列"这条主线，围绕培育和践行社会主义核心价值观，紧扣"知—情—意—行"教育规律，面向全彭水县中小学和幼儿园开展贯穿全年的主题教育活动。

（二）夯实养成教育，促进幼小中衔接一体化

养成教育是幼小中阶段德育的根基。遵循教育与强化、他律与自律相结合的原则，形成养成教育体系。在养成教育上依学段特点施教，针对不同学段制定养成教育学段目标和培养方法，让学生从幼儿园至小学低学段养成基本的行为习惯，到高中及职业教育阶段养成正确的三观和健康的人格，形成养成教育的纵向衔接一体化。

1. 幼儿园及小学低年级养成教育的目标是培养基本的行为习惯

小学阶段是个体道德社会化的开端，是儿童品德、智力、生活能力等形成和发展的重要时期。对于小学低年级的学生来说，他们刚刚从熟悉的家庭生活进入比较正规的校园学习生活。

对于这个学段的学生来说，要让他们在集体学习、游戏活动、集体的日常生活（如就餐、如厕、午休、交友等）中，学会遵守规则、懂得规范，在此基础上养成基本的文明行为习惯。通过习惯培养，借助习惯养成，可以让学生对基本的为人做事的道理有一定的认识。如让学生养成升国旗应该立正站好、目视国旗、严肃认真、高唱国歌的习惯，知道规范的升国旗姿势就是对国旗的尊重、对祖国的尊重。让学生养成不摘花、不踏草、不折树枝的习惯，知道这就是爱护花草树木、保护环境的体现。

2. 小学中高年级养成教育的目标是养成良好的行为习惯

小学中高年级以学生行为习惯培养为主，引导学生养成良好的生活和行为习惯。

与小学低年级不同的是，小学中高年级在加强学生习惯养成教育的同时，逐步培养学生的规范意识。小学中高年级是小学生品德发展的关键期，在这个学段，学生开始有自己独立的想法。为此，要培养学生的独立和自控能力，加强学生对良好文明行为习惯背后所蕴含的道德规范的理解，使学生养成的习惯是能够在道德规范引领下的自觉选择。

在小学中高年级，学校要引导学生了解家乡、了解国家历史、了解中华优秀传统文化、了解党的历史革命传统。让学生学会积极参与社会生活，将学生公民意识教育与良好生活和行为习惯养成教育结合起来，引导学生在参与各种学习和生活活动中养成好的习惯。

3. 初中养成教育的目标是形成社会规范意识

在初中学段，学生的品德迅速发展，已经养成良好生活和行为习惯的初中生开始从他律逐渐走向自律，从遵守教师的教导逐渐走向遵守道德准则，道德观念开始逐步形成。

初中学段的学生又处在心理发展以及品德发展的一个动荡期。为此，在这个学段，养成教育要从单纯地加强对学生的道德习惯的养成，转换到把培养学生的道德习惯与道德理解能力相结合，让学生通过道德对话内化一系列习惯背后的道德价值。在初中学段，行为习惯的培养仍然是重点，但更加侧重引导学生内化道德价值，形成是非观念，理解外在的行为习惯背后所内含的道德理念。

4. 高中及职业教育学段养成教育的目标是正确三观的塑造和学生人格的养成

在高中及职业教育学段，学生的品德思维能力达到了成熟水平，抽象概括能力、辩证思维能力都得到了较好发展，思想活动具有独立性、选择性、可塑性等特点。

这个阶段养成教育的一个重要任务是引导学生形成道德行为的观念体系和规则，逐渐形成自己的世界观、人生观和价值观。在教学方式上，注重发展学生的自主学习能力，鼓励学生自主进行价值判断，切实提高学生参与现代社会生活的能力，为其终身发展奠定思想道德基础。

（三）丰富行动德育，助推幼小中对接一体化

以活动实践为中心，以学生的兴趣和需要为基本出发点，主要目的是传授与实际生活相关的经验，帮助学生解决他们当前认为重要的问题，并且扩大和加深他们已有的兴趣和生活经验，行动德育的实施不是通过教师的灌输，而是通过学生自己的活动、学生自己的探究进行。

1.行动德育的基本要素

行动德育的每一项具体行动由主题、内容、动机和开展方式几个基本要素组成。主题就是简明扼要地说明这项行动的目的。内容通常是根据德育目标序列展开的，一方面要根据学生的认知和道德发展规律依次进行。比如，围绕劳动教育，让学生从打扫卫生到洗衣叠被，从家务劳动到公益劳动，开展相关的德育行动，逐步培养学生的卫生习惯、自理能力和责任意识等。另一方面要根据学生的年龄特点，同一个主题组织学生由浅入深开展不同的行动。比如，法治教育在小学低年龄段主要是开展遵守行为规范、学习纪律教育活动，到高中阶段则以懂法、守法教育为主开展活动，如模拟法庭等。

动机要素是充分考虑活动设计能否满足学生的兴趣和需要，根据不同年龄阶段的学生的兴趣与爱好、道德发展的内在需要进行设计，保证行动的趣味性、针对性和有效性，使行动达到最佳效果。

开展方式即要求每一个德育行动要满足探究性和体验性。行动缺少了探究性，趣味就会大大降低，没有了体验，行动就失去了灵魂，德育目标就无法实现，这项德育行动的开展只会以失败告终。

2.行动德育的基本思路

行动德育的基本思路是：实践活动设置从幼儿园、小学低年级到高中学段，根据学生的特点逐级增加其活动内涵。

（1）在幼儿园及小学阶段中，尤其要重视游戏活动的作用，通过游戏使小学低年级学生能够形成初步的规则意识，获得与同伴相处的初步经验，在游戏中形成竞争与合作的心理体验等。

（2）小学中高年级段应注重主题性活动，让学生在活动中体验，在体验中增强道德认知。

（3）初中学段的活动要更进一步，比如可针对生理变化开展德育行动，针对逆反心理开展德育行动，针对公民教育、法治教育开展德育行动。实践活动方式可采用班级"主题活动＋学生自主主题活动＋模拟各类社会机构开展的主题活动＋各类相关内容的辩论会"等。

（4）高中及职业教育学段则围绕"弘扬民族精神，增强民族自尊心、自信心和自豪感，增强公民意识、社会责任感，树立民主法治观念，学习运用马克思主义基本观点和方法观察问题、分析并解决问题，学会正确选择人生发展道路的相关知识"的目标，开展与目标相吻合的实践活动。

行动德育是彭水县一体化德育的一块牢固基石，以保证所有的内策略都是在一体化的框架下进行，使其万变而不离其宗。也就是说，所有的策略都必须遵循在活动中体验、在活动中内化、在活动中实现道德自律和道德自觉这一道德形成的内在规律，从兴趣和需要出发，着眼于帮助学生解决当前遇到的现实问题，促进中小学生的道德发展。

3. 行动德育的指向

德育方法是德育价值走向实践的工具性依托，是道德价值实践化转变的重要环节。彭水县行动德育的指向为：

（1）互动性：首先，行动德育要为学生发表自己的价值观提供条件，保护学生的价值自主选择权，捍卫学生的价值表达权；其次，在德育行动中，教师与学生都是活动实践的主体，是平等的主体间关系，教师不能随意剥夺学生表达，学生有坚守自己认可的价值观的权利；最后，教师要善于创造师生互动与实践的汇流地带，积极推进道德对话与德育实践之间的交融，为理论与实践间的沟通提供便利。

（2）自律性：德育应培养学生个体道德生活和社会道德生活的自律性。落实课堂教学是学校德育的主渠道，通过指向明确的课堂教学培育学生与社会现实相适应的价值观，开发隐性教育课程。营造校园文化氛围，开展丰富多彩的校园课外活动，在潜移默化中使学生形成自律意识，构建学生自我教育、自我管理和自我评价机制。通过阶段性或临时性的自评及时帮助学生进行自我净化、自我完善、自我革新、自我提高，自觉地进行思想转化和行为控制。

（3）开放性：一是学校德育要教会学生在多元价值资源面前自主选择；二是积极倡导与发挥学生的主体精神，创造一种知性德育形态，自主构建自己的道德生活；三是极力避免那种完全"放任"的德育模式所可能造成的相对主义，即将重合性价值共识的达成作为道德教育的基点。

综上所述，行动德育的开展，针对不同学段，同一个活动，由于年龄段不同，活动的目标和追求的效果也不尽相同，学生的收获和受到的教育也各有不同。

三、基于"大思政课"的四位一体课程实施策略

为贯彻落实教育部等十部门联合印发的《全面推进"大思政课"建设的工作方案》精神，结合区域实际，架构起基于"大思政课"的四位一体课程实施策略，强调的是德育与课程的整合，主张在促进学生道德发展上实现德育课程、学科课程、文化课程、实践课程的一体化。它们之间的关系是：德育课程是主导和核心，学科课程是德育的主阵地，文化课程是德育的灵魂，最终学生的道德要同归到生活实践中去生成和检验。

（一）以德育课程为主导

中小学德育一体化四位一体的实施策略，强调以德育课程为主导，就是要充分发挥德育课程在学校德育工作中统筹、组织、协调和整合作用。

要发挥好德育学科教师的整合作用，做好学校德育工作的规划、组织、实施和评价工作。要发挥好学校德育课程对学校德育工作的整合作用，规划、引领、指导好学科课程、文化课程和实践课程的德育实施工作，推动德育工作在学校各类教育中的贯通实施。实施以德育课程主导的中、小、幼德育一体化策略，要在以下几个方面发挥德育课程的引领作用。

1. 德育价值的引领

德育价值是人们在道德上所追求的基本信念或信仰。不同的文化背景和不同的角度形成的道德价值是不同的，其内涵和外延也不尽相同。

对于德育价值的基本结构，可从历史和现实两个维度去思考。从历史发展的维度，必须旗帜鲜明地弘扬中华优秀传统文化，如"孝、悌、忠、信、礼、义、廉、耻"是必须继续传承的德育价值观。

从现实的维度，习近平总书记提出的"大德、公德、私德"为我们研究和确立新时代的道德价值观提供了依据。"大德"，就是对国家层面的道德要求；"公德"，就是对社会层面的道德要求；"私德"，就是对个人层面的道德要求。这就是我国社会主义核心价值观的内在逻辑。

中小幼在确立了德育价值体系之后，必须分学段、分年级、分学科明确具体的德育目标和实施载体——学科课程、活动课程、主题活动等。在此基础上，学校必须做好德育价值体系的普及教育。

通常的做法是：①统一印发培训材料；②全体教师自学培训材料；③聘请专家或学校德育主任举办讲座指导；④分学科或分年级进行讨论消化；⑤阶段性考试评价和总结性考试评价。

2. 德育课程整合的引领

实施中小学德育课程一体化，必须强化德育课程对学校德育全课育人的课程整合功能。发挥德育课程对学校德育的课程整合作用，必须确立德育课程在学校教育中的核心课程地位。要加强德育学科任课教师的配备。在小学段设置专职任课教师，像重视语数外那样，选择优秀的教师承担德育学科的教学。德育课程一体化的实施必须强化德育课程对学校德育全课育人的课程整合功能，发挥德育课程对学校德育的课程整合作用。

（1）要确定德育课程在学校教育中的核心地位，加强德育学科任课教师的配备。

（2）加强德育教师专业培训，制定德育学科达标要求。任教教师应具有德育学科教学"达标合格证"，学校应将德育教师的培训作为重点工作抓实抓好。

（3）要加强德育学科教学活动，让教师带着问题进行研讨，让有经验的德育教师把成功经验共享给其他教师。重要的德育学科研讨也可以聘请其他学科的教师参与，让他们从中汲取德育教学的精华，用在自己的学科教学之中。

发挥德育课程对学校德育的课程整合作用。学校专职德育课程团队要担负起全校德育课程的开发、组织实施和评价责任。要以德育课程为核心，构建学校德育课程体系，形成学校德育课程群。依据学校德育价值体系，开发完善学校的德育学科课程、学科德育课程、文化德育课程、实践德育课程，形成目标一致、责任明确、分工合作的全员、全程、全课德育实施体系。

3.德育生活化理念的引领

（1）从本质上说，一切德育问题都来源于生活。人类的道德源于生活，人类的道德教育也必须回归生活。如果把德育课程当作一门学问，像文化课那样去教学生学习道德，显然是违背道德教育规律的。德育的生活化思想启迪每位教师，在教授文化知识的同时，加强思想道德教育，必须从创设真实的生活情境入手，这种生活化情境必须是学生熟知的，必须是与本身年龄段相符合的。

生活情境越典型、越具体，越能激发学生的情感火花，越能让其带着道德情感沉浸到学习与探究知识的过程之中。

（2）德育生命化，德育是为社会服务的，更是为人的生命发展服务的。在生命教育的理论体系中，有学者提出了"自然生命、智慧生命、精神生命"三个维度。道德与每个生命维度的发展都有密不可分的关系，或者说，它是促使人的三个生命维度共同发展的催化剂。例如，自然生命中的体能发展过程充满着挑战、享受团队精神等，这些都是道德因素。智慧学习中，通过各学科中显现出的道德因素必然会促使学生进行道德认知的理解、道德判断能力的培养、道德价值的选择与形成。

（3）美育关乎道德的因素更多，甚至我们可以这样说，美育就是德育的载体，学生的审美能力是伴随着道德教育而形成的。

（4）德育活动化，突破了传统的说教式德育的藩篱。学生的道德形成，是在不断的活动体验中建构而成的。这就提示我们，各学科教师在学科教学中，道德教育不能依靠简单的说教，而要精心设计相应的德育问题，让学生各自提出相应的有价值的见解，在课堂上开展讨论，进行思想上的碰撞融合，在此过程中自然而然地进行道德建构。这种表现在课堂上的活动化教学，我们称之为活动建构教学。

活动化教学除表现在课堂上外，带领学生走出校门、走向社会，是一种更理想的活动教学。比如，彭水县有的学校在开展跨学科项目学习中，把学生带到风筝的制作与放飞现场，让学生感知风筝蕴含的传统文化精粹，激发学生对祖国优秀传统文化的热爱之情。回校后，利用语文课学习表现风筝的散文、诗歌；利用数学课让学生通过实际测量计算出制作风筝的用料；利用科技课，让学生动手制作风筝，这些都是活动教学思想指导下的教学实践。

（二）以学科课程为主阵地

四位一体的实施策略，强调以学科课程为主阵地，旨在确立学科教育的育人主体地位，彻底摒弃学科教学"重教书轻育人"的弊端。

为了落实立德树人的根本任务，教育部要求"统筹各学科，特别是德育、语文、历史、体育、艺术等学科；充分发挥人文学科的独特育人优势，进一步提升数学、科学、技术等课程的育人价值；加强学科间的配合，发挥综合育人的功能，不断提高学生综合运用知识解决实际问题的能力"。这为学科课程育人指明了方向，即以学科课程为主阵地，将德育寓于学科教学之中，让课堂教学过程成为全人教育的过程。

美国20世纪80年代品格教育运动的代表人物托马斯·里克纳提出了创建品格课堂的九个策略：教师成为关心者、道德榜样和道德导师；在教室里创建一个道德社区；实施道德纪律；利用班会营造一种民主的课堂气氛；通过课程传授价值标准；使用协作式学习法以培养相互合作的精神；培养职业道德；鼓励学生进行道德思考；教授学生解决冲突。

《礼记·中庸》中所讲的"博学之、审问之、慎思之、明辨之、笃行之"，正是育人之道。它告诉我们，学生的道德形成离不开学习、思考和实践，学习是基础，思考是关键，实践是根本。因此，在学科育人方面，必须坚持知行统一的原则，使课堂教学和德育实践紧密结合；坚持以人育人、以德养德、全人教育的理念，用教师的高素养、高品格影响、感染学生；坚持"挖掘育人内容—培养道德认知—指导道德行为—形成道德习惯"的策略和实施路径。最大限度实现立德树人的根本目标。

1.挖掘学科所蕴含的独特的育人内容

（1）挖掘独特的人类历史和优秀文化，这是立德树人的底蕴。要深入挖掘蕴含在语文、政治、历史、地理等课程中的德育内容，将名篇名言、历史典故、文化遗产等作为育人资源，让学生有意识地去亲近和熟悉。

（2）将优秀的文学作品和历史、现实积淀，作为育人资源，让学生在精选的饱含人文精神与时代气息的成果中，感受博大精深的文明，感受和认同社会主义核心价值观深厚的内涵。

（3）感受独特的发展历程与认知方法，这是立德树人的勇气和智慧。要精心聚合数学、物理、化学等自然学科的育人因素，将知识创新和发展过程作为育人资源，让学生在学习中了解知识的来龙去脉，体验知识的创新和发展过程，感受学科思想和思维方法，感受模型抽象建立的独特的逻辑，感悟独特的学习基础和生活经验，这是立德树人的前提和根基。教学实践中，要将学生的学习基础和生活经验作为育人资源，把学生和日常生活紧密地联系起来，让学生将所学知识置于生活场景中进行思考、验证。引导学生从个人到社会，从国内到国际，从历史到现实，正确认识中国和世界的发展大势，正确认识时代的责任。

唯有如此，学生精神世界的发展，才能从不同的学科教学中获得多方面的滋养，在发展对外部世界的感受、体验、认识、欣赏、改变和创造等能力的同时，不断丰富和完善自己的生命世界，体验丰富的学习人生，满足生命的成长需要，认识自我，发展自我意识与能力。

2.借助课堂，培养学生的道德认知

道德认知是指人们对一定社会关系及关于这种社会道德关系的理论、原则和规范的理解和掌握。通俗地说，就是人们对行为的是非、善恶、美丑的认识，对这些行为准则及其意义的认识。道德认知能力是个体形成道德概念，应用已有的道德知识进行分析、判断和选择的能力。道德认知能力是个体形成道德行为和习惯的基点，是人的道德品质形成的最基本的条件。

（1）教学是首要、主要和普遍的道德活动。教师的重要职责是充分利用学科独特的育人内容，精心设计教学，在教学中让学生学会基本的道德认知，培养学生求真、求美的美德。无论是数学、物理等自然学科，还是语文、历史等人文课程，都应该追求准确性、真实性与精确性，让求真的美德成为带动学生认知发展的加速器。例如，在数学、物理课堂上，教师不只是让学生把数值与事实搞清楚，更重要的是培养学生在困境中坚持求真的秉性，并将之转化为个人的品格。又如，有位教师在教授轴对称图形的知识点时，先让学生欣赏美丽的图片，然后观察图片的特征，并通过剪一剪、画一画让学生在操作过程中发现对称图形。由此，学生既加深了理解，也在动手操作中感悟了数学的美。

（2）培养学生的认知和道德判断。培养支持学生民主对话的美德，让学生借助理智的道德判断来解决生活中的道德难题。

一是设置"两难问题"：在政治、历史等课堂教学中教师有意识地设置道德冲突情境，让学生通过对"两难冲突的道德问题"的讨论，通过多种比较进行选择，再通过实践进行判断，引导学生在外在刺激和内在经验二者之间的冲突中，做出正确的道德选择，进而促进学生道德判断、推理能力的发展，提高学生的道德判断能力。

二是突出道德评价：道德评价能力是道德认知能力的高级表现形式，它建立在道德理解、道德判断和道德选择的基础上。教师在教育教学活动中，通过有意识地强化学生的自评、他评等方式的道德评价，引导学生摆脱各种具体因素的影响，形成按道德原则进行道德评价的能力、通过外部行为的表象深入内部品质做出评价的能力、对道德现象或事实做出全面辩证评价的能力、摆脱迷信权威和他人暗示的束缚而进行独立评价的能力，最终提升其道德发展水平。在这样的过程中，学生通过不断地判断选择，体验承担责任的过程，使知情意行有机地结合在一起，最终形成自己的观念和道德准则。

3.践行认知，指导学生的道德行为

教师不应是学生道德行为的代替者、包办者，更不是游离学生之外的旁观者、裁判者，而是引导学生基于学科教学中获得道德认知。在学习、思考和体验中，指导学生通过德性的自我建构，实现道德自治、自我约束、自我完善。

（1）巩固道德认知：教师要在学生获得一定的道德认知后，及时地引导学生巩固所得。

一是要让学生及时总结和回味所掌握的学科知识中蕴含的普遍原理，即思维、方法和原则，只有将具体的知识转化为具有一定普遍意义的思维、方法和原则，才可能培养人的灵性。

二是引导学生及时进行反思，通过反思沉淀教学中学到的优秀传统文化，饱含人文精神与时代气息的优秀成果得以修正，价值观得以完善。

（2）指导德育实践：教师要在学科教学的基础上，引导学生积极参与社会实践，自觉地将道德认知与自己已有的社会和生活经验相对照，在积极的社会实践中，在对社会问题的道德判断中，在对社会行为、道德实践等的独立思考和独立判断中，在对真与假、善与恶、美与丑的判断中，检验自己的道德认知和道德判断，鼓励学生勇于实践，在实践中深化道德认知，使学生的道德行为逐步从他律走向自律，从内化到外显，逐步实现道德行为的规范化。

4.跟踪矫正，让学生形成道德习惯

学生从道德认知到道德实践，从道德行为的规范到形成学生的道德习惯，是一个极其复杂、曲折而漫长的过程。引导学生走向社会、走向生活，在社会、生活中规范和约束道德行为还远远不够，还需要不断磨炼。在这个过程中，教师要不断跟进，对学生的道德行为进行细致观察、科学诊断、及时纠正。只有这样，才能真正落实立德树人的课程目标。跟踪矫正必须遵循以下几个原则。

（1）科学性原则：道德习惯的养成必须符合学生身心成长的规律，必须符合学科教学的规律，必须符合螺旋式上升的规律。

（2）主体性原则：在道德习惯养成中要突出学生的主体地位，突出学生的自主体验和自我感觉，引导学生通过在认知矛盾、道德选择、道德判断的痛苦中，强化自身的体验和感情，感受到形成良好习惯的效果，体验到纠正不良习惯的益处。

（3）持久性原则：习惯的养成不是一朝一夕的事情，而是要经过反复的训练和尝试。教师要及时跟进，持之以恒。

道德习惯的养成要遵循"明理—导行—磨砺—养成"的基本思路。

一是通过榜样示范，不断提醒学生的道德行为。如在政治课教学之后，选择与之相应的纪录片、政论片等让学生观看，进而用正能量引导学生。

二是强化行为训练和道德行为的生成，对不良习惯进行及时矫正。

三是强化学生的自我约束，借助学生团体的力量，让学生制定行为规则，利用规章制度等，在多种活动和实践体验中规范行为，培养自律意识与自律能力。

（三）以文化课程为灵魂

德育四位一体的实施策略，强调以文化课程为灵魂，旨在充分发挥文化课程在立德树人中的灵魂作用。

文化课程教育的意义在于塑造人的精神世界，铸造人的价值信仰，为人的德性注入灵魂。润泽、滋养、化育能够担当民族复兴大任、具有中华文化血脉的中国人，让中华文化成为中国人的价值灵魂，成为中国人日常生活的行为标尺和文明风尚。只有如此，五千年悠久灿烂的中华文化才有价值，我们这个国家才有力量，我们的人民才能受世人尊重。

1. 用中华优秀传统文化铸魂

文化课程育人要弘扬中华传统文化革故鼎新、实事求是、惠民得民、安民富民、道法自然、天人合一的思想理念；"天下兴亡 匹夫有责"的担当意识；精忠报国、振兴中华的爱国情怀；崇德向上、见贤思齐的社会风尚；孝悌忠信、礼义廉耻的荣辱观念。

文化课程育人要继承中华文化求同存异、和而不同的处世方法；文以我道、以文化人的教化思想；形神兼备、情景交汇的美学追求；俭约自守、中正泰和的生活理念。

总之，要以中华优秀传统文化的核心思想理念、人文精神和中华美德等铸造学生的灵魂，为他们打上深深的灵魂烙印，铭刻到他们心里。

2. 用革命文化铸魂

文化课程育人，要大力弘扬中国共产党领导的抗日战争、解放战争和抗美援朝战争等在争取民族独立、人民幸福的历程中用生命和鲜血凝聚成的革命文化。用革命文化激励学生的爱国热情，坚定学生用青春和热血保卫社会主义建设成果，用生命捍卫国家的领土完整和民族独立的信念。

彭水县有过无数革命先烈的事迹。缅怀革命英烈的丰功伟绩，不仅是为了记住革命英雄的不朽功勋，还在于用他们的光辉业绩和浴血奋战的大无畏英雄气概激励亿万人民群众，激励后来者勇往直前。

革命文化蕴藏着无穷的精神力量，是文化铸魂的特殊教材。青少年时期和儿童时期，是学生英雄崇拜最虔诚、最热烈的时期，也是革命文化教育的最佳时期。

英雄事迹是取之不尽的精神宝库，以英雄事迹和英雄精神为载体，开展丰富多彩的特色活动，从而达到革命文化铸魂的目的。通过让学生选择最崇拜的革命英雄，深入了解英雄的生平事迹，理解英雄的精神实质。对照自己开展励志活动，确定自己人生的发展目标和奋斗方向等系列活动。

开展向英雄学习的活动。通过开展寻访英雄后人或与英雄有关系的人之类的活动，在与之互动的过程中了解英雄的生平细节，从中感悟真实的英雄形象和影响力，从而增强学生的内心体验，使英雄形象深入学生心灵。

3. 用社会主义先进文化铸魂

文化课程育人要坚持制度自信，继承中华人民共和国成立之后，改革开放以来，中国人民从站起来到富起来，再到强起来的过程中形成的社会主义先进文化，激发学生为实现中华民族伟大复兴的中国梦而努力奋斗的挑战意识、奋斗意识和创造热情。

社会主义先进文化适用于中小学各个学段的学生，可以采用各种形式的活动进行，如围绕感动人物、重大贡献奖获得者、道德模范等开展系列活动，让学生体悟到，要作出重大贡献必须付出与之相关的努力，从而努力奋进，自强不息。

值得注意的是，应挑选出可供各类学生选择的英雄模范，如科学家、技术专家、各行各业的精英，让各类学生都能找到自己心中的偶像。

文化课程育人要坚持理论自信，继承马克思列宁主义、毛泽东思想、邓小平理论、"三个代表"重要思想、科学发展观和习近平新时代中国特色社会主义思想，用这一系列理论武装学生的头脑，并转化为指导学生创新实践的理论武器。

亲其师才能信其道，可以通过现状与历史的对比，了解中国特色社会主义取得的举世瞩目的伟大成就，培养学生的民族自豪感和民族自信心。

（四）以实践课程为落脚点

德育一体化四位一体的实施策略，强调以实践课程为落脚点，旨在确立实践课程在道德教育中的特殊地位，让学生在道德生活中体验道德、内化道德、养成道德，彻底改变道德认知教育与道德实践教育相分离的"伪道德教育"。

1. 把道德知识教育寓于有道德的教育生活中

现代学校教育囿于考试升学的功利需求，判断一个学科教育有无价值、重要与否，不是尊重学科的本体育人价值，而是追求学科对考试升学有用无用的工具价值。在这样的教育文化统治下，在立德树人中占有独特地位的德育课程被边缘化了，其残存的剩余价值主要体现在为考试升学服务的道德知识的传承上，道德知识教育与道德实践教育的分离和脱节，也就成为必然。

以生态文明教育为例，人们关注的是以下知识和观点的学习：人与自然的和谐是社会和谐与可持续发展的基础，不断追求人与自然的和谐发展，实现人类社会全面、协调、可持续发展，是人类共同的价值取向和最终归宿。同时，树立全面、协调、可持续的发展观，统筹人与自然的和谐发展，是走符合中国国情、可持续发展的现代化道路，是实现社会主义中国梦的必然选择。

教育在促进人与自然和谐发展过程中发挥着重要作用。我们要从人与自然和谐发展的角度，对学生进行节约教育和环境保护的教育，开展土地、水、粮食等资源的基本国情教育，开展节粮、节水、节电教育活动，养成勤俭节约、低碳环保的健康文明的生活方式，还要让学生了解祖国的大好河山和地理风貌，引导学生树立尊重自然、顺应自然和保护自然的发展理念。这对促进人与自然和谐发展的科学发展观以及人类社会的可持续发展都有着重要的作用和意义。

其实，生态文明教育最好的场所是学生食堂。在这里，通过学生的就餐生活本身，可以直观地看到每个孩子对待一粒粮食、一个水果、一滴水的态度，可以真实观察孩子们是否形成了健康文明的生活方式。在这个真实的道德生活场景下，进行生态文明道德教育，更能直抵学生的内心，让学生深刻理解和把握生态文明的真谛。

2. 让学生过一种有道德的学校教育生活

从本质上说，学校道德实践课程，就是为学生的道德教育建构有道德的现实教育生活，在这种接近真实社会生活的"类道德生活"中，培育儿童的道德品质。

习近平总书记反复强调"劳动最光荣、劳动最崇高、劳动最伟大、劳动最美丽"。如何把"奋斗精神、劳动光荣"的价值观转化为中小学生的人生观、价值观，不是靠记诵这些话语，而是要在劳动生活实践中让学生感受、体悟、内化，直至养成热爱劳动、坚持劳动、习惯劳动的良好品格。为此，学校要在校内外创造劳动环境，让学生从事力所能及的劳动。例如，在校内组织学生进行校园卫生保洁、绿化美化、进行校园种植、饲养小动物等；在社会中鼓励学生参加公益劳动、捡拾垃圾、清理小广告，去农场参加公益劳动等；在家庭中引导学生洗衣服、叠被子、拖地擦窗、做饭洗碗、整理房间等。

学校文化生活建设，一是鼓励学生进行学校、班级文化建设，充分利用黑板报、橱窗、走廊，墙壁等营造文化环境；二是鼓励学生在老师的指导下进行班级文化建设，设计班徽、班规、班歌、班训、班级口号等；三是制作革命领袖、英模人物、劳动模范人物等社会主义核心价值观宣传画。此外，还可以制作并展示学生的作品，如德育连环画等。在这个过程中，学生既是文化生活环境的建设者，也是这些文化内在价值的实践者。

3. 开发建设道德实践课程育人体系

按照道德认知与道德实践教育相统一的原则，开发建设系统完整的道德实践课程，以实现道德教育的知行统一。在这里，道德实践的载体是丰富多彩的，以学生节日主题活动为例，要利用春节、元宵节、清明节、端午节、中秋节、重阳节等中华传统节日以及二十四节气，开展介绍节日历史渊源、精神内涵、文化习俗等校园文化活动，增强传统节日的体验感和文化感。

利用植树节、劳动节、青年节、儿童节、教师节、国庆节等节庆日，集中开展爱党爱国、民族团结、热爱劳动、尊师重教、爱护环境等主题教育活动。

利用学雷锋日、中国共产党建党日、中国人民解放军建军日、七七抗战胜利纪念日、国家公祭日，以及地球日、环境日、健康日、国家安全教育日、禁毒日、航天日、航海日等主题日，设计开展相关主题教育活动。

第三章 区域一体化德育理念构建

第一节 区域一体化德育建设基础理念

一、区域一体化德育理念的提出

（一）落实立德树人根本任务的迫切需求

德育是立德树人的关键。培养担当民族复兴大任的时代新人，宏观层面党中央下发系列纲领性文件，一是《中共中央关于改革和加强中小学德育工作的通知》；二是《关于深化教育体制机制改革的意见》，它强调要构建以社会主义核心价值观为引领的大中小幼一体化德育体系，培养学生践行知行合一，建立学段完整的教育评估体系；三是《中国教育现代化2035》要求推动习近平新时代中国特色社会主义思想进教材、进课堂、进头脑，开展理想信念教育，加强品德修养和课程体系建设；四是《中小学德育工作指南》，它提出了德育六大实施途径，为贯彻落实立德树人的根本任务提供了指导性、基础性依据。

进入中国特色社会主义发展的新时代，中国教育必须始终坚持社会主义办学方向，坚持把立德树人作为根本任务，加快推进教育现代化，建设教育强国，办好人民满意的教育。

（二）引领全区教育高质量发展的客观要求

习近平总书记强调："我们的教育绝不能培养社会主义破坏者和掘墓人，绝不能培养出一些'长着中国脸，不是中国心，没有中国情，缺少中国味'的人！"德育工作是区域教育发展固本培元的根本工作，一方面要建设"有理想信念、有道德情操、有扎实学识、有仁爱之心"的四有好老师队伍，担负起学生健康成长指导者和引路人的责任；另一方面德育工作者要引导青少年树立正确的人生观、世界观和价值观，形成积极健康的人格和良好心理品质，促进学生核心素养提升和全面发展。

（三）丰富区域行动德育成果的现实需求

2014 年，彭水苗族土家族自治县教育委员会发布《关于实施"行动德育"进一步强化学校德育工作的指导意见》，指出"以突出学生行为习惯养成为德育工作的重点，求真务实、常抓不懈""促进学校德育工作系统化、常态化、制度化、特色化……全面提升未成年人思想道德素质和人格品质"。

彭水苗族土家族自治县教育以德育为引领，从均衡教育发展的视角，以破解德育的现实弊端为方向，面对中小学德育存在"薄弱化、形式化、随意化、空虚化"的现象，在借鉴国内已有德育理论研究成果的基础上，大胆进行区域行动德育整体推动的实践探索。

在充分理解和领悟"知情意行"内涵的基础上，重视道德情感（进行道德判断时引发的一种内心体验，对品德认识和品德行为起着激励和调节作用）和道德意志（为实现道德行为所做的自觉努力，解决思想道德生活中的内心矛盾与支配行为的力量），真正让知行"合一"。以德育为首，积极推动区域教育综合改革，这是彭水行动德育的底层逻辑。

彭水县已经形成了"12345"行动德育项目实践模式，即"1"条行动主线，一月一事，一事一主题，全年成序列；"2"个行动依据，理论依据为杜威的"学校即社会"，提出"从做中学"的教育哲学命题，实践依据为彭水县颁布实施的《中小学养成教育三年行动计划》（以下简称《行动计划》）；"3"级行动规划，教育行政部门、教研业务部门、基层中小学校联动发展；"4"大行动主题，主题阅读、主题实践、主题展示、主题反思；"5"大行动路径，建设课程德育课堂、营造以文化人环境（从校园环境的育人维度来谈）、规范实践活动仪式、探索制度管理经验、建立协同育人机制。

目前，彭水行动德育实践取得阶段性成果：2017 年，彭水县教师进修学校被市教科院确立为"重庆市立德树人特色项目研究基地"，2019 年被市教科院确立为"重庆市立德树人特色项目示范基地"。为落实《行动计划》，全面推进彭水县行动德育工作深入开展，实现中小学德育工作的有效性、针对性和规律性，彭水县教师进修学校特拟定《彭水县中小学行动德育工作实施手册》，分为中学版和小学版，旨在为各中小学开展德育工作提供参考与指导。

为做到区域德育工作"专业化、课程化、常态化、品牌化"特色发展，还需要从行动德育的理论和实践层面，系统提炼特色；从区域教育与学校本位的角度，思考建设内容；从学校的职能和发展阶段，思考建设策略。2020 年重庆市教育委员会发布《关于加强中小幼德育一体化建设的通知》。2022 年彭水苗族土家族自治县教育委员会发布《关于开展德育工作规范化学校创建活动的通知》，提到要加强和改进中小学德育工作，完善学校德育工作体系建设，提升学校育人质量。

基于落实立德树人根本任务的迫切需要、全区教育高质量发展的客观要求、丰富区域行动德育成果的现实需求，彭水县在养成德育和行动德育的基础上，将德育落实、落小、落细，提出一体化德育理念，建设一体化德育体系。

二、养心德育的理论

（一）什么是德育理念

"理念"一词的解释有两条，一是看法、思想、思维活动的结果，二是理论、观念，通常指思想，有时亦指表象或客观事物在人脑里留下的概括的形象。

德育理念，顾名思义就是彭水区域一体化德育建设所要秉承的思想，彭水一体化德育理念有以下几个特点。

（1）地域性：要凸显彭水自身地域特色，包容地域文化，有浓郁的彭水烙印。

（2）概括性：要囊括一体化德育所涉及的纵向深度和横向广度。

（3）客观性：德育理念所指向的德育目标具有客观性，要反映德育教育的本质和客观规律，以及科学性、成长性等。

（4）深刻性：是经过思考论证、去粗取精、去伪存真、由此及彼、由表及里、升华凝练出来的，适合于彭水地域特色的思想。

（二）基于传统文化的养心理念

老子所谓"养心"，即"尊道"养心，追求与"道"同体的精神境界；"重德"养心，推崇"水善利万物而不争"的品格；"守静"养心，强调保持"致虚极，守静笃"的心境。孟子所谓"养心"，即"养心莫善于寡欲，其为人也寡欲，虽有不存焉者，寡矣；其为人也多欲，虽有存焉者，寡矣。"王阳明所谓"养心"，即"未尝离却事物，只顺其天则自然就是功夫"。从古人的论述中可见，"养心"强调提升内在品格修养，获得心灵感悟，由内而外散发出一种精神气质。

儒家所提出的"养心观"赋予了"心"道德的性质，主张从人文道德入手，以现实的德行为路径，将个人道德上升到一个崇高的高度，通过由内而外的养心与实践将个体的"心"上升到一种超然的精神状态，从而重建社会价值体系。

心具有自然性。儒家所说的心，最初指的是自然之心，是人体的心脏器官，将心看作是与人体其他器官相关的器官，确定了养心的自然基础。孟子在人性本源的讨论中提出"性善论"的观点，认为"心善"与"性善"相互依存，心善是性善的基础，性善是心善的体现。由此，孟子提出了"四心"，即恻隐之心、羞恶之心、辞让之心、是非之心。孟子曰"无恻隐之心，非人也；无羞恶之心，非人也；无辞让之心，非人也；无是非之心，非人也。恻隐之心，仁之端也；羞恶之心，义之端也；辞让之心，礼之端也；是非之心，智之端也"[1]。由此可见，孟子将"四心"分别看作四种"善端"，即恻隐、羞恶、辞让、是非，这四种心理倾向是"仁义礼智"的起始点和可能性。从孟子的角度来看，儒家所提倡的仁义礼智，不仅是外在的伦理道德规范，更是人出生就内在于心的先验存在。

心统领其他器官。同时，孟子在"心"自然性的基础上赋予了其道德性。孟子强调心是人体的主宰，因为耳目口鼻这些感官是不会思考的，如果没有人心作为主宰，这些器官就仅仅是物体而已，容易被物欲所蒙蔽，将人引向欲望深渊，"失其本心"。

心容易被物欲蒙蔽。孟子认为，心最初的道德性若是不注意存养，则容易被世俗蒙蔽，逐渐失去良心。孟子认为人的善性天生就有，但是他同样注重环境对人性的影响，"良心"的养成离不开外界环境，善端只是人发展的某种可能性，若要将这种可能变成现实，那么就要依靠教育、物质生活条件、社会环境等诸多因素。[2]因此，"养心"十分必要。

[1]焦循.孟子正义[M].北京：中华书局，1987：233-234.

[2]孙培青.中国教育史[M].3版.上海：华东师范大学出版社，2009：68.

孔孟注重从人的心灵层面唤醒人心内在的道德性。思孟学派认为养心的关键在于"寡欲"，即一个人欲望越少就越能保持道德之心。孟子的观点是教育人内在潜能的发展，强调人的内在自觉性。荀子曰："凡治气养心之术，莫径由礼，莫要得师，莫神一好。"[1]。荀子十分强调礼仪的重要性，认为养心不仅要有内在的要求，也要有外在的要求，指出养心的路径在于遵循礼的规则。荀子曰"君子养心莫善于诚"，养心最好的方法就是努力做到真诚，拥有真诚之心的人就会自觉遵守仁义礼智信，养成德行。荀子养心的方法在于以礼为重，其礼来源于孔孟所提及的道德之心，依据礼的可操作性和规范性，将养心的方法与要求外化，使得人们可以步步践行以获得道德修养，将教育看作是"外铄"的过程。

总之，不管道家还是儒家的孟子、荀子，都强调心的道德性，主张"养心"以"养德"为宗旨，其心性之学实质上是道德修养之学。儒家的"养心观"指出心的内在特性与外在特性，在此基础上主张道德践行应从内部与外部双重维度进行，提升人们的道德修养。

（三）基于马克思主义的道德养成理论

马克思主义道德养成理论即关于"如何成为一个有道德的人"的论题，主要内容包括人生观和人生价值、道德选择、道德评价、道德教育等方面。

马克思主义理论通过论述人与社会的关系来阐述人生观和人生价值。人生观是关于人生目的的观点与看法，马克思主义认为人生的目的是实现人生价值，而人生的价值在于为社会发展作出贡献。马克思主义强调人与社会关系的问题是解决人生问题的着眼点，个人利益与社会利益间的关系是人与社会关系中最根本的关系，个人利益与社会利益在根本上是一致的，社会利益是个人利益得以实现的前提基础。人生价值包括人的社会价值与自我价值，社会价值的实现是个人自我完善的前提，是社会生存与发展的重要条件，人的社会性决定了社会价值是人生价值中更为根本的方面。道德选择事关人生道路的方向，根源于人的社会性，道德选择要求自由与责任相统一。

个人道德选择是个人自由，人要为自己的自由选择负责，同时道德选择受

---

[1]王先谦.荀子集解[M].沈啸寰，王星贤，点校.北京：中华书局，1981：25-26.

历史条件、社会环境、社会道德规范等因素的影响，有限制的自由才是真正的自由，这种限制表现为道德责任，自由必然包含责任，责任支配着自由，具有道德责任才能不掉入虚无主义的陷阱，达到自由和谐的境界。

道德评价是根据一定社会或阶级的道德规范体系和道德价值标准，对某些道德行为或道德现象进行价值判断的过程，道德评价标准包含：一是应该符合社会历史发展的客观规律与方向；二是应该符合社会主义道德基本原则与规范；三是符合阶级利益标准，这是道德尺度的最终来源；四是是否对个人的发展与完善有促进作用。在道德评价的方法论上，马克思主义主张动机与效果统一，评价时既看动机也看效果，以实践检验动机与效果。

马克思对压抑人性的旧道德教育进行了批判，指出"个人全面而自由的发展"是道德教育的最高境界。在马克思看来，道德起源于劳动，道德教育是一种实践活动，其开展会受到周围环境的影响。积极良好的环境对人道德的发展具有正向的感染作用，而消极恶劣的环境对个体道德的发展具有抑制作用。因此，马克思主义指出道德实践与环境改造是一致的，共同促进个体道德的发展。另外，马克思主义指出理论能为个体提供一种精神力量，能够转变为人的内在武器。因此，道德理论的学习必不可少，强调将理论内化为自己的道德十分重要，有利于促进人们进行道德实践。

总之，马克思主义理论下的道德属于社会意识，强调"道德区别于其他社会意识的根本特征就在于它是一种实践精神"[1]。道德作为一种实践精神，本质上是知行合一的，有着自己独有的特征与价值。人是实践的主体，也是道德的主体，人发展的需要是道德的根本出发点，因而马克思主义道德养成理论充满人道主义色彩，主张从人的需要出发，学习道德理论，进行道德实践，促进人自身的主观能动性和选择能力的发挥，对周围社会进行价值判断，在个人内部环境与外部环境的相互作用中提升道德修养，完成他律到自律的转变。同时，道德是一个历史范畴，道德教育应跟随时代的脉搏，以马克思主义为指导思想，坚持理论与实践相结合、个人利益与社会利益相统一，促进人们道德的养成与社会发展方向一致。

---

[1] 罗国杰.伦理学［M］.北京：人民出版社，2007：53-54.

（四）根植于地域特色的养心文化

"十四五"时期，是彭水加快推动高质量发展、创造高品质生活的重要战略机遇期。彭水将围绕"三四六"发展思路，即"三大定位""四大目标""六大提升"，高水平打造"世界苗乡·养心彭水"。

"三大定位"，即建设民族地区产城景融合发展示范区、打造重要的生态康养和休闲运动基地，建成具有民族特色的国际知名旅游城市。

"四大目标"，即建成具有民族特色的生态特色宜居城、生态旅游目的地、生态产业发展区、生态文明示范县。

"六大提升"，即经济质量提升、城市形象提升、乡村面貌提升、生活品质提升、人文素质提升、对外影响提升。

"世界苗乡·养心彭水"是彭水发展的战略定位。世界苗乡所体现的就是彭水的地域文化，这里民族风情浓郁，是重庆市唯一以苗族为主的少数民族自治县，是重庆的苗乡、中国的苗乡、世界的苗乡。这里生态资源富集，山川秀美宜人、峡谷奇险纵横，是"中国特色旅游休闲度假胜地"。

养心育人，一方面是环境养心，行在画卷里，醉在山水中。好山好水孕育的阿依河和乌江画廊，是不可错过的养心之旅。在这里，置身美丽山水间，走向大自然，用最纯真的心灵去聆听大自然，让心灵归于平静，让心灵得到洗礼。另一方面是文化养心，浓郁的民族风情和多姿多彩的民俗文化，独特神秘的先秦时期"盐丹文化"、内涵丰富的"黔中文化"、可歌可泣的"红色文化"，以文化润泽心灵，洗尽铅华，使人心灵得到升华。

（五）基于教育本真的养心育人

养心是彭水发展的战略定位，区域发展与教育发展是相辅相成的，那么彭水的德育理念为何要定位于养心育人呢？

马克思说："教育绝非单纯的文化传递，教育之为教育，正是在于它是一种人格心灵的唤醒"。教育，意味着一棵树摇动另一棵树，一朵云推动另一朵云，一个灵魂唤醒另一个灵魂。教育就是以心养心的过程，教育要成为有灵魂的教育，育有灵魂的人。

1. 学校教育要养心

教育是培养人的。俗话说，"养鱼养水，养树养根，养人养心"，如果我们的教育不养人、不养心，那么就会远远偏离教育的本质。

教育是"以心灵感应心灵"的过程。"心灵"是一切经验的基础，它创造了快乐，也创造了痛苦。欲望使我们存在，而心灵决定我们存在的品质。一个人的快乐与幸福，不是由你获得了多少来决定，而是取决于你感受到了多少。教育之道，道在心灵。毫不客气地说，如果孩子们的心灵没有被教师感应到，一切教育都是没有用的，教育的本质将离我们越来越远。因此，教育应该回归到心灵深处。

"养心""育心"，首先，一定要重视调整师生的心态。如今在中小学设立心理咨询室、开展心理咨询、开展心理健康教育只是"心理调适"的一部分，绝不是它的全部。在师生的工作学习生活中，我们可以管住师生的手、腿，经过努力还可以管住师生的嘴，但永远也管不住师生的思维活动，管不住师生在接触中的思想碰撞及其变化。另外，做好"师生心理调适"的责任在校长。校长一定要善于营造一种和谐的心理环境，促进干群的和谐、教师同伴的和谐、师生的和谐，打造一种和谐向上的学校精神。要带领师生阅读，让师生从人类的道德财富中给自己找到榜样，丰盈自己的内心世界，达到教育思想和生活的最高境界。

2. 家庭及社会教育要养心

养树重在养根，养人重在养心。如果一个孩子的心在家里得不到养护，得不到有效的滋养，天赋的聪明就没有基础，智商再高，没有恰当的、相应的心态支撑，天赋就很难发挥。

先不讲孩子的心如何，先来看看养孩子心的人，也就是父母的心适不适合养孩子。父母怎样才能燃起孩子内心的学习热情呢？点燃需要一定的温度和状态，如果父母的心是冷漠的、麻木的，那就很难引燃孩子的热情。面对孩子出现的问题，父母要保持情绪平和，才能起到引导孩子的作用，否则，将会把问题严重化，父母内心的焦虑与浮躁会比孩子有问题更难处理。

孩子有问题并不可怕，可怕的是导致孩子内心不安的干扰源。如果父母心乱如麻，孩子也会是心神不宁。父母如何才能让自己心静如水？当孩子出了问题，父母不能急躁，不能乱了阵脚，要平静下来，先处理好自己的情绪，再去面对孩子的问题。

实现情绪的自我调控和管理，是对家长提出的一个深层次的问题。"只有平静的内心，才有可能沉淀和吸收教育的理性思考"。只有家长的内心平静了，对孩子教育的目标才会变得清晰，才能把教育者对教育的理性思考沉淀到内心，沉淀为自己的一种状态。否则，教育的思考就像水过地皮湿一样，不会留下任何痕迹，也不会有任何效果。

3. 德育要养心

"德育"的实质在养心，不仅养学生的心，而且养我们教育者自己的心。"德育"不仅仅是道德品行的教育，更是人生观价值观的教育，最终是人性的教育。例如，我们在课堂教学过程中，要秉承道德的准则，使用"合道德"的方式，在充满尊重、关怀、民主、和谐的环境中，在身心愉悦、人格健康、精神自由、生命自主的学习过程中，使学生获得学业进步的同时，培养学生"向善向上"的情感，体验到学习的愉快和幸福，这就是所谓的"课堂道德"，也是教师职业道德水准的具体体现。用心上好每一堂课，这也是对教师的养心。

教师，要尊重学道，遵守师道，恪守师德，建构学德。学道以行德，以道而成德。作为教育者，一定要强化"养心"意识、"育心"意识，要从对学生的知识关怀转向精神关怀，从知识本位的教育转向育人为本的教育。不仅要关心学生的学业成绩，关心他们的生活状况，更要关心他们的内心世界，关心他们的情感、情绪，关心他们的精神生活，让学生在获得知识、技能的过程中，在情感、态度、价值观上得到协调发展。概而言之，我们的教育既要合乎道德的要求，体现道德关怀，又要孕育道德的心灵，洋溢道德的光辉。我们这些教育者，应该以人格影响人格，以智慧启迪智慧，让我们的校园真正成为孩子们健康成长的乐园。

彭水地域发展以养心为本，彭水教育以养心为基，这不仅仅是对地域文化的彰显，也是彭水德育特色的体现。

三、由养心实现养成

2022年重庆"两会"召开，彭水自治县聚焦"十四五"时期发展目标，提出"三四六"工作思路，即"三大定位""四大目标""六大提升"，高水平打造"世界苗乡·养心彭水"。"民族、生态、文化"是彭水的三大特色，为彭水教育提供了充分的养分。在这样的区域背景下，彭水在教育领域提出了"养心德育"。

养成教育的真正目的在于"养心"，正所谓浇花浇根，养人养心。"养心"目的在于"养德"，进而实现"养成"，培养综合发展的人才，这样的人才德才兼备，有广博的学识，更有高尚的道德修养，立于世间而不倒。养心教育着眼于学生做人的基本素质，要求学生具备基本的社会公德、得体的行为举止、高尚的品行能力，它是一种点滴入微的教育，使学生在潜移默化中将知识内化为自己做人做事的本领和习惯，进一步升华为道德与能力品质。

所谓"养成教育"，就是培养学生良好行为习惯的教育。它往往从行为训练入手，综合多种教育方法，全面提高学生的"知、情、意、行"，最终形成良好的习惯。养成教育既包括正确行为的指导，也包括良好习惯的训练和语言习惯、思维习惯的培养。

养成教育一体化，是将养成教育贯穿中小幼教育的方方面面，成为一种德育常规。

养成教育的内容十分广泛，如培养文明礼貌习惯、学习习惯、卫生习惯、语言习惯、思维习惯等，养成教育要着重培养学生以下几方面的素质。

（一）心理素质养成

人的学习能力及其他素质的提高，既包含智力因素，也包含非智力因素。在智力相当、条件等同的情况下，成功的概率更倾向于那些非智力因素。心理素质方面的养成教育就重在此方面能力的培养。根据学生心理的结构特点，教育者应主要从四个方面养成学生良好的心理品质。

（1）通过开展知识抢答赛、智力竞赛、小制作、小发明等活动，培养学生动手动脑的能力，发展其思维能力和创造能力。

（2）开展各种专题活动，组织成立多种形式的学习和兴趣小组，有助于培养学生的兴趣、爱好、动机、意志、情感、信念等。

（3）鼓励学生自尊、自重、自爱、自信，培养其自我意识。

（4）树立榜样，介绍阅读各种有益读物，培养学生良好的气质和个性品格。

（二）行为规范养成

这方面养成的良好习惯对于学生学会做人方面起着决定性作用。从总体上看，行为规范应抓好三个方面的工作促使其良好习惯的养成。

（1）以爱国主义意识为主线的思想道德素质养成。学校定期开展各项德育工作，内容要紧扣学生实际和两个文明建设的实际。

（2）以"公民意识"为核心的大全民素质观养成。加强与社会司法机构的联系与合作，上好法纪课，树立法律观念，遵纪守法，学习理解公民的权利和义务，培养社会责任感。

（3）良好的品德和行为规范养成。主要是落实《中小学生守则》《小学生日常行为规范》及《中学生日常行为规范》要求。培养学生勤劳节约，艰苦奋斗，不怕挫折，文明礼貌，诚实守信，尊老爱幼，助人为乐，扶危济困，爱护公共卫生，遵守公共秩序等。

（三）学习能力养成

是否会学习可以说是素质教育成败的一个观察口。因此，学校应指导学生学会预习，学会听课，学会思考，学会提问，学会考试……要充分发挥其他课程特长。活动课向学生推荐一些学习科目、学习书目、学习方法；综合课发展综合能力；实践课培养实践能力，包括社会服务性实践、家务劳动实践、公益劳动实践及其他学科性实践。总之，各种课程和活动的开展，都要围绕一个中心——学习能力的养成。

（四）创新精神养成

这是心理养成的一个内容，但又不能把它看成简单的心理品质。"推陈出新、求异思维、化腐朽为神奇"，培养学生的挑战精神，是时代赋予当今教育的一项新鲜活泼的内容。

（五）艺体兴趣养成

实践证明，艺体对促进学生心智的发展、能力的培养具有其他学科不可替代的重要作用。因此，开好艺术课、体育课有着特别重要的意义。学校应当成立专项的艺体教育管理系统，并结合实际，构建系统、科学、具有地域性和层次性的艺体教育目标序列，其结果一定会发挥出艺体教育本身的优势，校园的文化氛围必将更加和谐。

（六）其他素质养成

学校的工作都是复杂多样的。人的教育，人的成长，不能简单地类化处理。以上对养成性教育的概括，尚不能说明它的全部内容，以养心实现养成，让养成教育作为承前启后，贯穿至幼小中的整个教育阶段的内容，构建起具有彭水特色的一体化德育。

第二节　"一核六边·三贯四衔"棋盘式一体化德育

《彭水自治县德育规范化学校创建工作方案》指出，到2023年，全县中小学（幼儿园）德育工作系统化落实机制基本建立，全科育人、全员育人、全程育人、全方位育人得到有效体现；全县中小幼学段相衔接、学科融通、资源整合、家庭学校社会同步的德育工作新格局基本形成；全县中小幼德育工作科学化水平得到明显提高；学生思想水平、政治觉悟、道德品质得到显著提升。由此，提出"一核六边三贯四衔"的棋盘式一体化德育。

一、"一核六边""三贯四衔"的内容

所谓棋盘式，从其形象来看，不仅是指其是象棋、围棋、五子棋等棋类的载体，也指城市规划的棋盘、网格式布局，现在成熟的互联网运行机制也是如此分布，体现出德育系统性、体系化、整体性的特征。

棋盘、城市布局和互联网机制寓意传统、现代与未来，这也是彭水县希冀达成的养心新生态教育发展格局：根植传统，立足现代，寄托未来。

从认知来看，棋盘可以让人们联想到智慧，自古棋局对弈到今日的喻指，都在表达人们在棋局中的思考。进一步说，这是一种前期计划、运用策略与思维全程谋划，理性而科学地反思评价而后验证成效与验收成果的方式与方法。

一核，是指一体化德育育人目标，即"仁心根、礼风骨、信气魂"的彭水学子。在围棋术语中，纵横交织的中心位置叫"天元"，是棋盘稳定的中心位置。仁心根，以养成教育作为德育的常规工作，启发学生善良根性，教育学生拥有"仁"，树立仁的思想，让学生与人方便，为人友善。礼风骨，以行动德育为抓手，"道之以德，齐之以礼"，让每位学子在家校社中彬彬有礼、博文约礼。信气魄，以文化人，铸造人的价值信仰，为人的德性注入灵魂，用文化浸润、滋养人的品格，让中华文化成为彭水学子的价值灵魂。

六边，是指德育的六大方面，即课程、文化、活动、实践、管理、协同育人。

三贯，是指育人空间的统整贯通，即学校、家庭、社会德育三主体的协同；课堂小空间、学校中空间、社会大空间三空间的连贯，形成空间生态一体化。

四衔，是指纵向衔接德育一体化的四种途径，分别是建构育人文化、夯实养成教育、丰富行动德育和健全德育规范化机制。

二、"一核六边"与"三贯四衔"的融合

就"一核六边"与"三贯四衔"的关系而言，"一核六边"是目标与理念，"三贯四衔"是"一核六边"的具体化。"一核六边，三贯四衔"棋盘式一体化德育模型要求围绕育人目标，科学理性地将六大德育途径贯穿于家庭、学校、社会三空间，协同三空间各种德育要素，形成空间生态一体化。同时将构建育人文化、夯实养成教育、丰富行动德育和健全德育规范化机制四种途径与六大育人相融合，四种途径是六大育人理念的具体化，六大育人理念是四种途径的指引，同时六大育人本身也是德育途径，反过来促进构建育人文化、夯实养成教育、丰富行动德育、健全德育规范化机制，从而横向贯通、纵向衔接保证中小幼德育之间的系统性和连续性。

一核是德育目标，六边是德育途径，三贯是体系构建，四衔是方式方法。一核六边，三贯四衔的融合就形成了彭水一体化德育的顶层架构。

第三节　区域一体化德育规范化建设机制

一、一体化德育规范化价值意义

（一）德育规范化学校创建是实施立德树人的重要举措

党和国家事业发展对教育的需要、对科学知识和优秀人才的需要比以往任何时候都迫切。"国无德不兴，人无德不立"。育人之本，在于培根铸魂、启智润心。一个国家要培养人才，既要育智，更要育人。党的十八大以来，以习近平同志为核心的党中央审时度势、高瞻远瞩，高度重视培养社会主义建设者和接班人，坚持把立德树人作为中心环节，把思想政治工作贯穿教育教学全过程，实现全员育人、全方位育人、全过程育人，努力开创我国教育事业发展新局面。

彭水自治县区域行动德育体系建设就是要围绕习近平新时代中国特色社会主义思想，认真践行《中小学德育工作指南》，围绕彭水县实际情况，以行动德育为突破口、以家校共育为着力点、以丰富的主题活动为载体、以德育评价为杠杆，全面落实立德树人的根本任务，作出实质性改革和实践。

（二）德育规范化学校创建是建立学校德育工作新常态的需要

德育工作在一所学校无疑占据着首要位置，"育人先育德"，就学生成长的需要来说，把德育放在首位符合以生为本的教育理念。基于种种原因，我们现阶段的德育工作很容易走入形式主义的歧途，缺乏科学性的问题分析和实施策略，造成了表面文章过多，不能取得实效。

（1）常规德育体系缺失。在学校德育工作中，对学生的教育无明确的长远目标和与长远目标相结合的短期目标，导致德育缺乏系统性。学校德育没有做到课程化，存在很大的随意性和机动性；没有将德育工作贯穿到所有学科和学校各项工作中，德育工作体系不完善；没有周密的规划与方案，工作中出现的盲区较多。

（2）德育科学性和实效性不强。现阶段的德育工作和社会生活缺乏广泛联系，成了与现实生活和学生实际不相干的东西，不足以解释当前复杂的社会现象，既不能激发学生的情感，使其认同，也不能解决学生的思想实际，更难促使其内化。此外，在对学生的德育引导中，不能有机结合当今社会现状和青少年学生心理、生理特点，只重目标不重内容，使德育缺乏实效性。

（3）口号式、管理式德育较为普遍。部分学校还停留在通过思想品德及班会开展德育教育，德育工作缺少必要的活动载体和阵地，内容和方法过于单一，效果也不理想。很多德育工作重形式、走过场，教师讲授的多，学生参与的也多，但真正体验少，很多形式并非学生所需要的。一些教师甚至在教育教学过程中机械性、形式化地给学生强行灌输一些理念，对德育工作的开展思路不清晰，认识不到位。尤其是在升学和应试压力下，教育教学过程中存在重智育、轻德育的现象。

（三）德育示范校创建是提升学校工作质量的必要手段

德育工作是学校教育教学工作的重要组成部分，做好学生的思想道德工作是一个千年亘古的教育话题。

（1）对于青少年来说，道德需要与理智需要、审美需要一样，是人生的基本需要。道德需要能否得到满足的方式和类型，在相当程度上决定了他们成年后的道德素质和道德素养，决定了他们的社会性发展程度和社会性接纳程度，决定了他们发展空间的大小和发展方向的正确与否。

（2）德育素质是学生综合素质发展的重要组成部分。"学生欲成才，得先成人"，青少年是国家和民族的希望，学校德育教育的强弱直接影响到未来公民的爱国之心、立国之志和报国之举，关系到国家和民族的前途和命运。"五育并举，德育为首"，人才的核心是人而不是才，学校在加强素质教育的过程中，必须加强德育渗透，积极开展各学科渗透德育，拓展德育阵地，丰富德育形式，努力提高学生的思想道德素质，培养德智体美劳全面发展的社会主义建设者和接班人。

（3）学校要高质量发展，必须提升德育工作质量。德育高质量就是要全面贯彻新时代党的教育方针，立足基本国情，遵循教育规律，坚持改革创新，以凝聚人心、完善人格、开发人力、培育人才、造福人民为工作目标，培养德智体美劳全面发展的社会主义建设者和接班人。构建以社会主义核心价值观为引领的中小幼一体化德育体系，落实立德树人根本任务。各级学校要立足学段，面向一体，整体优化中小幼一体化德育目标、内容、方法、途径、队伍、评价体系，全面建成高质量中小幼一体化德育体系。

（四）规范是提质的基础，规范就是质量

以习近平同志为核心的党中央高度重视教育工作，在推进治国理政的伟大进程中，把教育摆在优先发展的战略位置，教育是党的事业发展的重要保证，是国家兴旺发达的根本基石，是民族振兴的奠基工程。

新时代，立德树人是根本，也是教育事业发展必须牢牢抓住的灵魂。培养德智体美劳全面发展的社会主义建设者和接班人，归根结底就是立德树人。德育规范化学校的创建就是彭水县系统推进区域德育一体化建设，落实立德树人根本任务，回答"培养什么人、怎样培养人、为谁培养人"的突破口。德育规范化学校的创建正是要遵循抓制度、促规范、严管理、提质量的路径，不断提升区域德育教育水平，培养德智体美劳全面发展的社会主义建设者和接班人。

二、一体化德育规范化建设的基本内容

一体化德育规范化学校创建主要从组织建设、课程建设、活动建设、队伍建设、文化建设和制度建设六个方面进行。

（一）规范建设德育工作组织

（1）成立德育工作领导小组。由分管德育的领导担任彭水县行动德育体系化建设的项目组长，基教科、教师发展中心、各教育督导组、学校分别落实具体人员担任组员，负责全区德育规范化学校创建的推进。

（2）形成常态化德育工作机制。构建校长负责，分管领导、德育处、群团组织三方联动，家校社协同组织，家委会等机构共同参与的德育工作机制。加强学校未成年人的思想建设，把德育工作纳入学校工作的总体规划，扎实推进。实行责任到人，任务到人，构建德育群体工作体系。

（3）构建学校全员德育工作队伍。围绕三全育人，构建规范化、标准化、多层次的学校全员德育工作队伍，形成以德育主任、少先队辅导员、团委（总

支）书记、德育课程学科教师、各学科教师相互配合、相互辅助的德育工作新格局。

（二）健全学校德育工作制度

依据《中小学德育工作指南》要求，结合学校实际健全完善学校德育工作制度，形成制度体系，用制度规范、导向、约束和激励工作。

（1）建立完善的德育管理机构。校长为德育领导小组组长，德育处具体负责、具体实施，发挥少先队和班主任的作用，全面贯彻实施学校的德育思想和管理措施。

（2）制定学校的三年德育工作规划，在此基础上每学年制定学校的德育工作计划，分阶段实现学校的德育工作目标。

（3）建立德育工作例会制度。每学期至少召开一次学校德育工作研讨会议，制定、调整、总结学校有关德育工作计划和措施，对本学期的德育工作做深入的思考。

（4）建立班主任工作例会和班主任培训制度，集中组织召开班主任例会，研讨具体德育工作，交流各班德育工作情况，协调学校各项德育和学生思想政治教育工作，提高班主任的理论水平和工作能力。

（5）建立学校行为规范督导制度，全员、全过程管理学生的行为；建立值周制度和文明岗监督制度，全面负责学校的综合管理。

（6）每学期评选一次先进班集体、文明班级、三好学生、优秀学生干部、优秀少先队员、文明礼仪标兵，并给予表彰和奖励。

（7）建立升旗制度。

（8）建立家长学校，成立家庭教育委员会，发挥家庭、学校和社会相互联系、共育英才的作用。

（9）建立聘请法治副校长、校外辅导员来校报告制度。

（10）建立后进生教育转化工作制度和贫困学生帮扶制度。

（11）创新学校管理的激励机制，将教师自主发展的需求和学校整体发展的要求有机地结合起来。

（三）规范德育课程建设

以理想信念教育、社会主义核心价值观教育、中华优秀传统文化教育、生态文明教育、心理健康教育为基本内容，开展主题化、序列化活动，并形成常态。

（1）探索一体化德育课程体系。中小学各学段有机衔接、前后贯通、有序递进、挖掘各学科、实践活动所蕴含的德育因素，发挥其特有的德育功能，实现全科育人、全员育人，加强课内课外、校内校外的协调融合，落实立德树人根本任务。

（2）思想政治品德课程。学校开足、开齐国家思政课程，组织新时代先进人物进校园活动，深入挖掘和宣传国家功勋模范人物和先进典型突出事迹，引导学生增强社会责任感、传承红色基因、坚定理想信念、树立报国志向。

（3）特色德育课程。充分利用彭水当地资源，挖掘传统文化、地域文化、苗乡文化、历史文化、红色文化等，创造性地研发特色德育读本。

（4）学科德育课程。学科教学过程中要有机渗透德育，确保教学过程对学生培根铸魂、启智润心。

（5）实践活动课程。研学实践课程是提升学生综合素质的有效途径，学校要根据实际情况建设德育实践基地，确保有序开展德育实践活动课程。开发一批研学实践教育精品课程，打造一批具有影响力的研学实践教育精品线路，形成一批可借鉴可推广的经验成果，推报一批研学实践基地。

（6）心理健康教育课程。完善学校心理健康教育工作体系，夯实心育载体，落实学生心理健康教育和心理危机干预工作。开展心理健康教育活动月活动。加强学生心理健康问题的排查、预警和疏导，做好家庭教育指导工作。举行未成年人心理教育讲座、心理团辅等服务活动。完善心理健康教育精品课程资源库建设。开发六至九年级生涯指导专业课程。

（7）劳动课程。劳动教育作为新时代"五育并举"的重要举措被纳入人才培养全过程。中共中央、国务院发布《关于全面加强新时代大中小学劳动教育的意见》，要求劳动教育与德育、智育、体育、美育相融合。实现将劳动价值观嵌入价值体认目标，引导学生开展服务活动、日常生活劳动、职业体验活动等，树立崇尚劳动、尊重劳动的情怀，懂得劳动最光荣、劳动最崇高、劳动最伟大、劳动最美丽的道理。

（四）规范"一校一案"德育主题建设

根据彭水县德育规范化学校实施意见及学校自身文化特色，归纳出学校的德育主题，将德育主题在学校"课程育人、文化育人、活动育人、实践育人、协同育人、管理育人"等方面进行具体实施，因地制宜开展守正出奇德育主题建设，使校园秩序良好、环境优美，校园文化积极向上、格调高雅，提高校园文明水平，让校园处处成为育人场所。

（1）围绕德育主题进行校园文化和班级文化的系统升级，充分发挥环境教育潜移默化的育人功能，让师生在优美向上的校园环境中受到文化的熏陶、感染、培养。

（2）围绕行动德育对校园基础设施进行系统升级。围绕行动德育及学校自身的德育主题，升级学校环境文化、走廊楼道文化、室内文化，注重墙体文化的正面德育导向。学校有专用的德育长廊，班级环境布置美观大方、有教育性，促进班风、学风优良。积极建设标准化的阅读室、心理健康教室，在校舍的建设中充分体现校园文化的精神内核，让校园的每一面墙壁都会说话。利用建筑、雕塑、板报、广播站等宣传阵地，营造文明和谐、尊师爱生、团结互助的浓烈氛围，使校园成为学生流连忘返的花园、温暖的家园和幸福成长的乐园。

（3）围绕德育主题打造特色德育课程体系、特色校园活动，将德育行动落到实处，让学校德育主题在课程、文化、活动、实践、协同、管理六个方面得到充分的体现，并得到具体的贯彻和实施。

（4）德育阵地建设。学校要围绕行动德育打造宣传和展示的主阵地。第一，常规阵地，以宣传栏、评比栏、广播站为主；第二，岗位阵地，以监督岗、读报课为主；第三，特色阵地，以电视台、气象站、小农场为主；第四，线上阵地，以微信群、QQ群为主。要将校级阵地与班级阵地结合，形成多层次、多样化、横向与纵向相结合的德育阵地网络。

（五）规范学校文化建设

（1）围绕德育主题，开展传统文化、革命文化进校园工作。结合中华优秀传统文化的传承和发展，有序推进国学文化进校园工作，通过设立"传统文化视窗"，开设"国学文化"课、"红色文化"课，开展征文、演讲、知识竞赛、研学等活动，让师生在参与活动中受到传统文化的熏陶和教育，提升师生的综合素养。

（2）持续推进文明校园、书香校园创建活动。进一步强化青少年文明礼仪、诚信、生态文明、厉行节约反对浪费、垃圾分类和爱国卫生运动的养成教育的宣传。落实《教育部办公厅关于加强中小学生手机管理工作的通知》精神，通过国旗下讲话、主题班会、板报广播、文艺演出等形式，扎实开展中小学生禁带手机入校园宣传教育工作，杜绝和防范中小学生沉迷网络和游戏。

（3）组织青少年开展法纪法规、国家安全、生命安全等教育，自觉抵御和防范宗教势力向校园渗透，持续做好校园周边治安综合治理、校园欺凌专项治理。建立和完善校园维稳预警、联动和信息通报等工作制度，加强与公安、综治、司法等部门的联系，定期开展分析研判，努力从源头上预防和化解影响学校不稳定的因素。

（六）规范建设德育工作队伍

按要求配备干部教师，建立全员育德制度，开展全员育德培训，增强全体教师育德意识。

（1）专兼结合，加强思政课教师队伍建设。建立10个县市级思政课名师工作室；表彰50名（十佳）中小学优秀思政课教师（德育工作者）先进个人；加大思政课教师培训力度，举办中小学思政课教师培训班；推进中小学校聘请党政干部、专家学者、德育工作者以及各行业先进模范等定期到中小学讲思政课。

（2）点面结合，加强班主任队伍建设。实施"做一个有温度的班主任"成长计划，下发全县班主任管理办法，筹建若干个市级名班主任工作室。讲述"我和彭水教育的故事"，选取关爱学生中真实的教育案例，组织班主任参加育人风采大赛，深入开展年度班主任评选。

（3）知行结合，加强德育干部队伍建设。遴选一批思政和德育骨干人才，落实德育工作者、团队干部、关工委相关人员培训计划，提升思政课教师和德育工作者、团队干部、关工委工作水平。

（七）规范德育活动文化建设

围绕行动德育及学校德育主题，探索核心素养背景下的活动育人模式，遵循学生发展的阶段性和递进性，尊重不同年龄阶段的生理、心理、认知规律，总结核心素养落实于活动的规律。优化活动课程结构，落实学科素养，各年级有机衔接、有序递进。第一，仪式活动，主要围绕升旗、入党入团入队、成人仪式等维度展开；第二，节日活动，主要围绕传统节日、重大节日、纪念日等展开；第三，实践活动，围绕学生研学、志愿者活动、劳动活动及公益体验等展开；第四，文化活动，围绕学生阅读、书香校园、传统文化、革命文化、地域文化活动展开；第五，特色活动，围绕主题教育活动、主题德育活动、特色文化活动等展开；第六，校园节庆活动，围绕科技节、体育节、艺术节等展开。遵循学生成长发展规律，沿入校—成长—入团—毕业的成长历程，将以"爱国主义"为核心的民族精神和以"改革创新"为核心的时代精神融入其中，培养德智体美劳全面发展的社会主义建设者和接班人。

（八）规范家校共育建设

家庭是学生行为习惯养成以及道德品质发展的重要场所，父母作为孩子的第一任教师，其言行习惯、教育理念及教育方法等，都会影响孩子的成长。围绕行动德育以及学校德育主题，学校从三方面加强家庭教育指导：第一，建立家长委员会、家长教师协会等工作机制；第二，通过家长会、家访、家长开放日、家长接待日等，向家长传达科学的教育理念；第三，通过家长学校、网络培训等，对家长进行系统培训，提升家长素质，使家长更好地承担在家庭教育中的职责。

三、一体化德育规范化学校创建要求

（一）整体推进

开展彭水县中小学德育规范化学校创建活动是落实新时期学校德育工作要

求，树立学校德育样板，引领我县中小学德育工作的重要举措。各学区、各中小学要高度重视，措施到位，有计划、有步骤地做好创建工作。各校要认真对照《关于印发中小学德育规范化学校创建实施意见（试行）的通知》《彭水自治县中小学德育规范化学校创建实施意见（试行）》《彭水自治县中小学德育规范化学校评价标准（讨论稿）》，精心做好德育经验的总结提炼，努力提高德育特色示范水平，要重创建、重过程、重提升。

（二）示范引领

各学校要认真学习借鉴各地区德育示范校优秀案例的经验和做法，深入推进中小学德育规范学校创建工作，切实落实《中小学德育工作指南》，积极培育和践行社会主义核心价值观，全面提高中小学德育工作水平，健全完善学校德育工作长效机制，不断总结学校德育工作有效经验，大力促进学校德育工作特色的形成。各学校要参照评估标准，认真总结近年来本地区中小学德育工作的成功经验和有效做法，建立健全激励机制，对"德育规范学校"的创建工作加强宣传推广。

（三）校校参与

各中小学要参照《彭水自治县中小学德育规范化学校评价标准（讨论稿）》，结合本校实际制定创建方案，成立以校长为组长的德育规范化学校创建领导机构，人员齐全，分工明确，分层推进德育示范校创建的深入开展。德育规范化学校创建评估工作将作为学校年度德育工作考核的重要依据。各学校要按照相关文件精神，针对学校德育建设的困难及问题，及时调整并落实行动。通过德育示范校创建评估的学校，将在德育评优、评先、培训等方面予以政策倾斜。

四、一体化德育规范化学校创建的评价标准

《深化新时代教育评价改革总体方案》明确提出，要"改进结果评价，强化过程评价，探索增值评价，健全综合评价"，以实现到2035年基本形成富有时代特征、彰显中国特色、体现世界水平的教育评价体系的改革目标。

（一）改进结果评价

结果评价容易造成"只见结果不见人"的现象，看不到学习者或教育者在其中所付出的努力，不利于在师生群体中构建积极和谐的关系和团结协同的团队。过于注重结果评价和绩效考核，会加剧不良、恶性竞争，给教师和学生带来不恰当的反馈，不利于教与学的改进。

（二）强化过程评价

落实立德树人根本任务，帮助学生在学习生活中享受乐趣、增强体质、健全人格、锤炼意志，对学校教育的过程提出了更高的要求。过程性评价，要关注学生学习阶段的特定成果，更要关注学生在学习过程中的具体状况。重视过程、强化过程就是更清晰、更完整地展现学生的整体学习状况，破除"五唯"导向，提升学生自主学习、监控能力和人格养成的意识。

（三）探索增值评价

强化增值评价促进教育评价机制的转型与优化，提升教育管理人员能力，改革以横向比较为导向的评价方式。无论是教育主管部门对学校的考核，还是学校对教师个体的评价，或是教师对学生的主体性评价，都不能用固定的评价体系来进行，要坚决摒弃以"结果"为导向的横向比较，强化个体质量"增值"，让德育评价由结果评价向增值评价回归。

（四）健全综合评价

加强和改进学生综合素质评价，建立学生成长全过程监测、评估与反馈机制，构筑以德智体美劳全面发展为目标的学生评价机制，建立适应学生多样化发展需求的学生奖助体系和荣誉体系。完善德育综合评价体系，制定分年级、分阶段的德育目标，开展有组织的学习教育活动，定期组织理论学习、宣讲交流和实践体验。

实践篇

第四章　管理育人

管理工作是学校工作的核心，对学校教育功能的发挥起着基础性和决定性的作用。2017 年教育部印发的《中小学德育工作指南》指出管理育人、课程育人、文化育人、活动育人、实践育人、协同育人是学校开展德育工作的六大实施途径和要求[1]。其中，管理育人作为学校育人工程的重要组成部分，具有引领性、全局性的作用，强调要将育人贯穿于学校管理的始终。2018 年 5 月 2 日，习近平总书记在北京大学师生座谈会上的讲话中也明确指出，"要把立德树人内化到大学建设和管理各领域、各方面、各环节，做到以树人为核心、以立德为根本"[2]，强调了管理育人是落实我国立德树人根本任务的关键环节。

第一节　理论及实践综述

一、管理育人的基本内涵

管理育人的思想，自有教育活动以来就存在。但把管理育人作为专门科学对象进行研究，则是教育管理活动发展到一定阶段才出现的。至于完整的教育管理科学体系，则是与近现代工业化相联系的，是近百年才形成的。

在系统的教育管理体系形成之前，教育实践中就有非常丰富的管理思想和经验。最初，这些经验和思想是与人类生产劳动结合在一起的，人们在劳动过程中，传递管理思想和经验。专门的教育组织，是在原始社会解体、奴隶制社会出现时产生的。在教育组织产生的同时，形成了管理教育组织的思想和经验。中国三千年以前就有了"庠""校""学""瞽宗"等专门的教育机构。在《论语》《学记》等古代著作中，教育管理思想随处可见。但是，中国古代的教育管理，往往政治与教育不分，以吏为师，既缺乏完善的管理机构，更无专职的管理队伍，

---

[1] 中华人民共和国教育部.教育部关于印发《中小学德育工作指南》的通知 [EB/OL]. (2017-08-22) [2022-09-02].

[2] 习近平.在北京大学师生座谈会上的讲话 [N].人民日报，2018-05-03（2）.

教育管理的思想观念散落在各种教育文献之中。

19世纪之前，中外各国均无独立教育行政学，教育管理科学处于萌芽状态。

20世纪初，随着工业化的进展，管理科学蓬勃发展。泰勒的科学管理运动及其在教育行政中的运用，推动了管理育人的发展。1908年斯奎登与艾伦合著《学校报告与学校效果》，总结了学校借鉴企业管理思想和方法的经验。1901年柏格列的《教室管理》，对学校办学成本进行分析，研究教育投入与产出的关系。

人际关系学说对管理育人也有相当大的影响。美国人纽伦1937年撰文提出学校管理中权威主义的观点，就是将企业管理的方法移植到教育管理的尝试。1949年，美国人约契在《学校管理与改进人际关系》一书中强调指出，学校是一个复杂的社会群体，管理者职责在于管理过程中促进全体职工的交互作用，也是试图在教育管理中应用企业管理的思想。

20世纪前50年，教育管理在"科学管理"和"人际关系"理论的影响下，逐步奠定了理论基础。

20世纪80年代，中国学者们纷纷指出要在民主、科学的管理中激发教师教书育人的积极性，调动学生学习的热情，以达到育人的目的。随着时代的发展，管理育人的理念兴起，不同的学者对其进行了研究与探讨，促进了管理育人内涵的不断丰富。尽管学者们对其内涵有着自己不同的见解，但同时也存在一些共同之处。

首先，管理育人的主体包括校领导、管理队伍、科任教师、班主任等。他们通过对现有的人力、物力、财力、时间、信息等资源进行有效计划、组织与领导，发挥这些资源的作用，促进学校办学与学生发展。

其次，管理育人的目的指向"立德树人"。党的十八大报告把立德树人作为教育的根本任务，指明了教育改革的方向，因此管理育人要以立德树人为根本目标，将其贯穿于学校育人工作的全过程。"德"从广义上来讲，包括思想、政治、道德、法律和心理健康等方面。德行可以说是一种引发人向前、向上、向善的精神力量，"立德"则是培养高尚的情操与人格。"树人"即育人，指培养人才。具体来讲，管理育人的根本目的是提升学生思想道德素质，并以学生的思想道德素质为基础，培养具有高尚品德与真才实学的人才。新时代提出的"立德树人"赋予了管理育人新的内涵，强调管理工作不单是完成管理任务，更是要把握管理的育人功能与立德树人的同向性，使得管理更具有实效性、人本性。[1]

再次，管理育人的内容主要为思想观念、道德品质和政治素养，覆盖行政管理、学生管理、教师管理、后勤管理、科研管理等多个方面，让学生立德成人，立志成才。

最后，管理育人的路径包括培养管理人员的良好素养，形成管理育人理念，完善管理制度建设，塑造管理文化等。

综上所述，管理育人是指管理者在德育活动中，通过有目的、有计划地组织现有的人力、物力、财力、时间、信息等资源，培养被管理者良好的思想观念、道德品质和政治素养的方法。

二、管理育人的价值分析

管理工作是一种有目的的活动，管理育人的对象是人，包括学生、教师、管理者，其中学生是最为重要的对象。因此，管理育人确立了"以学生为中心"的价值取向，强调学生的主体地位，关注学生全面发展，保障学生的合法权益。[2]

管理育人既是一种育人理念，也是一种育人手段，有其自身的价值，对教育改革与发展有着深刻的意义。

（一）加强管理工作与教育工作的统一性

育人是学校教育的首要使命。过去，在学校教育中，管理往往被看作一种技术性的工作，被视为物质化的活动，而管理育人赋予管理工作以教育意义，将育人使命贯穿于一切管理活动之中，使管理成为育人的手段与桥梁，打破了管理与教育教学间的壁垒，加强了管理与教育教学的协同性，反映了管理在学

---

[1]陈超.立德树人视域下管理育人的内涵厘定与实践路径[J].思想理论教育导刊,2016(3):140-142.

[2]王东红,高雪.新时代高校管理育人:内涵、特征及优化路径[J].现代教育管理,2021(11):19-25.

校教育中所起的主导作用。

（二）加强管理人员与学生的联系

在过去的学校教育中，与学生有大量联系的往往是教师，而管理层的人员与学生的交往互动极少，这使得管理人员缺乏对学生现实生活的了解，进而在决策上出现"失真"的情况。管理育人理念的提出，强调管理人员要深入学生生活，加强与学生的交流，力求管理人员的决策摆脱"悬空"状态，促进管理育人科学化。

（三）提高教职工育人自觉性

有高超的教学能力不代表教师对立德树人具有清晰的认识，不足以使教师达成育人结果，还需要教师具有高尚的品格。[1]管理育人注重师德师风建设，强调要明确教职工所在岗位的职责，为教师的专业发展提供支持，以提升教师的职业满足感和幸福感，提高全员育人的自觉性。

（四）管理育人有利于提升德育工作的实效

管理育人是学校德育工作的重要一环，是学校德育的重要途径，表现出间接性、渗透性、全方位性与保障性等重要特征。[2]德育的对象是人，德育的内容指向是非善恶这样的价值层面，其结果难以用量化的方式表现出来，因此德育工作的开展容易出现随意、无序的问题，从而影响德育实效。管理育人，明确了进行德育的手段，通过管理对德育进行顶层设计，加强德育的系统管理，进而明晰了德育工作的方向。另外，与教学育人不同的是，管理育人是一种间接育人的手段，它将德育要素渗透到日常管理当中，弱化单纯的德育说教，在潜移默化中发挥管理的育人功能，激发德育活力，增强了德育工作实效。

---

[1]迟希新.构建全员育人理念下的学校管理[J].中国德育，2018（21）：32-34.

[2]李裕鑫.学校管理育人之内涵辨证与方法探讨[J].铜陵学院学报，2003（1）：80-83.

三、管理育人的典型成果

（一）甘肃省金昌市某中学："三自"管理育人

金昌市某中学提出"三自"管理育人模式，即自主管理、自我激励、自主学习，鼓励学生创新，提高学生自律能力，增强学生自立意识，提高学生自强能力。以"三自"管理理念为指导，该中学对"三自"管理育人模式进行了实践探索，取得了一定实效。

一是搭建了广阔的学生成长平台。如通过班主任寄语、学习小组激励语、学生个人激励语、每日晨会演讲等形式激发学生潜能，培养学生进取向上的人生态度；通过学生自主组织与举办大型活动培养学生自主管理责任；通过对学生学习素养的培训，成立学习小组和学科科研小组、建立合理的培训评价机制，促使学生主动学习，实现个体与团体共同进步。

二是完善了一系列制度，为管理育人提供了保障。该中学坚持文化育人，制定了《班级文化建设纲要》；坚持立德树人，制定了《班级发展德育课程化方案》；建立了督导评价机制，保证教学各个环节的质量。

三是强化了班级特色建设。通过班级文化建设，形成了特色的班级工作风格，推动班级内涵发展。

四是形成了特色艺体活动月。该学校将每年4月定为"艺体活动月"，为学生搭建舞台，促进学生艺术与体育发展，同时以必修与选修相结合的方式进行艺体课程，增加了学生课程的灵活性。[1]

（二）江苏省常州市武进区新安小学："心安"管理育人

针对学校德育管理工作散乱的问题，江苏省常州市武进区新安小学提出了"心安"育人模式，以"恬淡清净心安然"为教学文化，创建"心安"教育品牌，构建完整的德育管理体系。

新安小学主张从上而下冲破传统管理理念的束缚；强调让德育管理更加多

[1]何玉娟.中学班级实行"三自"管理的行动研究：以金昌市Y中学特色实验校创建为例[D].兰州：西北师范大学，2019.

样化，挖掘地方资源与文化，增加传统文化教育，引导学生感受家乡的美好，构建极具地方特色的德育管理模式，开展多样化的德育实践活动；利用互联网技术，拓展德育沟通渠道；创新管理机制，将德育管理分为家庭、学校和社会三部分，每部分由不同教师负责，既减轻了班主任工作压力，又发展了各个教师的优势，促进了学生的多元发展，保证了德育工作的顺利开展。[1]

（三）深圳市龙华区大浪实验学校："纳悦"管理育人

"纳悦"是基础教育的一种理念，由深圳市龙华区大浪实验学校提出。"纳"指接纳、包容，"悦"指开心、乐观，"悦"的产生以"纳"为基础，即在包容接纳的前提下，对方才会感到心情快乐，充满动力。基于这样的理念，提出了"纳悦"管理育人模式。

"纳悦"管理育人模式主张从"独裁"式管理迈向"分布"式管理。管理权力不再集中在校长一人或者某几个人手上，而是将权力分布在不同情境中，由团队来担任管理者。这样的管理育人模式所呈现的管理态势不是"独奏曲"，而是"协奏曲"。

"纳悦"管理育人模式主张从"独白"式管理走向"对话"式管理。"独白"式管理使得话语权集中在教师身上，忽视学生的主体地位。"对话"式管理所强调的师生关系是一种平等关系，认识到学生处于不断发展之中，具有多元性与主观能动性，鼓励学生说出自己的想法，接纳学生的各种想法，打破教师与学生沟通的隔阂。[2]

由此可以看出，不同学校所建立的管理育人模式是在自身文化的滋养中生长出来的，有其不同的文化韵味，同时它们都强调优化与完善管理制度，分享管理权力，建设管理文化以及管理者与被管理者的平等关系等，这些也是现代学校管理改革的方向。

[1]刘红娟.基于"心安"育人模式的小学德育管理改革与发展探索[J].科学咨询（教育科研），2021（7）：27-28.

[2]吴生健.少先队组织管理中的纳悦教育实践策略研究[D].上海：华东师范大学，2022.

第二节 指标分解

一、要点摘录

积极推进学校治理现代化,提高学校管理水平,将中小学德育工作的要求贯穿于学校管理制度的每一个细节之中。

完善管理制度。制定校规校纪,健全学校管理制度,规范学校治理行为,形成全体师生广泛认同和自觉遵守的制度规范。

制定班级民主管理制度,形成学生自我教育、民主管理的班级管理模式。

制定防止学生欺凌和暴力工作制度,健全应急处置预案,建立早期预警、事中处理及事后干预等机制。

会同相关部门建立学校周边综合治理机制,对社会上损害学生身心健康的不法行为依法严肃惩处。

明确岗位责任。建立实现全员育人的具体制度,明确学校各个岗位教职员工的育人责任,规范教职工言行,提高全员育人的自觉性。

班主任要全面了解学生,加强班集体管理,强化集体教育,建设良好班风,通过多种形式加强与学生家长的沟通联系。各学科教师要主动配合班主任,共同做好班级德育工作。

加强师德师风建设。培育、宣传师德标兵、教学骨干和优秀班主任、德育工作者等先进典型,引导教师争做"四有"好教师。

实行师德"一票否决制",把师德表现作为教师资格注册、年度考核、职务(职称)评审、岗位聘用、评优奖励的首要标准。

细化学生行为规范。落实《中小学生守则(2015年修订)》,鼓励结合实际制订小学生日常行为规范、中学生日常行为规范,教育引导学生熟知学习生活中的基本行为规范,践行每一项要求。

关爱特殊群体。要加强对经济困难家庭子女、单亲家庭子女、学习困难学生、进城务工人员随迁子女、农村留守儿童等群体的教育关爱,完善学校联系关爱机制,及时关注其心理健康状况,积极开展心理辅导,提供情感关怀,引导学生心理、人格积极健康发展。

——以上见《教育部关于印发〈中小学德育工作指南〉的通知》（教基〔2017〕8号），2017年8月22日。

一级指标	二级指标	评估分值	评估说明
A1.管理育人 20%	B1.全面贯彻党的教育方针，坚持育人为本、德育为先。学校成立德育工作领导小组，建立党组织主导、校长负责、群团组织参与、家庭社会联动的德育工作机制。发挥学校党组织政治核心作用，每学期专题研究德育工作两次以上。校长亲自抓德育工作，将德育工作纳入学校年度工作计划	2分	1.组织健全，有建立联动德育机制的文件和资料计0.5分 2.召开德育专题会议，一次0.5分，2次以上计1分 3.德育纳入学校工作计划计0.5分
	B2.党建带团建机制完善，重视德育队伍建设，学校有专门的德育工作机构，有专职德育干部和团队干部，人员分工明确，职责落实	2分	1.有专门的德育工作机构计1分 2.有专职德育干部、团队干部，职责明确各计0.5分
	B3.落实《中小学德育工作指南》要求，学校德育处每学期有德育工作计划及总结。班主任根据学校德育处工作要求，结合班级特点，制订班级工作计划并进行总结	4分	1.每期有德育工作计划、年度活动行事历、总结各计1分 2.每学期有班主任工作计划、总结各计0.5分
	B4.德育队伍结构优化，培训、激励和保障机制到位，有相应的班级管理量化考核办法，优秀班主任、先进班集体评比办法，培训计划、培训制度等	2分	1.有班级管理量化考核办法计0.5分 2.有优秀班主任、先进班集体评比办法各计0.5分 3.针对德育队伍有培训计划或制度计0.5分
	B5.定期召开学校德育工作、团队工作、班主任经验交流会，学习借鉴先进经验和做法，增强德育工作的科学性、系统性和实效性	2分	交流会有活动简报、交流文章或会议记录，1次计0.5分，4次以上计2分

续表

一级指标	二级指标	评估分值	评估说明
A1.管理育人 20%	B6.根据《中小学生守则（2015年修订）》，养成教育三年行动计划以及"五项管理"的相关要求，结合实际制定中（小）学生校规校纪、学生在校一日常规、班级管理制度，宿舍管理制度、食堂就餐制度、手机、睡眠、体质管理制度。通过班会、升旗仪式、入学教育等途径做好宣传学习工作	3分	1.有校规校纪、学生在校一日常规各计0.5分 2.班级、宿舍（非寄宿制学校不扣分）、食堂就餐（无学生食堂的学校不扣分）、手机、睡眠、体质等管理制度共计2分，缺一项制度扣0.5分，扣完为止 3.实地走访，只有制度执行不好酌情扣分
	B7.构建班、团、队、学生会干部和积极分子队伍，定期组织学生会"干部"培训，不断提高"小干部"的组织管理能力。坚持开展评选三好学生、优秀团员、优秀少先队员、先进班集体等活动，发挥榜样育人精神	2分	1.有学生干部培训制度计0.5分 2.学生会干部培训记录、简报1次计0.5分，2次以上计1分 3.学生表彰奖励文件或相关资料计0.5分
	B8.关爱残疾儿童、单亲家庭、留守儿童、经济困难家庭子女等特殊群体，通过送教上门、家访等关爱活动来引导学生心理、人格积极健康发展	3分	1.有特殊、贫困儿童关爱制度计1分 2.开展送教上门、家访等关爱活动的简报、图片1次计0.5分，4次以上共计2分

——以上见《彭水苗族土家族自治县教育委员会关于开展德育工作规范化学校创建活动的通知》（彭水教委发〔2022〕15号），2022年3月18日。

二、实施建议

（一）制定管理制度

（1）学校管理制度的建立要坚持以人为本，依据国家法规与政策文件，可在《义务教育学校管理标准》的基础上结合本校实际情况制定管理制度，构建长效机制，解决学校育人过程中的实际问题。

（2）制定班级管理制度。制度描述简洁明了，注重民主参与，将班级制度落实到人，惩罚与奖励相结合，通过班级家委会与家长进行交流，争取家长的支持。

（3）建立特殊工作制度，比如制定各种灾害、疾病、意外伤害等突发事件的预案，关注学生的情绪状态和日常表现，建立学生反馈通道，注重学生的建议。

（二）师资队伍建设

（1）构建德育队伍。有丰富管理经验的教师作为德育工作的领头羊，形成老中青三级结构，构建有管理经验、结构合理的德育队伍。同时根据思想政治水平、工作表现和实际成绩以多维度的评价方式对教师工作进行全方位的考核。

（2）配备专职的心理教师、心理咨询师以及心理医生，负责学生的心理健康工作。以专题讲座、主题活动、班会等形式向学生普及身心健康等知识，增强学生自我保护意识和能力。

（三）明确岗位责任

（1）结合岗位特点，制定有针对性的育人制度。如各科教师要结合教材特点和学生特点进行德育渗透，配合班主任对学生进行日常行为管理。

（2）全体教师要积极参与制度制定，要加强学习和宣传，让每一名教职员工明确自己的教育职责，提高全员育人的自觉性。

（3）把育人职责纳入教师培训体系，计入培训学分，采取案例评析、优秀教师宣讲等方式，提高培训实效性，使教师深入理解育人职责的内涵。

（4）把全员育人制度落实情况纳入教职员工考核和评优评先工作。

（四）建设师德师风

（1）加强领导，强化师德师风建设观念：建立师德师风建设领导小组，实行校长负责制，分管领导牵头，把学校师德建设工作摆上重要议事日程，定期召开会议，统一思想认识，增强抓好师德师风建设的责任感和紧迫感，提高活动效率。

（2）注重师德师风建设工作的过程性管理：在学校常规工作的检查中，把师德师风建设工作放在首位，与年级组的各项评比和教师的晋职评优挂钩，做到师德师风经常化、制度化。集中学习与平时学习相结合，集体学习与个人学习相结合，榜样学习和渗透学习相结合，坚持依法执教和依德执教相结合。

（3）加强学习，提高职业道德素养：深入开展学习实践科学发展观活动。积极开展讲学习、讲师德、树形象的宣传教育活动。认真组织学习《中小学教师职业道德规范》，全面准确理解《中小学教师职业道德规范》的基本内容。做到与学习《中华人民共和国教育法》《中华人民共和国教师法》和《中华人民共和国义务教育法》等法律法规和文件相结合。结合学习内容，教师每学期撰写学习笔记和心得体会。

引导全体教师强化终身学习意识，活到老学到老，不断适应社会发展变化的需要。教师除掌握好专业知识外，还要积极参加进修深造，结合继续教育学习，拓宽教师视野，更新教育理念，从而在理论上和实践活动中进一步提高能力，以适应素质教育发展的需要。

（4）树立师德标兵，发挥示范引领作用：弘扬"爱岗敬业，教书育人"的高尚师德，坚持开展师德之星的评选活动，树立个人先进典型，让身边的典型发挥正确的引领示范和辐射作用，使全校形成团结、进取、拼搏的师德师风。

（5）服务全体学生，树立全新教师形象：关注教师的情绪、关心教师的生活、关怀教师的成长，工会通过多种途径积极帮助解决教师存在的实际困难，让他们感受到学校的温暖，提高职业幸福感，稳定教师队伍。关注教师的心理健康，保证教师以良好的心态投入学校工作。

（6）完善教师职业道德考核评价制度，确保师德师风建设健康发展：将教师职业道德确立为年度考核首要条件，进一步完善教师师德师风考核评价制度，推动师德师风建设工作向纵深发展，塑造教师群体的良好形象。对全体教师进行师德师风考核，把师德师风考核结果与教师奖励、岗位聘任、专业技术职务聘任以及年度考核挂钩，实行一票否决制。

（五）学生行为规范

（1）发挥课堂教学优势，进行"知"的教育。"知"即提高学生道德认识，使他们懂得"是、非、善、恶、美、丑"。把行为规范教育贯穿在品德课教学始终，渗透在各学科教学之中，做到全员参与学生养成教育管理。

（2）充分利用班队活动、思想品德课、晨会等，加强文明礼貌、安全卫生等常规教育宣传，引导学生做到"三别""四带""五无"。"三别"即向粗鲁告别，向陋习告别，向坏事告别；"四带"即把文明带进校园，把微笑带给同学，把孝敬带给长辈，把谦让带向社会；"五无"即地面无痰迹，室内无纸屑，桌椅无刻画，墙壁无脚印，出言无脏话。

（3）组织各种班队活动，落实"行"的要求。积极开展有益的班队活动，健全广阔的活动阵地，教育学生从现在做起，把今天和明天挂起钩来；从我做起，把理论和实践挂起钩来；从小事做起，把平凡和伟大挂起钩来。

（4）坚持每周一次班会制度，总结本周本班养成教育工作情况，安排下周工作。每月最后一周召开一次主题班会、讨论会，进行一次阶段性班内总结。注重校园文化建设，发挥环境育人的功能，建设学校宣传栏、黑板报等宣传阵地，为学生创造良好的行为环境。

（5）加强检查督促，制定各项制度，定期组织检查评比，建立健全监督网，强化学生的道德意识，培养学生坚定的道德意志。

（6）为在广大教师和学生中形成人人"抓养成、促养成"的浓厚氛围，根据行为规范教育的持久性和复杂性的特点，要坚持反复训练、阶段推进、周期巩固，要注重实效、考核督促的原则，开展阶段性考核和学期末考核的方式。

（六）特殊群体管理

（1）每学期初，对学生进行摸底排查，了解特殊学生的基本情况并建档。

（2）经常找特殊学生进行个别谈话，及时了解思想动态，有效地帮助其转变，并对每次谈话进行记录。

（3）每月通过观察、家访、与学生谈话等方式对特殊学生进行跟踪教育，并交流探讨教育策略、教育效果、经验与教训。

（4）向任课教师、班级同学了解特殊学生在课上、课后以及作业完成等方面的情况，征求任课教师对特殊学生的教育方法，形成共同关注和教育特殊学生的氛围。

（5）与特殊学生监护人保持联系，及时沟通该生在家、在校表现情况，争取监护人的支持。

（6）多关注特殊学生的心理表现，做好心理个案的记载，发现问题及时疏导。

（7）对个别特殊学生教育方法不当或有其他特殊情况的，应及时向学校领导汇报情况。学校应及时介入，共同做好帮教、转化工作。对严重违反学校规章制度的学生，报校长室商量，制订教育计划，采取相应措施。

（8）每学期分年级组或全校召开一次"特殊学生家长座谈会"，对特殊学生进行教育方法交流，家校共同寻找有效策略。责任人要对工作中形成的好的工作经验、工作方法和管理手段进行研讨总结，并使之固化为今后学生管理工作的有效手段和管理机制。

第三节　区域实践案例

一、平安镇小学校——深化管理落实"1+3S"课程体系

（一）德育目标

平安镇小学校坚持以改薄、均衡为目标，以课改、科研为引擎，积极深化教育教学改革，着力探索教师积分管理，不断强化师资建设培训，有力激发学校健康发展的内生动力，学校各项工作有了长足的发展。学校主要是突出"五大导向"，以"一展风采1+3S"为统领，不断深化"五项管理"，落实立德树人根本任务，让全校学生得到全面发展，让每一个学生都能掌握多门特色技能。

（二）实施方案

1. 构建"一展风采 1+3S"课程体系

学校自 2007 年大课改开始，经过十多年的探索总结，在特色项目"苗族平安扇"的基础上，发展为"扇舞人生"特色课程，2019 年形成了三个"SHAN"课程体系，即特色课程"扇舞人生"、学科课程"各擅其长"和活动课程"至善至美"。

2021 年 6 月，为贯彻落实国家"双减""五项管理""课后服务"要求，我们继续深化课改，构建了以"一展风采 1+3S"为主要内容的课程体系。

"1 课程"是以国家课程为纲要，结合学科知识和地域资源打造课程开发的基础资源包（必修 + 限定选修），培养学生问题意识，培育学生积极的探索精神和基本的探究方法，养成动手的实践技能和爱动脑的好习惯，分享人类思维创造力的美，同时关注并欣赏社会生活，提高适应未来社会生活的意识和素养。

"3S 课程"是以传承弘扬少数民族优秀传统文化为指导思想，将苗乡元素、民俗习惯、优秀技艺、传统文化融入课程。以学校整合的地方传统艺术课程"扇舞人生"、德育课程"善舞人生"以及技艺课程"擅舞人生"为拓展资源包，开发以学生个性成长需求为导向的德育课程（必修）和少数民族优秀传统艺术、技艺课程（自由选修），合计 22 门课程，有 52 个社团。该课程体系按照中央"五项管理"和"课后服务"要求，既着眼基础，着重培养一般的生活认知能力，熟悉并掌握 2~3 项生活的基本技能，具备 1~2 门艺术鉴赏的能力，学会一项优秀传统民间技艺。又注重拓展学生的生长视野，培育学生热爱生活的积极情感和态度，培养学生对学习和生活的良好态度与责任感。

2. 突出目标导向，制定并细化《课程评价量表》等系列考核量表

按照贯彻德智体美劳全面发展、全面提升教育质量的总体要求，把"一展风采 1+3S"课程体系具体化、精细化，转化为具体的品格和能力要求，落实到学校一日常规管理和班级常规一日管理中，系统化、阶段性地融入各学段，学校确立了每个课程的具体门类。根据《教育部关于全面深化课程改革落实立德树人根本任务的意见》，依据学校办学理念和育人目标，结合五项管理和课后服务内容，分别制定了《课程评价量表》《班级常规一日管理》《教师教育教学积分管理》等考核量表。

以地方传统艺术课程"扇舞人生"为例。"扇舞人生"地方传统艺术课程着重让苗族文化融入课堂，以平安扇为载体，利用国家课程中的美术、书法、科技、艺术辅导、综合实践、劳动与技术等课程，结合课后服务、乡村少年宫项目和大课间活动开展，全面保障场地、经费、人员等方面。

3. 突出考核导向，建立教师过程积分量化管理激励机制

在课程实施的过程中，把班级管理和中小学生一日常规融入其中，制定了平安镇小学教师积分管理办法。其内容涵盖师德师风、能力素质、出勤考核工作业绩。积分每学期计算一次，其结果直接运用于评优评先、晋级进岗、年度考核。

（1）考核坚持以工作业绩为主体。在教师积分中，工作业绩占了百分之五十，平衡协调好教学一线教师和后勤管理岗位，激发大家在岗位上作出贡献。

（2）考核突出以能力素质提升为追求。能力素质主要由职务分值、示范课、讲座、各级各类教研活动、教师日常学习（包括撰写读书笔记、教学随笔和反思等）、社团、校刊编辑或稿件采用、科研课题、各级各类获奖加分等组成。这些举措有助于对教师终身学习能力的培养。自身发展好了，学校顶层设计到位了，学科的横向配合和纵向衔接基本搭建好了，各方面成绩自然会逐年攀升。

（3）考核以激发学校品牌形象为综合目标。除德能勤绩的考核外，充分考虑到了教育过程中可能出现的各种情况并给予附加分，比如支教、抽考排名靠全县前列等情况，让教师真正在制度管控下，尽己所能。在发展、成就自己的同时提升了学校的教育教学水平和学校品牌形象。

4. 不断提升五项管理、课后服务实效

（1）建立月检考评机制。德育处把手机管理、睡眠管理、体质管理纳入班主任工作月检考评，教导处把作业管理、读物管理、作业辅导纳入教学常规工作月检考评，德育处还制定了社团活动（3S项目课程）月检考评方案纳入教职

工能力素质考核，使"五项管理""课后服务"的管理与学校教职工学期考核、班主任学期考核有机结合。

（2）常态加强工作督查。值周教师、值周行政把每天督查的情况上传到管理群指定的位置，教导处、德育处根据上传的资料、学生问卷和平时记录对教职工、班主任进行月检考评。

（三）德育成效

1.学校优质发展显现

学校先后获得全国青少年足球特色学校、重庆市教育科学研究基地学校、彭水县"民族艺术特色学校"等18余项荣誉。学校"千人太极扇"获全县大课间活动展评二等奖。乒乓球、篮球、足球等项目在全县学生运动比赛中屡创佳绩，其中乒乓球获团体一等奖、男女单打一等奖。

2.研究成果丰硕

"一展风采1+3S"课程的开展，给教师们提供了一个"再教育"平台。教师业务能力和教学水平得到大大提升。教师的研究论文、教师指导学生的书画和征文作品分别获得国家级、市级、县级奖。

3.学生综合素质显著提升

课程的整合，结合课后延时社团的开展，做到了跨学段整体育人、跨学科综合育人。每个孩子根据自身爱好和特点选择不同的特色课程，特别是我校的民族地方技艺课程，开设效果卓越，学生的身体素质、心理素质、学习动力、学业成绩等显著提高。在均衡验收中获得专家一致好评。学生的制扇、美扇、书扇的成品扇，均送给来自上海、山东等省市的教育专家、同行及社会各界人士。

4.获得社会广泛好评

研究成果在重庆教育学术年会、成渝双城经济圈教育协同发展学术研讨会、重庆市教育学会义务教育发展专业委员会民族文化进校园学术研讨会等活动中进行推广交流，均获得好评。《中国教育报》《重庆日报》《光明教育家》"新华网""华龙网"等报刊媒体多次报道转载。"苗家平安扇舞"多次在彭水电视台展播，"百人精品扇舞"曾在蚩尤九黎城苗族祭祀活动中作开场表演。

（四）方案点评

培养一流人才、创建一流高校，离不开一流的管理育人制度作支撑。科学的管理育人制度能够对广大师生进行积极引导，让制度更好地体现关怀温度、德育深度和育人高度，持续调动广大师生的积极性、主动性、创造性。一般来说，学校的管理理念越先进、管理制度越科学，学习、工作和生活在其中的师生就拥有越多选择，越能体现多样化和包容性。

平安镇小学校的整个德育体系，从顶层设计到具体的项目规划和项目实施都做得非常细致到位，课程的设置也符合不同学年段学生的年龄需求，无论是特色还是德育的实施都可圈可点，最重要的是整个德育体系实施过程中的管理做得非常到位。

正所谓善战者无赫赫之功。学校德育品牌的建设，德育体系的实施，顶层设计和规划必不可少，然而真正落实到具体的实施层面，要想取得好的效果，核心就是管理，平安镇小学校对德育品牌的构建和德育体系的实施过程可谓做到了极致，将管理细化到了方方面面，落实到了每一位老师、每一个人。详细的《课程评价量化表》《一日常规管理》《教师教育教学积分管理》，从管理的角度对过程进行了量化，通过评价不断完善德育的实施过程、奖励机制，监督机制等也得到了很好的落实，让学校整个德育体系的实施井然有序，这就是平安镇小学校管理育人的特色——细节、细致、周到、有序。

管理育人是一项系统工程，需要多部门齐抓共管、多环节相互配合。这就要求我们不断完善学校管理制度，着力构建以学校章程为统领的现代学校制度体系，形成党委领导、校长负责、教授治学、民主管理的治理构架，不断提升学校治理体系和治理能力现代化。坚持和完善党委领导下的校长负责制，把党的教育方针全面贯彻到学校工作的各个方面。

二、彭水第三小学——做好常规管理保障"七美育人"的实施

（一）德育目标

彭水第三小学的"七美育人"，结合了学校"美"的办学特色，以"奠基美丽人生"为价值引领，通过践行"做最美自己"的教育理念，形成"每天进步一点点"的校园文化风格。学校以培养学生良好行为习惯为重要抓手，形成独具特色的"七美"教育体系，并挖掘和丰富"美"的内涵，以"七美"为活动载体，进行积极的实践，把"七美"习惯融入每一个教育环节、每一次活动、每一位孩子的心中，形成规则意识，深化管理，做好常规，让"七美"育人真正在学校中得到落实，进而培养学生讲文明、有礼貌、讲卫生、讲诚信的好习惯，通过做反复，反复做，让规范成为习惯，真正达到育人育心，最终让彭水第三小学的孩子成为"最美的自己"。

（二）实施方案

"七美"的具体落实是通过形式多样的活动来进行的。

1.做好活动过程管理，让文化浸润实现心灵美

依托于红色文化，传承红色精神，追寻红色足迹，用革命先烈的精神浸润孩子的心灵。

（1）传承红色基因，祭扫革命先烈。清明节来临之际，开展"缅怀革命先烈，争做时代好少年"系列活动。

（2）红心向党，追寻红色足迹。在清明祭扫的基础上，开展"红心向党，追寻红色足迹"社会实践活动（参观黄家镇红军街及红军陈列馆）。

（3）留守儿童我关爱。组织教师走进留守儿童家庭，与孩子面对面、心贴心地交流，深入了解孩子的情况，提供帮助。

（4）以"我心向党、梦想起航"为主题，组织学生开展感恩教育，引领学生尊师重教。

（5）以"我心向党吾辈当自强"为主题，组织全体师生开展主题教育活动，教育学生勿忘国耻、勤奋学习、立志成才，做一名有家国情怀、世界眼光的社

会主义建设者和接班人。

（6）以"我心向党发愤图强"为主题，组织师生开展主题队会活动，用一个个鲜活的事例，激励队员们要继续继承和发扬党的优良传统，用自己的实际行动与祖国共奋进。

（7）感恩身边每个人。学校以"感恩身边每个人"为主题开展系列感恩活动。

2. 做好规范加强监督，让师生仪表美

（1）规范师生仪表。组织学生学习《小学生守则》和《小学生日常行为规范》《彭水县第三小学一日常规指南》《教师、学生礼仪细则》，教师学习师德师风、职业道德规范。

（2）自我教育。认真做好自查自纠，对穿着、头发、指甲等不符合规定的，各班要下大力气进行整改。

（3）督导、检查。加强监督和考评，加强常规管理，强化行为规范的训练、开展丰富多彩的活动，使广大学生都做到"仪表好习惯·我能行"，增强学规范、讲规范、践行规范的积极性。

3. 规范文明用语，实现语言美

（1）文明用语：号召全员使用文明用语。

（2）阵地宣传：利用晨读、校园广播站，让学生自觉使用文明用语，感受语言的魅力。

（3）我们的课堂：让师生用语文明，亲切大方。

（4）民间故事会：通过"讲经典故事传华夏文明"活动，开展中国民间故事分享会。

（5）展语言魅力：把学生撰写的优秀文章作为演讲的材料，并让学生参加校、县、市级比赛。

（6）展学生风采：各班主任对演讲内容的筛选、人员的安排、节目的编排进行严格把关与指导。讲话者的声音应该做到抑扬顿挫、娓娓道来。让人在美中受到感染和教育。

（7）小小调音师：上课时或在公共场所，我们要保持 0 级音量静无声；两人交流时，我们要做到 1 级音量悄悄说；小组讨论时，我们要做到 2 级音量小声说；上课发言时，我们要做到 3 级音量平常说；室外上课时，我们要做到 4 级音量大声说；郊外春游感叹时，我们可以用 5 级音量放声说。

4. 做好每日常规管理，实现秩序美

（1）路队管理：全体师生进入校门口自觉按 1~3 年级、4~6 年级排成两路纵队进校；上下楼梯按脚印提示靠右行；学生自主排成两路纵队由中队长带领到达相应功能室上课；放学时，由值日学生组织学生排成两路纵队有序出校。使学生养成规则意识，从而培养学生自主管理能力。

（2）两操评比：第二节、第六节课后，由任课教师组织学生在教室做好眼保健操。大课间由班主任和副班主任组织学生有序到达操场，分别进行跑步—规定操—素质练习—自主活动，每一小节完毕后由评分员举旗评定。

（3）课间秩序：课间，学生自主有序排队如厕、洗手，课余时间学生自主到图书馆、书吧进行阅读，放学后自主到相应社团参加训练。

（4）集合集会：集会前，班主任清点人数排好队，做到"快、静、齐"，按照学校规定的安全通道有序到达集合场地，不许拖拉。集会中、排队行进中要集中注意力，不开小差，不讲话，不追逐打闹，保持队伍整齐有序地到达集会场地。参加升降旗、文艺演出、运动会等大型活动时应在适当时候鼓掌。集会后，清洁场地，然后由班主任和副班主任带领学生按原路线有序回教室。

（5）乘车礼仪：文明乘车，有秩序等候，依次上车，不争抢，礼让座位，注意安全。

5. 营造音乐艺术氛围，实现歌声美

（1）课堂教学：学生通过音乐课程学习和参与丰富多样的艺术活动，探究、发现、领略音乐的艺术魅力，培养学生对音乐的持久兴趣，以涵养美感。

（2）每周一歌：利用每周二午读课的时间，以每周一歌为载体，打造"班班有歌声人人都快乐"的育人氛围。

（3）校园小歌手：设立校园小歌手平台，让每一位孩子都踊跃报名，通过校园舞台、学校广播，选拔小歌手到各个平台参赛，激发孩子们对音乐的热爱。

（4）班级合唱：以"我心向党唱经典颂祖国"为主题开展班级合唱比赛，以此拓宽学生的歌唱文化视野，形成良好的校园艺术文化氛围，力争人人爱唱、人人会唱。

6. 全方位提升书法素养，实现书写美

（1）提高教师书法素养：学校要求全体教职工进行长期练习，提高自身的书写水平和书法素养，定期开展书法培训，把教师的日常练习纳入考核。

（2）落实书法课程：每班每周必须有一节书法课，书法课只能用作书法教学，不得挪作他用。

（3）社团培优：学生根据自己的兴趣爱好选择书法社团，学校根据学生的人数安排教师，每周二、三、四中午是全校社团时间，通过细致临帖和作品打造，不断提高学生的书写水平和创造能力。

（4）组织学生参加市、县级书法比赛。

（5）春节上街义写春联：每逢春节来临之际，学校德育办、大队部将组织书法老师及学生到广场为市民义写春联。

（6）仪式引领：9月新生入学典礼上，有开笔礼这一环节，由书法教师和书法社团的同学为新生引领开笔，进校后要时刻记住校训"做最美的自己"。

7. 齐抓共管互相监督，实现环境美

（1）校园与环境建设：结合学校校园文化，美化校园环境，让每面墙壁会说话，让每个角落都有故事。

（2）班级环境建设：教室内的布置由学校进行统一规划，由班主任根据学生学情和班级特色进行设计，与学生一起共同打造班级文化环境。

（3）功能室环境建设：张贴功能室管理制度、责任管理人、学科特色环境文化，为课堂营造艺术氛围，激发学生学习兴趣和动力。

（4）办公室环境建设：张贴中小学教师职业道德规范、各类规章制度，各学科教师根据学科特色分别布置办公室文化环境。在为教师提供宽松愉悦办公

的前提下，学习职业道德规范，规范言行，匠心育人。

（5）厕所环境建设：厕所是最不起眼的地方，也是最受人关注的场所。除了净化环境，更需要文化，外墙有温馨提示语，洗手台和蹲位有耐人寻味、意味深长的图文内容等。

（6）生态环境建设：在学校所有场所布置绿植。楼中有假山、流水、绿草、凉亭于一体的空中花园，楼顶建有"开心农场"，不仅对学生进行了劳动教育，还让学生明白幸福生活来之不易，应该好好珍惜粮食、勤俭节约。

（三）德育成效

1. 学生良好习惯已养成

经过"七美"习惯培养，全体师生齐抓共管，校园里楼道内吵闹的声音小了，没有了打闹、疯跑、追逐的影子，无论是课间还是上学放学，无论是上下楼梯还是走廊内都井然有序，更没有了推拉、搂抱现象。教室整洁美观、课堂规范，午间阅读、书写安静了。同学们变了，变得活而不野，精神而不粗鲁，且能做到互相谦让，一切都显得井然有序。

2. 形成浓厚的育人氛围

学校具有良好的校风和严明的校纪，好人好事、先进集体和模范人物得到大力表彰，学生有良好的学风，有正确的学习目标，学习积极主动，上课专心听讲，按时完成作业。校园环境优美，文化氛围浓厚，学生日常行为形成常态，养成了良好的课间行为习惯，教育资源得到了充分挖掘和利用。

3. 拥有最美少年的良好品质

一分耕耘一分收获。在"七美育人"德育课程的引领下，同学们热爱祖国和人民、热爱生活、热爱劳动，养成了讲文明、有礼貌、讲卫生、讲诚信的好习惯，以及尊他人、懂感恩、知节约、守规则等良好品质。

（四）方案点评

"七美育人"，是一种心灵唤醒。马克思认为，"教育绝非单纯的文化传递，教育之为教育，正是在于它是一种人格心灵的唤醒。因此教育的核心就是唤醒。""七美育人"能够得到落实，离不开细致化的管理，更重要的是通过管理让规范变成习惯，进而以自然宁静的方式引导人性向善、人格向上、人品向好，唤醒自信、启悟智慧乃至润泽生命。

"七美育人"，是一种智慧赋予。我们用昨天和今天的知识去教育面对明天未知世界的孩子，这些已有的知识能否满足孩子们应对未来挑战的需要、能否为他们创造一个更加绚丽多姿、五彩缤纷的世界积淀起足够的自信？彭水第三小学的每一位教育工作者都应对教育保持足够的清醒和敬畏，刚性的管理与柔性的关爱相互融合，把"七美育人"渗透在学校教育、家庭教育和社会教育之中，用理想信念和知识智慧浇灌"花朵"，让每一个孩子都能养成良好的习惯，培养出健全的人格。

"七美育人"，是一条合美之路。生命的丰饶与深厚，是建立在对美的追求之上，而教育就是帮助人们获得感悟美、发现美、创造美的悟性、智慧和手段。"七美育人"，让置身其间的孩子具备审美的灵性、向美的志趣和创美的禀赋。美的形态包罗万象、千姿百态，美的教育亦是如此，同时以细致化、层次化、全员化的管理保障"七美育人"得以实施。让七美互相渗透、互相影响，最终实现和合共美。正如费孝通的名言"各美其美，美人之美，美美与共，天下大同"。"合七美以共美"是彭水第三小学师生孜孜追求的目标，刚性的管理与柔性的关爱，刚柔并济，让教育的大花园里绽放出姹紫嫣红、五彩缤纷的美丽花朵，让每一个学生都能成为最美的自己。

三、彭水第五小学——以管理育人促进阳光孩童全面发展

（一）德育目标

学校要培养有道德的人，首先从制度管理上要以人为本，体现教育性和引导性。制度背后的价值观，不仅要与课堂教学相结合、与环境建设相结合，还应与管理制度相结合。学校管理育人以保障教学质量、落实立德树人为目标定位，科学把握"双减"精神实质，以五项管理为抓手，狠抓教育教学常规，端正教风，培育优良学风，形成整体校风。做到减负增效，质量强校，综合

素质兴校。

（二）实施方案

1. 学校管理

（1）推行分层管理制。在行政管理上，从校级领导、中层干部、年级教研组长、班主任和学科教师层面上分别加强领导，每一个层面既要围绕总体计划开展工作，又要为下一层级做好服务与指导，尤其要为一线教师创造良好的工作环境和人文氛围。

（2）坚持人本管理。要努力关心、尊重每一位教师。坚持在政治上引导人，在思想上教育人，在业务上锤炼人，在生活上关心人，使学校真正做到事业留人、环境留人、待遇留人、情感留人，将教师发展与学校发展紧紧联系在一起。

2. 狠抓党建促发展，加强师德师风建设

（1）健全学习制度，将政治理论学习系列化、规范化。坚持三会一课、主题党日、民主生活会、警示教育等多措并举。

（2）创新党建活动模式。如通过党员教师一对一谈心，党员帮扶困难学生，党员重走红军路，党员探访红军街，开展"光荣在岗二十年，我是党建领航人"演讲活动等。

（3）做好组织发展工作。要吸引更多的青年骨干教师向党组织靠拢，储存发展的后备力量。要重点把那些思想进步、业务精良、符合条件的青年教师纳入发展视野。持续推进党员纳新和预备党员转正工作。

（4）以党建带团建，狠抓师德师风建设工作。坚持党管一切，加强党支部对各科室、年级组、教研组的管理。以整肃劳动纪律、严肃会风会纪、树立清正廉洁、勤勉上进、阳光豁达、勇于担当的五小形象为抓手，狠抓师德师风建设。坚决杜绝"双减"背景下一切不作为、慢作为、乱作为现象发生。

3. 细化融合精神文化建设

（1）坚持"阳光教育"，引进积极心理学育人理念，以打造欣赏宽容的阳光教师团队，培育自信阳光的五小孩童为终极目的，将一训三风、办学精神理念等融入学校课程建设、制度建设、课堂文化及各项活动之中。

（2）以少年宫现场会为契机，在经费允许的情况下，对党员活动室、校史陈列馆等进行设计装修。对校园廊道文化、教室文化、立体绿化等进行匠心打造。

（3）运用智能化技术进行校园建设及设备运行。打造以统一平台为基础，以智慧课堂为核心，以教师发展为引擎，以智慧管理为支撑，以和谐家校为纽带，以发展性评价为导向的智慧校园整体解决方案；打造多个智慧校园的互联、互融、互通，构建区域化的智慧教育平台，构建良性发展的智慧教育生态圈。

（4）完善特色教学配套教材资源库建设。利用互联网、物联网、大数据、云计算等技术，以学生为中心，构建一个公平开放的、互联互动的、智能高效的智慧课堂教学环境。

4.创新思路树立全员育人理念

（1）注重德育工作的系统性，将以前的每月一主题变为每周一主题，缩短了德育周期。

（2）重视德育工作的丰富性。按照行动德育五个一开展系列主题活动。即创设一个环境（干净整洁的环境、书香浓郁的环境、人人育人的环境）；丰富一节课堂（校园大课堂、班级小课堂）；规范一种仪式（开学、散学、开笔、入队、毕业）；交流一个经验（班级管理经验、学困生德困生管理经验、家校融合管理经验等）；关注一个群体（新生、特异体质儿童、特殊智力儿童、留守儿童、贫困孤残儿童、单亲家庭儿童等）。精心组织清明扫墓活动、春游踏青活动、春季体育节、艺术节、秋季读书节、英语节等，形成常态。

（3）注重德育工作的持久性。红领巾广播站、校门口值周班级等成为德育常规。

（4）注重德育工作针对性。如学生丢三落四、乱扔垃圾、乱倒剩饭菜等行为。着力纠正高年级学生心理跑偏、行为失范等。

（5）加大班主任培训力度。

（6）积极践行课程育德理念。将德育教育渗透到各个学科领域，着力培养健全人格。积极筹备清明扫墓、春游踏青、六一儿童节等活动。

（7）加强劳动教育。把每年五一放假的前一个星期设立为劳动周。制定翔实的方案。多渠道开展劳动实践和劳动体验。收集整理劳动成果剪影。让学生在出力流汗的过程中体验劳动的艰辛和快乐。

5.书香校园与书香家庭建设齐头并进

（1）开展晨诵、午读等常规阅读活动，要充分利用好三宽家教平台，为家长提供更多更好的学习渠道，掌握科学的育儿经验，为培养"五小好家长"而不懈努力。

（2）利用一年一度的读书节，评选出实至名归的书香班级、书香家庭、十佳阅读园丁、班级小书虫。将班级阅读量、阅读效果，图书借阅情况、保管情况、午读摘抄、读写绘本、读书笔记撰写情况，校刊投稿情况等纳入评选依据。营造师生共读、亲子共读的良好氛围。家校社共育，提高学校管理水平，将社会主义核心价值观的要求贯穿于学校管理制度的每一个细节中。

（三）德育成效

（1）学生综合素质得到了提升，养成了正确的三观，孩子们变得阳光豁达，丢三落四、乱扔垃圾、乱倒剩饭菜等现象明显减少，学生心理跑偏、行为失范等现象得到了纠正。

（2）各类活动调动了学生积极性，让孩子们得到成长和锻炼，得到全方位的提升。

（3）书香校园、书香家庭的建设和管理提升了学校的管理水平，同时也让家校协同育人得到了保障，无论是在学校还是在家中，都形成了良好的阅读氛围。

（4）"五个一工程"的实施，让教师与学生之间关系更加密切，让学生与学生之间互动更加有效，让孩子们的社会实践、各类活动等成为常态，丰富了孩子们的日常生活，同时也让所有人都成了管理者，具有了主动性。

（5）充分利用互联网、物联网、大数据、云计算等新技术，通过智慧教室的建设、管理和应用，实现环境网络化、内容数字化、评价多样化以及管理智能化，全面助力学生的个性发展和综合素质的有效提升。

（四）方案点评

管理是管理者为了有效地达到预定的管理目标，运用各种管理手段和方法，对包括人、财、物、时间、空间和信息等资源进行有意识、有目的协调活动的总称。从这一定义可知，管理是为了实现某种特定目标的一种社会实践活动，它要求管理者运用科学的手段和方式对所拥有的资源进行优化配置，以利于组织目标的实现。

彭水第五小学以管理促进阳光孩童全面发展，就是通过综合运用各种管理手段和方法，协调孩子们的学习、生活、实践、活动等各个方面的内容，进而让育人得以顺利执行，通过管理协调家校合作，让协同育人真正落到实处。

学校管理育人还可以利用更加丰富的教学资源，借助更加先进的教学技术和手段，但是这并不意味着管理育人的难度会降低。彭水五小立足于学校实际学情，不断调整和优化管理育人的实践方式，以确保能够持续为学生提供优质的教育服务与正确的思想价值引领，帮助和指导学生成长，进而为社会提供更多的新型优秀人才。

四、彭水第一中学——"我是管理者"方案的实施

（一）德育目标

使彭水第一中学德育工作可持续发展并取得进一步的提升，让学生从"他律"内化为"自律"，从学生自身内在因素入手，由管理约束转入自我管理，利用"行动育德"的方式潜移默化地培养他们的优良品德，彰显他们积极的人生态度。

"我是管理者"活动在老师的指导下，以集体模式和小组模式相结合的形式开展，同时还设置个人模式的管理活动。集体模式由组长统一组织，根据分工开展阶段性活动；小组模式由组长统一组织，根据分工开展全天性活动；个人模式根据活动安排和个人特长，主动开展各类管理活动。

同时为了提高学校管理水平，推进学校内涵发展，全面提升学校行动育德质量，学校从育人目标入手，从全面发展、提高学生综合能力的角度，从个人

成长、生存等方面来认识"学生参与学校管理"的独特育人功能，使"学生参与学校管理"成为"我参与、我学习、我锻炼、我成才"的内在发展需求，调动学生自觉参与学校的管理。

（二）实施方案

1. 集体模式

（1）全校卫生清理：负责人（学生）安排清洁活动分工，小组组长领取卫生工具，各小组（列队）由小组长带到指定地点进行卫生清理，由后勤处值班老师对清洁活动进行点评和考核。

（2）消防演练：由保安和指导老师讲解消防栓的使用和注意事项；四名学生自己动手演练，其他同学观摩；演练结束，四名学生整理好消防栓内设备；保安和指导老师对该活动进行点评和讲解安全知识；根据小组分工到各部门报到，德育处助理收好劳动用具。

（3）食堂巡查：参与学生集合后由活动负责人（学生）说明活动注意事项及人员分工，参与学生戴好红旗（表示"我是管理者"），根据组长分工安排到各岗开展活动。活动结束后，参与学生回教室完善工作手册和填写工作总结，同时由德育处助理负责组织同学归还所有活动工具。

（4）总结汇报工作会：每周五开展，提交活动开展手册，并由指导老师对活动做点评和总结。

2. 小组模式

（1）巡课小组：由教务处助理和组长带领成员巡查，主要针对早退迟到和旷课。

（2）寝室卫生检查小组：寝室卫生检查小组成员检查寝室卫生，并由宿管和后勤处点评和考核。

（3）校园卫生清理小组：由校园卫生清理突击小组成员对校园卫生死角的垃圾进行清理，也可对学生活动区域比较多的地方进行检查清理。

（4）安保巡逻小组：安保巡逻小组成员按要求列队到位，听从保安安排工作，同时巡逻小组成员到学生活动区域比较多的地方进行检查。

（5）艺体督察小组：艺体督察小组成员做课间操督察，同时小组成员到艺体学生上课的地方进行督察。

（6）安全隐患排查小组：安全隐患排查小组成员按要求列队，到学校每个区域进行安全检查，并详细记录存在的安全隐患。

（7）食堂督查小组：食堂督查小组成员按要求列队，到学校食堂巡查食堂饭菜制作流程。

3. 个人模式

（1）校长助理：按校长要求开展工作，由校长对该同学进行点评和考核。

（2）行政办公室主任助理：按行政办公室主任要求开展工作，由行政办公室主任对该同学进行点评和考核。

（3）德育主任助理：按德育主任要求开展工作，由德育主任对该同学进行点评和考核。

（4）教务主任助理：按教务主任要求开展工作，由教务主任对该同学进行点评和考核。

（5）后勤主任助理：按后勤主任要求开展工作，由后勤主任对该同学进行点评和考核。

（6）艺体主任助理：按艺体主任要求开展工作，由艺体主任对该同学进行点评和考核。

（7）年级主任助理：按年级主任要求开展工作，由年级主任对该同学进行点评和考核。

（三）德育成效

通过不同模式的"我是管理者"德育课程的开展，学生能从校园清洁活动中体会到垃圾清理的辛苦，从而提醒自己在日常要注意环境卫生的保持，在力所能及的范围内保持清洁卫生，尽量不给别人添麻烦；从消防演练活动中，学会消防安全知识，掌握安全逃生技能，提高安全意识；从食堂活动中，体会粒粒皆辛苦，从而养成节约、不浪费的习惯。作为集体活动来讲，要考验大家在一个集体中如何发挥自己的优势才能高效、顺利地完成活动，这就要求每个个体要融入集体，成为集体的一分子，扬长避短，协同完成活动。

通过换位体验的方式，参与学校的日常活动，体会学校保安、清洁阿姨、食堂阿姨、生活老师等人的工作，让学生由被服务者转变为服务者，感受工作中的辛酸，从而在以后的生活中学会理解与尊重别人。

通过个人活动的体验，学生能清楚自己目前的知识在学校的日常管理活动中能做些什么，找出差距，从而激发其学习动力。

通过以上活动的开展，学校的学习氛围浓厚，食堂浪费现象明显减少，校园卫生保持时间越来越长等，这些都是"我是管理者"德育课程带来的学生素质整体提高的具体表现。长此以往，将形成良性循环，德育课程育德这一目标也将更好地实现。

（四）方案点评

学生是教育活动的主体，是教育人群中最庞大的队伍。解放学生，让这支主力军由教育的对象变成学校管理者的可靠同盟。学生参与学校管理不仅可以增强学生的自我约束意识，而且由过去被动地被管理变成了管理的主动参与者。学生在责任感的驱使下因参与产生认同，由认同走向自律，从而更有效地发挥自我管理的作用。这就是彭水一中"我是管理者"方案的实施目的。

彭水一中德育品牌"我是管理者"对于学生而言有以下重要意义。

学生参与学校管理，增强了学生的自我约束意识。学生由过去的被管理者变成了管理者，在责任感的驱使下，参与产生认同，由认同走向自律，从而有效地发挥自我管理的作用。

学生参与管理，从根本上改变了传统的"警察式""裁判式"的管理格局，确立了学生的主体地位，有助于缓解学生与管理者之间的矛盾。学生与学校管理人员之间互相理解，互相信任，默契配合，有利于实现学校管理的目的，提高管理效能。

学生参与管理，有助于培养学生的自立、自治精神和组织管理能力，强化养成教育。学生在参与管理实践中能更好地认识和处理集体、他人和自我之间的关系，增强心理承受能力，提高自身的社会适应能力。

总之，让学生参与学校管理，可以引导学生自我净化、自我完善、自我革新、自我提高，从而达到自我教育的目的，创建和谐、融洽、奋发上进的学生集体。从短期看，可以培养自主自理能力强、能独立思考、善于决策的学生；从长远看，可以通过集体意识、民主意识、参与意识的培养，使学生发展成为以集体利益为重，有责任感、使命感、主人翁精神，有管理能力的未来建设者。

五、彭水中学——胜任力理论：中小学校长教学领导力提升

（一）德育目标

教育部《义务教育学校校长专业标准》的印发，将我国中小学校长专业化发展的进程推进到新的高度，校长专业化发展很大程度体现在校长领导力上，而校长领导力的核心是教学领导力。校长教学领导力具有全局性、综合性、教育性、示范性、稳定性的特征，并通过构筑学校共同愿景、管理课程与教学、引领教师专业发展、促进学生学业进步、调适教学支持环境等方方面面的学校工作彰显。

学校的中心工作是课程教学工作，校长领导力中最为重要的核心能力就是课程教学领导力，它不仅是校长职业区别于其他管理工作的主要因素，也是衡量校长专业化水平的根本指标。在探讨校长领导力方面，重点审视校长的课程教学领导力就尤为重要。

在教育领域中，近几年来对中小学校长的胜任力的研究逐渐增多，不管是对胜任力特征的探讨还是胜任力模型的建构，都取得了较多的研究成果，对人力资源管理，尤其是学校领导的遴选、培训等工作产生了实质性的影响。

（二）实施方案

1.在构筑学校共同愿景中彰显胜任力

学校发展的共同愿景是学校发展的终极目标，是学校鼓舞士气、凝聚人心的核心动力，是学校持续发展的精神源泉。

校长在学校发展过程中要不断进行自我反思，在反思中清楚和了解自己的角色定位、角色任务，促使学校获取更多的教育资源，教师获得更多的学校行政资源的支持，学生也会得到更优质教学资源。这就要中小学校长不断地认清

学校未来的发展走向，确立学校愿景并随着时代的进步适当地调整愿景。用学校共同愿景的力量，凝练全校师生；用维护愿景的方式，不断地提升学校的教育教学质量和人才培养质量。只有从思想上确保教职员工的教学工作积极性，从机制上确保教职员工的理性投入，从文化上确保教职员工的情感投入，才能确保实现学校的可持续发展。

2. 在管理课程与教学中彰显胜任力

管理好课程与教学是中小学校长教学领导胜任力的重要体现，就是要求中小学校长对学校教学工作有全局思考，统筹协调学校的课程与教学事宜。中小学校长既要深入教学、实践教学、研究教学，又要使教师能安于教学、有效教学；既要理解师生为提高教学质量和学习效能而做出的各种努力与尝试，又要鼓励师生为寻找最优化的教与学方案而开展学习创新活动。在组织机构的设置、规章制度的设计、总体课程的研制、教学计划的拟定、教学工作的安排等方面，都需要有高度的重视和全面的把握。

3. 在引领教师专业发展中彰显胜任力

教师是学校教学工作的主体，是学校全部教育工作的依靠者，是为社会培养合格人才的关键，教师素质的高低是影响学校办学质量的关键因素，对学校的声誉、社会的影响，关系尤为重大，起着决定性的作用。

随着社会的变化，人们更加关注优质的教育资源，也就无形中促使教师需要更加专业化。中小学校长作为学校的管理者、教育的引领者，在教师专业化发展过程中起着不可替代的作用。中小学校长要做好教师专业化发展的短期规划和长远规划，引导教师自觉适应形势发展的变化，鼓励教师通过多渠道促进专业发展和教师成长，用各种方式帮助教师解决专业成长过程中遇到的困惑和问题。

很多中小学校长在任校长职位之前都是教学一线的优秀教师，校长可用自己的教学经验与人生轨迹作为指导、鼓励其他教师发展的事例，让教师在感悟教育发展趋势的同时，明晰教师专业成长的重要性和紧迫性。

4. 在促进学生学业进步中彰显胜任力

学生是学校教学工作的根本，学生与学习，是学校教育最富有生命活力的词汇。中小学校长促进学生的学业进步就是要在学校营造积极温馨、安全快乐的学习氛围，对学生学习成效给予正面积极的期望与引领；经常与教师讨论促进学生全面进步的方法和手段，讨论学生学业情况与教师教学的因果关系和影响关系，启发教师不断探讨鼓励学生学习、促进学生进步的有效教学活动，以最终达成学校的目标。

中小学校长促进学生的学业进步还体现在领导教师开展"以学生为中心"的教学，关注学生的特征、学生的需求、学生的差别和学生的发展，关注支持和帮助教师实施"以学生为中心"的教学方法。

5. 在调适教学支持环境中彰显胜任力

学校的发展离不开校内校外环境的共同作用。在学校发展的过程中，校长需要通过统筹、协调与合作，把社会上各种各样的力量整合起来，使教师、学生、家长和社区都积极地参与学校的教学改革、课程改革和发展模式的改革，为学校发展、教学改革的推进与实施服务，为学校建立安全、有序的学习环境，共同承担起学校发展的责任。

中小学校长应该具备整合教学资源的相关知识和能力，适时提供各项教学支持系统；与家长、社会各阶层建立良好的人际关系，成为教师间、师生间、校地间沟通的桥梁，广纳社区各项资源以协助教学活动，去营造一个温馨、和谐、尊重、人性化的教学与学习空间，让师生能于良好氛围中熏陶，以创造出优质的校园文化。

（三）德育成效

教学领导力作为影响学校运行、教学有效性及学生学业成就的重要影响因素，具有很强的实践构建意义。

（1）校长教学领导力直接影响学生幸福感。校长通过教学领导力发展学校学习氛围，促进学生幸福感的提升，即校长通过评估和改善学校氛围增进学生的幸福感。

（2）校长教学领导力通过教师教学效能感间接影响学生幸福感。校长教学领导力对教师教学效能感有正向的预测作用，校长教学领导力是教师教学效能感的重要预测因素，校长对教学的直接监督与提升教师教学效能感直接相关。由此，促成教师在课堂中营造的积极、乐观、和谐的学习氛围促进了学生幸福感的提升。

（3）校长教学领导力通过影响教师教学效能感，进一步影响学生感知的师生关系，最终对学生的幸福感产生影响。师生关系反映了师生之间的亲密程度和冲突程度，是教师与学生之间的纽带，在学生的学校适应中起着至关重要的作用。高质量的师生关系促进了学生心理投入、学业成就和学校出勤率，且降低了学生的破坏性行为、逃课和辍学的概率，转而充分发挥学生的主动性与创造性。

（四）方案点评

中小学校长教学领导胜任力是中小学校长在领导教学过程中所展示出来的多种能力的组合，这些能力因为教育目标、教育对象、教育方式和教育环境等因素的特殊性，决定了中小学校长教学领导胜任力具有自身特点。

1. 全局性：教学领导胜任力的出发点

作为学校一把手的校长要有全局意识，要能站在整体的角度和全局的高度来思考、分析和解决学校发展和建设中的问题。这就要求校长要关注身边的教育，关注学校的教育，更要关注中国的教育乃至世界的教育。

2. 综合性：教学领导胜任力的关键点

学校育人的本质属性决定了校长胜任力必须具有综合性的特点。成功的中小学校长在领导学校教育教学活动中一定是多种能力共同作用的结果。

从微观层面来看，学校的制度建设、日常管理、课程评价、教学资源整合等，需要中小学校长在工作中综合地运用各种能力。

从宏观层面来看，中小学校长不但要为学校制定发展规划、确立发展愿景，还要组织教职工落实课程教学规划、实现愿景，要协调社会各界力量，认可学校课程教学发展规划、支持学校课程教学发展愿景的实现。

3. 教育性：教学领导胜任力的根本点

相较于其他社会组织而言，教书育人是学校与生俱来的使命，其发展的最终目的绝非对经济利益的获取，而是培养适应社会发展的个人。从这一角度分析，教育性自然成为了校长教学领导胜任力的根本属性，无论是校长课程教学领导胜任力的思想理论还是课程教学行动实践都应以教育性作为必然前提。

4. 示范性：教学领导胜任力的核心点

校长作为一校之长，其一言一行无不对全校师生产生各种各样或积极或消极的影响。校长的课程教学领导胜任力就是校长通过平时对师生的组织纪律规范、教育理念的灌输、社会核心价值的引导，向师生传递正向影响力的过程，为全校师生树立学习的楷模、追随的表率。

5. 稳定性：教学领导胜任力的保障点

能力的稳定性，它不因环境的变化而改变。这种稳定性主要体现在两个方面。

一是校长课程教学领导胜任力是中小学校长在长期的学习、培训和自我反思的基础上形成的基本能力，是中小学校长稳定的内在特征；

二是中小学校长课程教学领导胜任力的构成要素是相对稳定的，主要表现在校长要引领和规划学校的发展、提升教学水平、加强课程建设和促进师生发展等方面。因此，中小学校长课程教学领导胜任力的稳定性特征，保证了中小学校长适时合理地指导学校教学，提升教学质量。

第五章　课程育人

第一节　理论及实践综述

课程从诞生开始，就承载着育人的重任，课程是育人的载体，课程育人是中小学开展德育工作的有效途径。当今世界正面临着百年未有之大变局，中国发展正处于关键阶段。在这样的背景下，如何开拓教育发展的新格局，培养社会发展所需要的人才，是目前学校教育正在思索的问题。本部分以课程育人为切入点，就课程育人的内涵、价值及其实践成果对育人的路径进行探讨。

一、课程育人的基本内涵

课程自古便存在，为清楚认识课程育人的内涵，在这里先从课程育人的历史逻辑、现实逻辑两方面进行探讨。

（一）课程育人的历史逻辑

教育起源于劳动，社会生产力是影响教育发展的根本因素。随着生产力的发展与生产方式的转变，劳动分化为体力劳动和脑力劳动，教育也逐渐从社会劳动中分化出来并走向专业化。学校萌芽，课程随之出现。[1]从课程的演化中可以窥见课程育人作为一种理念和思想的历史起源。

学校是课程实施的场所，是有目的性的组织机构，学校的兴起使得"通过课程培养人才"的思想应运而生。我国古代课程，深受儒学的影响，以"四书""五经"为课程主要内容，以"学而优则仕"为课程目标。西方古国的课程，以"七艺"为基本内容，如古希腊时期的雅典教育。由于争夺土地与保家卫国的需要，国家十分注重军事训练，以培养英勇善战、效忠国家的武士为目的，如斯巴达的教育。可见，从古时候起，"课程"便是"育人"的途径，带着"育人"的目的，只是在不同生活背景下的"课程育人"有着不同的价值取向，其中对"德"

---

[1]何乐.论课程的起源和发展[J].山西青年（上半月），2014（1）：117.

的关注，是东西方课程的主要内容，发展人的德性是重要目的。

在古代，文字产生之后，知识往往以书面记载的方式流传下来，能够认识文字进而阅读是古代人才培养的主要方面，为此，人文课程在很长一段历史时期之内都是学校课程的主流。

在教育上，孔子编写"六书"（《诗经》《尚书》《仪礼》《易经》《乐经》《春秋》），后被尊为"六经"，后《乐经》失传，汉武帝设"五经博士"，由此"五经"立于官学，成为学校教育的经典科目。

在漫长的封建时期，尽管在一定时期人们在以儒家典籍为代表的人文课程之外又增加了一些教育内容，改变了学校课程内容的结构，但总体上，古典人文知识一直是封建时期学校课程的主流。如在《颜氏家训》中，颜之推不仅要求弟子修习"五经"，还开设"百家群书"（包含佛、道等多家思想）、杂艺（包含琴、棋、书、画、数、医等内容）、农事（时令、农业知识等）。由此可见，以儒家经学为主，儒、释、道、杂并存的学校课程格局在南北朝时期是存在的。然而，总体而言，限于"博学明德、经世致用"这一人才培养目标，古代学校中的人文课程占据着主导地位。

隋唐之后，我国古代在人才选拔上采用科举考试的制度，这一制度进一步确立了古典人文课程在学校中的地位。与这一制度相适应，封建时期的学校教育强化了古典人文课程的地位。

近代社会形势的变化促使教育的变革，开办了一批学堂，增添了西方技术与外语课程，同时四书五经贯穿始终，"中体西用"是这个时期课程总的特点。[1]甲午战争后，1903 年颁布《奏定学堂章程》仿照日本，提出既要学习西方科学技术和外语，也要学习西方政治制度。

辛亥革命后，1913 年颁布《壬子癸丑学制》，取消了读经课程，重视政治、法律与伦理，增加自然科学与生活劳动的课程，这是中国首个具有资本主义性质的学制。1922 年，北洋政府颁布新学制，称"壬戌学制"，注重实业教育，课程设置与内容侧重实用。尽管近代各个时期的课程改革有些许不同，但是课程设置与内容都走向实用的方向。

---

[1] 阎广芬.中国近代学校课程发展述评 [J].河北大学学报（哲学社会科学版），1991（3）：108-111.

课程的思想源远流长，可以追溯到远古时期，但是将其作为独立的研究领域也不过是 20 世纪初才开始的。世界急剧变化，社会发展的需要对人才提出了新的要求，对传统课程提出了全新的挑战。教育在传统与现代的摩擦中迸发出新思想的火花，如进步主义课程思潮主张"做中学"，强调以学生的生活和经验为内容的活动课程；学科结构主义课程思潮强调学习各学科的基本结构，注重促进学生的认知发展；人本主义课程思潮强调学生心智和情感的整体发展，主张课程内容围绕与学生相关的"真实的问题"……新的课程理论此起彼伏，百家争鸣。中国在吸纳西方这些课程理论的基础上，进行了本土化的探索与实践，强调课程的社会主义性质，培养社会主义接班人。

综上所述，从课程的历史逻辑来看，每一时期的课程在当下时期都有着自身不同的表现和育人目标，促进人们对课程育人多方位、多层次理解。总的来说，课程内容从重视"德性"走向"实用"再走向人的全面发展，从偏向教师发挥主导作用或偏向学生主体地位走向既坚持发挥教师主导作用又坚持学生的主体地位，从偏向"学科中心"或"活动中心"走向学科课程与活动课程并重，逐步形成较为理论化、概括化的课程体系，并生成了"课程育人"的概念，为"课程育人"实践提供了历史性依据。[1]

（二）课程育人的现实逻辑

进入新世纪，我国十分重视基础教育课程改革，颁发了一系列政策文件。如 2001 年教育部印发《基础教育课程改革纲要（试行）》，强调要培养学生爱国主义精神，热爱社会主义，继承和发扬中华民族的优秀传统，具有正确的世界观、人生观、价值观等。同年，国务院颁布《关于基础教育改革与发展的决定》，明确提出要切实增强德育工作的针对性、实效性和主动性，加强社会公德教育与社会实践环节。

2010 年，《国家中长期教育改革和发展规划纲要（2010—2020）》提出坚持德育为先，将德育渗透于教育教学各个环节，构建大中小有效衔接的德育体系。2017 年，教育部印发的《中小学德育工作指南》指出要增强中小学德

---

[1]高树仁，郑佳，曹茂甲.课程育人的历史逻辑、本质属性与教育进路［J］.中国大学教学，2022（Z1）：107-112.

育工作的时代性和科学性，强调要注重课程与学生生活实际相联系，注重学生道德情感和道德实践。2019年教育部发布《关于加强和改进新时代基础教育教研工作的意见》明确提出要加强对课程育人的研究……文件的颁布为各地区各学校的德育工作给出了理论上的指导和方向性的意见，强调德育工作要重视爱国主义教育、社会主义核心价值观教育等方面，带有一定政治属性。

随着时代的发展，在贯彻这些政策文件的过程中，新的问题和需求不断浮现。从2016年起将小学的"品德与生活"和"品德与社会"课程以及中学的"思想品德"课程名称统一为"道德与法治"，进行德育课程的一体化设计，力求从纵向增强德育课程的衔接性，从横向增加德育课程内容的关联性与体系化。增加"法治"的名称元素，表现出国家正在转变过去对青少年法治教育的忽视，《义务教育课程方案和课程标准（2022年版）》指出道德与法治课程内容增加了国家安全教育、生命安全与健康教育、劳动教育等主题，具有时代特征。

新时代的德育课程观修正了传统道德说教的理念，主张学生理解、体验与实践的德育理念。但是课程理论在实践中仍然有所偏差，功利化的知识教学仍然处于主导地位。教育者偏向教学忽视研究，进行单一的知识灌输，忽视各科课程中各种要素所包含的德育元素，如英雄人物、地理常识、科学实验等都含有德育元素，因而难以引起学生心灵上的共鸣，育人的效果欠佳，教育者若不对这些要素进行挖掘和研究，潜在的德育元素就难以融入课程中并发挥作用。

课程有多个层级、多个环节，涉及多个主体，是一个由多要素构成的复杂系统。但在课程实施过程中，教育者将德育狭隘地囚困在课堂教学之中，未将各个环节连贯起来成为一个整体的系统。

同时，过分注重知识传授必然会导致课程与学生生活的脱离，这也是目前德育的困境之一。在目前的学校教育中，学生被动或主动接受教师传授的道德规范与价值，进而形成道德认知。诚然，道德认知是道德情感与道德行为的基础，若仅仅对道德规范和道德价值有所理解和认识，而没有产生道德情感和道德行为，这样的教学便将知识局限于语言与文字之中，远离了学生的实际生活，难以养成良好的品德。学生缺乏在具体情境中的体验与锻炼，难以构建自身的经验，使德育缺乏生命力。[1]

综上，国家层面多次就课程育人作出重要指示，强调课程育人的渗透性、思想性、实效性以及综合性，主张以德为先，为课程育人的推进提供了依据。各级学校在执行过程中存在的各种困境与矛盾，为课程育人的研究和发展提供不同的视角，为课程育人的改进提供了方向。

（三）课程育人的内涵及意义

从历史逻辑来看，"课程"的思想从诞生开始就带着"传授知识、学习技能"的任务和"培养人才"的目的，与统治阶级的利益相关。另外，课程从单一散乱发展到体系化、多样化，使课程育人的内涵更为丰富。这样的发展要求教育者改变过去单调机械的育人方式，主张因材施教，发展学生个性，不拘一格培养人才。

从现实逻辑来看，"课程育人"的概念富有时代特征和中国特色。[2]培养高质量人才以培养人的思想品德为关键，我国更是将"立德树人"作为教育的根本任务，指导着各级学校开展育人活动，课程育人是实现立德树人的实践方略。课程育人的现实困境要求课程育人应与学生生活紧密联系，将德育渗透课程各个环节与方面，将课程教学寓于情感教育之中，让学生积累自己的经验。

综上所述，课程育人是指在学校教育情境中，基于学生的全面发展而以各种课程形式为媒介开展育人活动的教育行为。这个定义突出了课程育人是在学校教育情境中发生正规的教育行为，而不是学校教育之外的非正规教育。它的宗旨在于促进学生的全面发展，体现为以人为中心开展各种教育活动，它指出了课程的价值实现要以人的发展为根本。课程育人具有如下意义。

1.课程育人是一种理念

当前，课程育人的提出体现了教育观念和育人理念层面的变革，是人们对课程教育价值和社会功能不断认识的结果。自从近代班级授课出现之后，课堂

---

[1]胡守敏，李森.论课程育人生长点的困境与变革[J].课程.教材.教法，2020，40（7）：4-11.

[2]杨修平.论"课程育人"的本质[J].大学教育科学，2021（1）：60-70.

教学就成为学校育人的基本形式，通过教授各科目的知识而培养人才就成为学校教育的基本行为，其逐渐发展为以知识为本位、以课堂为中心和权威型管理的学校制度，进入现代社会之后其弊端日渐显现，成为当今教育改革面临的一大挑战。课程育人则不仅仅盯着课堂教学，它通过完善学校课程建设而实现育人目的，体现出现代社会对学校教育的新期待。

2. 课程育人是一种机制

"机制"描述的是事物内部不同要素的结构及其运行方式，它是人对事物运行的理念和设计的外在表达，具体表现为相关的制度、途径和规则等。课程育人作为一种机制，意味着学校课程系统是一个有机体，各部分有独特的育人价值和功能，同时又相互关联、密切配合。当然，这种机制需要根据人的发展的宏观要求而不断调整和变革，从而适应社会和人才培养的新需求。这也正是当前我国课程改革的重要课题。

3. 课程育人是一种行动

教育活动体现了人的意志，但具体到课程领域，它更是一种行动。课程育人是具体的，不是抽象的。课程育人在本质上是一种综合育人，需要在制度设计、课程建设、课堂教学创新等各方面开展工作，真正体现课程的育人价值，使课程与学生发展核心素养有机关联，回应教育改革的重大诉求。

因此，课程育人不仅指以专门的道德课程进行育人，还要求各课程中各环节、层级、要素中都渗透德育，不只有教学活动，也有综合实践活动，不只有显性课程，也有隐性课程，发挥智力因素与非智力因素在课程育人过程中的作用。总的来说，课程育人是指以实现立德树人为根本价值遵循，以课程为抓手，将培养全面发展的人的理念贯穿课程设计与实施的全过程，达到育人的目的。

二、课程育人的价值分析

（一）落实"以人为本"的教育理念

课程的价值与教育的价值密切相关，课程是教育的一部分，教育的最终目标在于培养人，课程的本体价值就在于培养人。课程对政治、经济、文化等方面都具有价值，而培养人是课程的本质，这也是提出"课程育人"的出发点和落脚点。如何通过课程来培养人呢？从深层次来看，课程育人可以视作一种文化，其价值体现在文化传递与选择方面，课程育人的基本价值是选择与传递文化，即教育者选择有价值、符合时代要求的文化并向受教育者传递思想文化，以此来影响与塑造受教育者。[1]从选择文化、传递文化到塑造人的过程时刻都有人的参与，"课程育人"的提出凸显"育人"的目的，有利于"以人为本"教育理念的落实。

（二）促进知识、技能、价值观三维目标的实现

课程育人有别于单一的知识获得与技能习得的价值取向，强调知识、技能、价值观的三位一体。科技的发展加速了信息全球化的进程，在信息大爆炸时代，多元文化浪潮的冲击影响着青年一代价值观的形成，优秀的文化有利于学生树立正确的价值观，而一些外来文化的糟粕则会侵蚀新一代的思想。

长期以来，学校教育中存在过于重视知识传授的倾向，思想品德教育一元性、灌输性有余而多元性、互动性不足。青少年在课外接触到各种各样的价值观，对学校传统的一元性价值观有所怀疑，进而陷入价值困惑之中，情感难以升华，价值观教育的效果削弱。[2]要解决这一问题，课程育人是有效途径，课程目标除了传授知识、培养技能与能力之外，对学生进行价值引领是更为重要的方面。

课程育人实践方略的提出助推符合学生认知的、具有时代性的德育元素融入其他学科课程之中，充实德育内容，教育者以对话、平等的态度对待每一位受教育者，使德育容易被学生理解与接受，发挥课程隐性育人功能，潜移默化中实现价值观的目标，同时价值观的塑造反过来深化知识与能力的发展，加强三维目标的内在联系，有效实现三维目标。

---

［1］郑美丹.高校课程思政的育人价值及其实践路径研究［D］.石家庄：河北科技大学，2020.

［2］傅晓华，匡促联.多元文化背景下青少年价值观教育的挑战及对策［J］.四川教育学院学报，2009，25（10）：35-37.

（三）增加课程背景下育人的宽度，促进育人方式的革新

课程育人强调所有课程都担起培育学生世界观、人生观、价值观的责任，拓展了育人背景。在课程背景下，德育课程不是实施德育的唯一场景，学科课程、必修课程、选修课程等都是实施德育的场景，这就要求教师以更广的视野挖掘德育要素，革新过去单一机械的育人方式，以团结合作的理念把所有老师纳入到育人的任务当中，而不是某一位教师的任务，并以更加灵活、更加有效的方式整合教学资源，培养有理想、有道德、有文化、有纪律的时代新人。

三、课程育人的典型成果

大连市甘井子区知远小学以"知·行教育"理念为指引，提出了"五知五行"育人目标，即"知礼仪——行修品德，知读写——行增智慧，知思考——行有创新，知健体——行养身心，知自理——行能自主"，构建了完善的德育工作体系。

首先，学校构建了"养习惯、树榜样、重体验、促个性、求发展"的特色德育课程体系，将德育目标渗透到各学科课程的教学目标中；组织全体教师挖掘学科教材中的德育渗透点，改进与完善教学计划，并将其整理成册；每月进行德育内容研讨，探索有效的教学方式，开拓育人智慧；将德育与教学内容的融合纳入考核，促进教师反思课堂效果，提升育人能力。

其次，学校构建了特色德育课程，有日常行为规范课、"明理导行"班会课、节日主题活动课三类，强化德育的实效。

再次，建立了阅读课程，实施"经典诵读"和"名著导读课"，编制"阅读汇"成长手册，培养学生阅读习惯；增加阅读内容，以年级确定每学期必读的八本书，每周开展"国学诵读"，编制诗歌赏析读本，为学生精选绘本，培养学生综合素质；创设阅读环境，每层楼的走廊图书架上放置不同类型的书籍，开展教师读书活动以及学生读书活动，全方位为学生创设良好的阅读条件。

另外，每个班级的学生都参与建设班级文化，营造良好的精神氛围，让学生浸润在德育文化中而有所体验与成长。学校成立多主体参与的育人团队，包括校长、书记、班主任、科任老师、家长等，发挥育人合力。最后，学校进行多元评价，设立学生、教师、家长"三级点赞机制"和榜样奖励机制，激发学

生学习兴趣。[1]

大连枫叶国际学校融合中西方德育优势，建立具有特色的德育课程体系。该德育课程体系分为常规课程、实践课程和环境课程三级，减少公式化的德育活动，将德育渗透到所有课程，贯穿于学生的学习生活，外延到校外、国外，对学生提出高标准道德规范。[2]

浙江省松阳县实验小学集团学校挖掘地方文化资源，构建校本德育课程，包括景观文化课程、名人文化课程、农耕文化课程、特产文化课程和校园文化课程，培养学生对家乡、祖国的情感，树立爱国和民族团结意识。[3]

江苏省如东县岔河镇岔河小学挖掘中华优秀传统文化中的德育素材，开设了民间艺术课程，将其与德育工作结合起来，发挥课程育德的功能。在教学活动中，教育者重视对民间艺术内涵的解读，促进学生充分了解民间艺术的特点、价值、意义，民间艺术里包含的社会文明、民族精神对学生良好道德素养发挥着导向作用。[4]

重庆巴蜀小学近年来对生活德育进行实践探索，建设了生活德育课程，将少先队课、班级经营、学科育德、社会实践等进行了设计与整合。通过少先队课，培养学生的理想信念；班级经营以"巴蜀儿童礼"为主要内容，养成文明礼仪；学科课程要求教师提升育人意识和找准教学方法，对学生如何做人做事进行引导；社会实践通过社会模拟和社会参与，为学生搭建起"学校—家庭—社会"的生活化德育实施途径，培养实践能力，滋养德行。[5]

从课程育人的实践来看，各地各学校走向系统化的课程体系，增加德育实践活动，重视践行德育并突出学校自身的特色。同时，中华优秀传统文化底蕴

[1]胡欣."五知五行"育人目标下特色德育课程的构建、实施与评价[J].辽宁教育，2022（14）：82-85.

[2]徐盛贵.全面育人 以德为先——大连枫叶国际学校小学校区德育课程化侧记[J].辽宁教育，2011（9）：4-7.

[3]董剑青，徐茂林.开发校本德育课程扎实推进课程育人研究[J].成才之路，2018（33）：18.

[4]桑淑平.民间艺术课程的育人功能在小学德育工作中的实践与思考[J].科普童话（新课堂）（上），2022（5）：25-26.

[5]张帝.小学"生活德育"课程的实践研究：以重庆市巴蜀小学为例[D].重庆：重庆师范大学，2012.

深厚，是开展德育工作的好素材，各学校积极开发本土资源，比如浙江省松阳县实验小学集团学校、江苏省如东县岔河镇岔河小学所处地理位置本身蕴含着丰富的民俗文化，加以利用和开发就会变成学生的学习资源；大连市甘井子区知远小学挖掘走廊上的德育元素，将走廊变成图书馆；大连枫叶国际学校吸收西方的课程理念，十分注重在实践中养成学生良好德行，并借助自身的国际资源，开展出国游学，培养学生文化理解、接纳与认同；重庆巴蜀小学的"社会模拟"为学生创设生活情境，如以当地"重百商场""新世纪百货"命名教学楼，进行做川菜的生活体验课等。可见，课程育人正在走向生活化。

第二节　指标分解

一、要点摘录

充分发挥课堂教学的主渠道作用，将中小学德育内容细化落实到各学科课程的教学目标之中，渗透到教育教学全过程。

（一）严格落实德育课程

按照义务教育、普通高中课程方案和标准，上好道德与法治、思想政治课，落实课时，不得减少课时或挪作他用。

要围绕课程目标联系学生生活实际，挖掘课程思想内涵，充分利用时政媒体资源，精心设计教学内容，优化教学方法，发展学生道德认知，注重学生的情感体验和道德实践。

（二）发挥其他课程德育功能

根据不同年级和不同课程特点，充分挖掘各门课程蕴含的德育资源，将德育内容有机融入各门课程教学中。

语文、历史、地理等课要利用课程中语言文字、传统文化、历史地理常识等丰富的思想道德教育因素，潜移默化地对学生进行世界观、人生观和价值观的引导。

数学、科学、物理、化学、生物等课要加强对学生科学精神、科学方法、科学态度、科学探究能力和逻辑思维能力的培养，促进学生树立勇于创新、求真求实的思想品质。

音乐、体育、美术、艺术等课要加强对学生审美情趣、健康体魄、意志品质、人文素养和生活方式的培养。

外语课要加强对学生国际视野、国际理解和综合人文素养的培养。

（三）实践活动课程培养综合能力

综合实践活动课要加强对学生生活技能、劳动习惯、实践能力和合作交流能力的培养。

用好地方和学校课程。要结合地方自然地理特点、民族特色、传统文化以及重大历史事件、历史名人等，因地制宜开发地方和学校德育课程，引导学生了解家乡的历史文化、自然环境、人口状况和发展成就，培养学生爱家乡、爱祖国的感情，树立维护祖国统一、加强民族团结的意识。

统筹安排地方和学校课程，开展法治教育、廉洁教育、反邪教教育、文明礼仪教育、环境教育、心理健康教育、劳动教育、毒品预防教育、影视教育等专题教育。

——以上见《教育部关于印发〈中小学德育工作指南〉的通知》（教基〔2017〕8号），2017年8月22日。

一级指标	二级指标	评估分值	评估说明
A2. 课程育人12%	B9. 严格按照课程方案和标准，秉承"行动德育"的课程育人理念，开设好道德与法治、思想政治课。课程课时、师资、教材落实到位，不得减少课时或挪作他用，道德与法治、思想政治课育人作用发挥好	3分	1.学校总课表和分课表体现道德与法治或思想政治课各计0.5分 2.查看道德与法治或思想政治课教案，共计2分，少1课时扣0.5分，扣完为止
	B10. 根据《中小学德育工作指南》要求，充分发挥各学科课堂教学的主渠道作用，发挥课程德育功能，根据不同年级和不同课程特点，融入、渗透到教育教学全过程	2分	查看各学科教案或随堂听课等方式了解落实德育目标情况，共计2分，一个学科未落实扣0.5分，扣完为止

续表

一级指标	二级指标	评估分值	评估说明
A2. 课程育人 12%	B11. 统筹安排地方和学校课程，开展法治教育、反邪教教育、文明礼仪教育、心理健康教育、劳动教育、生态文明教育、生命安全教育、毒品预防教育等专题教育	3分	查看专题教育教案、图片、活动简报等资料，每开展一次计 0.5 分，最高计 3 分
	B12. 将心理健康教育课纳入校本课程，同时利用主题班会课、团队活动课等，保障每两周至少有一节心理健康教育课	4分	查心理健康教育课教案、上课图片等资料，每期不少于 8 次，共计 4 分，每少一次扣 0.5 分，扣完为止

——以上见《彭水苗族土家族自治县教育委员会关于开展德育工作规范化学校创建活动的通知》（彭水教委发〔2022〕15 号），2022 年 3 月 18 日。

二、实施建议

（一）德育课程

（1）学校要对德育课程和德育活动、学科课程和综合实践活动、教学质量测查和综合素质评价做出整体安排。

（2）学校不得以任何理由减少德育课程课时，不得以任何理由将德育课时用于其他学科教学。

（3）德育课程作为一门综合形态的课程，对任课教师的专业素养和能力要求较高。因此，学校要为各班级配备相应的任课教师，并尽量为任课教师提供专业研修平台，有计划地开展教师培训工作。

（二）人文类学科课程

（1）各学科教师要认真钻研课程内容和课程标准，关注情感态度与价值观目标，根据不同年级和不同学科自身的特点，挖掘任教学科所具有的独特价值，结合不同的教学场景，将道德教育穿插进课堂教学的环节当中，让德育在不知不觉中得以开展。

（2）语文教师课堂教学中可以利用挂图、视频及图书资源，课外可利用图书馆、博物馆等资源以及社会热点、社会观察、文化遗产、自然风光等社会实践场所进行德育。

（3）历史教师可以通过历史讲座、参观爱国主义教育基地、进行历史社会调查、考察历史遗址和遗迹、采访历史见证人、编演历史剧、撰写历史小论文等方式将德育贯穿于课程的教育教学当中。

（4）地理教师要充分挖掘社会资源，将教材讲解与辩论赛、知识竞赛、地图绘制、学具制作、图表绘制、实验、社会调查、乡土地理考察等结合起来实现德育目标。

（5）外语教师可以组织多种形式的课堂或课外互动，鼓励学生通过观察、模仿、体验、展示等方式学习，可以组织唱歌、讲故事、演短剧等课外活动，调动学生的积极性。可以利用音像、广播、电视、网络等资源，鼓励学生通过实践和合作的方式提高自主学习能力。

（三）科学类学科课程

（1）学科教师要认真钻研课程内容，吃透教材，根据不同年级和不同学科的特点，挖掘任教学科所具有的独特价值，将德育融入课堂教学的各个环节。

（2）数学教师在讲授教材内容时，要积极利用各种教学资源，从学生实际出发，创设问题情境，引导学生在实验、观察、证明等活动中养成独立思考、反思质疑的学习习惯，进而实现德育目标。

（3）物理、化学、生物教师要引导学生在观察、实验、制作、调查等科学实践活动中经历探究过程，学习科学方法，形成创新精神和实践能力，进而完成德育目标。

（四）艺体类学科课程

（1）重视艺体类课程在育人中的重要作用，艺体类课程的实施不能流于形式，不能挪用课时。

（2）体育教师要多采用激励性手段鼓励学生积极参与，以具体的运动项目或游戏为载体，激发学生的情感体验。在体育竞技中融入规则教育，体现公平竞争精神，培养学生自尊、自强、自立的精神品质，同时抓住契机对学生进行道德品质、安全意识等的教育。

（3）音乐、美术等艺术类课程，教师要尽量提前做好准备工作，要了解学生基础，保证教学与学生实际相结合。教师可借助网络或其他途径查阅资料，丰富教学内容，挖掘其德育价值等。要通过讲、唱、听、写、画、诵、互动、表演、视频展示等多种方式调动学生参与的积极性，激发学生的情感。

（4）在课堂教学之外，艺术类课程教师可以组织学生游览当地的名胜古迹，了解历史之美；游览当地的山川河流，领略自然之美；参加音乐会，领略音乐之美；参观书画展览，鉴赏艺术之美。此外，充分利用学校环境，进行校园美化活动，如设计学校橱窗、校园墙壁、班级黑板报等，让学校的每一面墙都"会说话"，让学校的每一个角落都有故事，进而让学生在实践中培养审美情趣。

（五）综合实践课程

（1）幼儿园及小学综合实践活动课程可以以教师组织的集体活动为主，并逐步增加学生对学习内容和活动方式的选择机会。中学的综合实践活动课程可以将教师统一组织的活动与学生自行设计实施的活动结合起来，培养学生自主活动的意识和能力。

（2）综合实践课程可以采用研究型学习、社区服务、志愿服务、社会实践、社会调查和社会参观等形式，寓教育于活动中，让学生在实践体验中培养能力、提升品德。

（3）综合实践活动的实施是一个系统工程，需要学校、家庭和社会各方力量共同参与。学校必须明确德育处、年级组长、班主任、任课教师、家长和社区中相关指导力量等相关部门及参与者的职责，协调各方力量，使之形成合力。

（4）综合实践活动不是教师教出来的，而是在教师指导下学生做出来的。因此，教师要注意提高自己在激发学生动机、生成活动内容、指导实践过程、跟踪实践结果等方面的能力。

（六）特色校本德育课程

（1）特色校本德育课程，在课程开发时，要熟悉德育课程标准，正确认识国家德育课程与地方德育课程之间的关系，在国家德育课程基本精神的指导下充分利用本地资源，根据当地学生的发展需要开发课程。

（2）特色德育课程的开发，可从以下几个方面作为切入点：第一，从地方的民间文化和民族文化传统出发，弘扬优秀文化传统，培养学生爱家乡、爱祖国的情感；第二，从地方自然环境和生态发展特点出发，关注人与自然的和谐发展，引导学生热爱家乡的大好河山，树立可持续发展的观念；第三，从地方和社会未来发展需要出发，培养学生的创新精神和实践能力。

（3）学校可以邀请相关专家为教师提供专题培训，提高教师的执教水平。

（4）学校在实施地方德育课程时，可以根据课程内容，同国家德育课程、校本德育课程、综合实践活动课程以及学科课程的相关内容结合起来进行德育专题教育。

第三节　区域实践案例

一、彭水第四小学——"学规范 养习惯"育"博雅"少年

（一）德育目标

彭水四小地处城乡接合部，学校多有留守儿童。因此彭水四小从培养学生的良好行为习惯入手，提高德育工作的实效性，确立了"博雅"教育品牌，培养"博雅"少年。秉承"积土成山、虚怀若谷"校训，践行"立德树人，博雅启智"教风，让孩子成为有真实本领、有爱国情怀、有社会担当、德才兼备的新时代博雅好少年。

以多元文化个性发展的理念开设了学校博雅教育课程体系，构建博览、博识、博究、雅趣、雅行、雅言六大品质；培养博学、强识、勤思、乐创、健康、向上、尚美、知行八大素养；纵贯人文与社会、数学与科技、体育与健康、艺术与审美四大领域；从"博""雅"两个维度梳理出基础课程、拓展课程、自选课程、综合课程。着重发展学生基础智力、实操技能、品德修养、兴趣特长。

（二）实施方案

1.养成教育的内容合情合理

（1）行为规范化。日常行为规范的养成教育是学校德育的重要内容，应从小抓、抓小事。贯彻《小学生日常行为规范》和《中学生日常行为规范》的目的是养成学生良好的习惯，使学生的行为规范化。明确告诉学生，哪些事应该做，哪些事不应该做，哪些话可以说，哪些话不可以说。实际上是给学生提出了明确的要求，定出方圆，让学生养成规矩。品行雅正更多地着力培养学生的学习习惯、生活习惯和行为习惯。

让彭水四小的孩子的书包里随时放着课外书、方便袋、饮水杯三样东西，旨在引导和教育孩子从小养成热爱阅读、学会生活、爱护环境的好品行，好习惯，通过这些规范力图建立起学生生活的规范体系，以使养成教育规范化。我校以《中小学生守则》《小学生日常行为规范》《小学生一日常规》《班级公约》为基本内容。以培养"博雅"少年为目标，依托博雅课程、德育活动深入开展学生行为规范教育，切实加强青少年行为规范养成教育和思想道德教育，正确引导学生的道德行为，培养学生的道德情操，提高学生的道德认识和综合素质。如：利用国旗下演讲、晨诵午读、红领巾广播、班会课、思政课的时间学规范。建立健全学生学习、生活的规范体系，使养成教育规范化。

（2）内容细目化。本着"近一点、小一点、实一点"的原则，各班要根据学生的年龄特点把养成教育抽象的内容具体化，把概括的内容分解成细目，贴近学生实际，让学生看得见、摸得着，明确具体，易于理解掌握和执行。如：班级班干部分工明确，落实、落细、落地每位干部的工作；制定班级公约要贴近学生，让每个学生都能够得着，争着为班级服务，学习目标要具体，小步快跑。

（3）教育序列化。要遵循青少年的发育规律、认知程度、心理特点，要研究制定出每个学龄期学生的行为规范和要求，包括培养什么习惯，培养到什么程度。在教育内容的安排上要体现层次性和教育的连续性，要有梯度，不能简单重复，做到由浅入深、由近及远、循序渐进。如：一年级要培养学会收拾书包的习惯，二年级要培养打扫卫生的习惯……排成序列，有计划、有目的地培养，使养成教育更科学、更完善。

2. 培养教育的形式多种多样

（1）以身作则榜样育人。教师应是学生的榜样。教师的一言一行对学生的成长都起到了言传身教的作用，因此学校要求教师做好学生的榜样，除了平时对教师的严格要求外，还针对教师开展了各种活动。如："塑博雅教师形象，做四有好教师""铸师德、培师能、练师功"为主题的师德师风教育及实践活动以及"如何培养学生良好行为习惯"的校本研修课程。

（2）营造氛围环境育人。走进校园，就会看到排列整齐的宣传展板，宣传展板上图文并茂地展示养成良好行为习惯的知识，有小学生日常行为规范、日常生活健康知识、文明礼仪知多少，这些宣传展板会定期更换，吸引同学们在课间、放学后前来观看、阅读。教室里、花园里、风雨操场、楼梯间、教室廊道甚至是洗手间，同学们都可以随处可见有关行为习惯的标语和温馨提示，"轻声慢步靠右行""珍惜粮食一粒也是情"这些有温度的提醒，时刻让孩子们注意自己的一言一行，在楼梯间挂上老师、学生的书法、美术作品，耳濡目染地渗入学习、生活中的点点滴滴，就会内化为学生的习惯，从而形成好的品德。

（3）主题活动文化育人。学校主题班会、演讲比赛、课外活动、社会实践等主题活动围绕行为习惯的养成开展，每次的活动都针对具体的行为习惯设计，"文明礼仪伴我行""清洁环境从我做起""我是勤劳小蜜蜂""争当博雅好少年"养成教育展示活动，学生在活动中受到启发，在意识上得到强化并转化成自己的行动，逐渐形成良好的习惯。

（4）家校合力协同育人。家长是孩子的第一任老师，家长的言行直接影响着孩子。因此，学校要重视家校联合的力量，共同搞好行为习惯养成教育。每学期，学校都要举行家长会，开展关于行为习惯养成的知识宣传，向家长详细宣讲学校养成教育工作计划和对各个年级学生的具体要求，主动争取家长的支持与配合。利用学校网站和班级群广泛宣传学生思想道德建设的重要性，呼吁家长配合学校一起行动，关注教育过程，关心孩子成长，实现养成教育家校一体化。

（三）德育成效

81种博雅课程与活动纵横联系，相互交融围绕开展形式多样、五彩缤纷的实践活动，让每个孩子都有体验、选择、尝试的机会，在学习过程中循序渐进，形成习惯，让学生在快乐中学习，在学习中成长，在潜移默化中成才。自从开展"博雅"课程以来，四小学子变了样，学会了收拾书包、整理房间、整理物品，穿戴得更干净更整洁，学习习惯更是有了极大改变。

通过班级文化、文明班级、勤劳小蜜蜂、争做博雅少年的评比，不光学生的进步大，就连学校也焕然一新，深得家长和社会的好评。

在"开口即美"演讲比赛中师生均获得县级一等奖的好成绩，在参加县级活动中多次受到上级领导赞誉。无论是学生还是教师都有很大改变，收获多多。尤其是学生，他们不仅习得了学科知识素养，而且思维开阔、积极自信、平等待人、独立自主、勇于担当，进而成就学生的良好品质——广博的学识才干、博大的胸怀抱负、拼搏的创新精神，以及优雅的言谈举止、文雅的学习作风、高雅的思想情操。

（四）方案点评

优秀的人必然有优秀的习惯。拥有良好习惯的人一定会拥有一个精彩的人生。因此彭水四小的"学规范 养习惯"本质就是要通过养成教育，培养博雅少年，进而让全校师生都拥有高贵的灵魂。

新一轮基础教育课程所构建的新课程体系，在课程功能、课程理念、课程目标、课程内容、课程评价等方面都较之以前有很大突破和创新，它要求学校不仅仅是"教育机构"，更应该是师生员工的"生命生存的场所"，是"生命的乐园"。新课改的核心理念就是"以人为本，关注人的发展"。彭水四小的81种博雅课程纵横交错，涵盖了教育教学的方方面面。真正地将学校打造成生命的乐园，育人的场所，课程与课程之间的贯通与衔接，让孩子们在潜移默化中得到成长，最终实现身心的和谐发展。

一所有温馨的校园，一定要有一种浓厚的生命气息，博雅校园是一种有形或无形凝聚起来的氛围，它会以一种润物细无声的内在滋养方式，给教师学生的生命成长以深刻的影响，让师生不断规范自身行为，养成良好习惯。许多学校不断改进自身的发展模式，彭水四小就是以规范立校，以习惯育人，并将养成教育课程化的特色学校，伴随着新课改的层层深入而发生质的飞跃，彭水四小走出了一条新课程改革校本化的成功之路。

二、彭水第三小学——"美"的课程建构，塑造学生"美"的人格

（一）德育目标

课程育人，是落实立德树人的根本途径。课程教学是学校教育中一种最基本、最重要的形式，在任何时候，都无法在脱离课程教学的状态下获得完美实现。

（二）实施方案

1.挖掘教材中的德育素材，学科课程整合，为学生"美"的人格奠基

彭水三小在课改的基础上，融入学科整合的大胆尝试，将学科教学与德育有机结合，充分挖掘教材中的德育素材。德育与语文学科相结合，通过革命故事、描写祖国大好河山、寓言故事等课文，教育学生知书识礼、树立理想、听党话、感党恩、跟党走；德育与音乐学科相结合，通过地方戏曲、民族童谣、红色歌曲等，培育学生家国情怀，提升民族自豪感；德育与数学相结合，通过生活中的数学，告诉学生早在公元前我国治水英雄大禹，就巧妙地运用直角三角形的知识解决了不少治水工程的难题，这种方法要早于西方三角形的研究两千多年，不仅巧妙地解决了数学问题，同时也提升了学生的文化自信。

2.挖掘当地文化特色，开发校本课程，为学生"美"的人格助力

县委、县政府提出高质量建设具有民族特色的生态特色宜居城、生态旅游目的地、生态文明示范县，高水平打造"世界苗乡 养心彭水"，奋力谱写彭水高质量发展新篇章。学校根据当地政府的战略部署及当地民族文化及学校的办学文化开发了校本课程，编写校本教材《最美习惯》《最美版画》低中高段三册，培养学生的良好习惯和审美、创造能力，继承和发扬民族文化，加强民族团结

意识。根据学校办学特色开发校本课程，目前，彭水三小是全国100所少年交警学校、少年消防学校之一。从特色和实际出发编写校本教材《小交警韵律操》，既教会了学生基本的交通指挥手势，使学生明白了交通安全的重要性，又强健了学生的体魄。

3.抓好德育育人主阵地——课程思政，为学生"美"的人格升华

在全校组织开展"课程思政"大讨论，要求市、县级专家对"课程思政"进行专题辅导和深入解读，加深教师对"课程思政"的内涵、目标及原则的理解，促进教师将德育贯穿教育教学全过程。同时利用主题班队活动课、红领巾广播站、橱窗等，弘扬社会主义核心价值观，传播爱党、爱国、积极向上的正能量，培养学生规矩意识、吃苦耐劳、踏实严谨、求真务实、实践创新、精益求精、追求卓越等优秀品质，使学生成长为心系社会，并有渊博学识、中国灵魂、世界眼光的全能型人才。

（三）德育成效

彭水三小正着力摸索一条适合学校校情的课程整合路线，利用不同学科的特点及优势，将学科之间的点、线、面串起来，拓宽学生的思维宽度和深度。以语文、思政学科为主线落实学生的基本素养及爱国情感，同时加强校本课程的开发和落实，让学生真正能在学习中感受快乐，健康成长。彭水三小构建的"美"的课程体系，取得了如下成效：

（1）德育与美术课、体育课、科学课、劳技课等相融合。既扩宽了学生的知识面，又进行了思想品质、道德情感的教育，做到了既教书又育人，为学生"美"人格奠基。

（2）校本教材《最美习惯》中提炼出的《七美育人》德育课程在2021年被重庆市教育委员会评为突出德育品牌。结合实际开发校本教材《最美苗族花鼓》《最美民乐》《最美劳动》等，2022年学校成功申报《小学生良好习惯养成教育策略的研究》课题，为学生"美"的人格助力。

（3）"课程思政"让学生三观得以端正，人格得以升华，让每一个学生成长为心系社会、学识渊博、有世界眼光的全能型人才。

（四）方案点评

彭水三小管理、课程、活动、实践等均根植于"美"，从"七美育人"出发引出美的管理，再结合美的课程，将美的民族文化、美的艺术、美的体育等融为一体，德育融入管理、课程、活动、实践、文化、协同的方方面面，真正彰显了德育的引领作用。

美是一个非常广的范畴，美的课程，从孩子们人格的养成、艺术素养等各个方面进行了体现，让孩子们享受到多姿多彩的学校生活，让学生的三观得以端正，让所有的"美"在不同时间、不同地点与每一个孩子相遇，让孩子们因"美"而温暖，让孩子们因"美"而幸福。

三、森林希望小学——课程育人 立德铸魂

（一）德育目标

（1）以健全人格培养为主线，注重学生德育细节的培养，抓行动德育，树立森林学生阳光、博学、明礼（理）、多才的名片形象。

（2）构建家校共育体系，形成积极开放、家校社会"三位一体"的德育氛围，培养学生健全人格。

（3）将绿色德育课程化，规范育人行为，细化育人环节，为学生立德铸魂，奠基绿色人生。

（二）实施方案

1.建构高效德育管理体系

校长负责整体把控，方向引领；分管德育副校长负总责；德育办和安稳办具体负责；班主任则是具体工作的执行者和责任人。为每班配置两位正、副班主任，其中正班主任全权负责班级德育工作，副班主任全力配合班主任的德育工作。在"三个并重"理念的指导下，学校为发挥班主任作为德育主体的作用，每月举行班主任工作例会或班主任工作经验交流会，组织班主任参与各级各类德育教研活动，提高班主任的德育工作水平。

强化学科教师德育责任感，树立起教师德育为先，人人都是德育工作者的观念；通过积极引领普通教师主动学习，引导保安、食堂工人、保洁员等参与培训，打造了校园绿色德育教育队伍，形成了人人承担育人任务、堂堂渗透育人内容、时时蕴含育人理念、事事体现育人作用的良好局面；构建家校社会"三位一体"的协同育人网络；这种自上而下、环环相扣、职责分明的管理体系维系着森林绿色德育的高效运转。

2. 构建绿色德育培养体系

将"六年"的德育工作进行整体细化安排，充分考虑各个年龄段学生的培养目标、内容、手段、方式，注重德育细节的培养，将行动德育落到实处。从学生一年级入学到学生六年级毕业，将德育培养细化安排到每一学期、每一个月，并逐渐完善，形成一个相对稳定的培养体系，形成德育系列校本教材。同时，落实教师培训，将培养体系转化为老师的育人实践，注重过程监控，加大评价力度。

3. 积极实施学生养成教育

以"学生健全人格培养"为主线，积极实施养成教育。开展"八个一"德育常态工作。（即每期制定一个严密的养成教育计划；每月一次班主任工作例会和月检；每周一的升旗仪式规范有特色；每周一个养成教育主题；每周一堂主题班会课；每周有值周教师和班级"小黄帽"值日；每周一期校园电视台直播节目；每天一次大课间活动及眼保健操。）

4. 创新节庆活动课程

一是做好传统节日、各种纪念日的主题实践活动。植树节组织学生参与植树；组织学生参与庆"三八"国际劳动妇女节；清明节祭扫烈士墓；端午节上网学习节日的由来；春节了解各地的习俗；世界环境日举行"人与自然 和谐共生"的主题教育及上街义务宣传垃圾分类和捡拾垃圾等活动；"学雷锋"纪念日举行讲雷锋故事比赛；国庆节举行"向国旗敬礼，做一个有道德的人"主题活动等。二是认真做好校内各项固定节庆课程。每年定期开展"绿苗苗"科技节、"绿韵味"读书节、"绿娃娃"艺术节、"生命力"体育节等，并不断创新活动主题和丰富活动内容。

5. 规范仪式课程

每周升旗仪式中的"国旗下演讲与才艺展示",激发全体师生强烈的爱国热情与责任担当;每年一年级新生主题为"我是小学生了"的入学仪式,让孩子们从进校的第一天就感受到入学的快乐,开启自信的小学学习生活;新队员入队仪式,让入队孩子充分体会加入少先队的光荣与自豪;每年六年级的毕业典礼,让孩子们尽情回味六年的点点滴滴,尽情表达对母校、对恩师的感恩之情……

6. 拓展实践课程

每年,我们尽可能拓展实践课程,开展实践体验活动,强调体验式德育。每学期,我们都要组织学生深入社区街道,开展宣讲安全、环保,体验挫折,献爱心等活动。组织"爱心捐赠"活动,体现感恩、责任与担当。近年来,学校先后为灾区、身患重病的学生进行爱心捐款。学校利用种植园,结合植树节、丰收节、五一劳动节等,由德育办灵活安排各年级劳动主题活动,开展"水果拼盘、拿手菜、种植、厨艺比赛"等劳动教育实践活动,种植课程以四年级为主,划分责任地,包产到班,春种秋收。开展研学旅行,进一步开阔学生视野。

7. 实施家校共育课程

（1）构建家校共育平台:一是成立学校、年级、班级三级家长委员会,让家长参与学校、年级、班级重大事项的商议与决策;二是构建班级微信、钉钉群,通畅家校沟通渠道;三是定期召开家长会,组织家长培训。培训有课程,有要求,有正面示范,也有失败的教训;四是设立家长开放日,组织家长代表观看升旗仪式、晨诵、深入课堂听课、观看大课间等。

（2）实施家校课程:此课程既是一种"亲子"课程,也是一种家校共同教育孩子的课程,强调体验式教育。比如阴历节气,邀请家长与孩子共同体验包粽子、汤圆、吃月饼等亲子活动,了解传统节日,增进父母情感。为了巩固学校德育成果,每个假期和周末,学校和班级会给学生布置与本周或本期德育主题相关的实践课程作业，让学生把在学校学到的东西带到校外巩固内化。比如帮大人做家务，给爸妈洗脚，去看望社区孤寡老人等。

"读一本书，练一本字帖，做一次家务，搞一次社会实践（劳动实践）"活动是森林希望小学开发的假期德育巩固课程。活动开展以来，得到了家长们的高度认同。学校和班级获取了大量学生读书和劳动的图片、视频等珍贵资料，同时也看到了这项假期课程的强大功效，开辟了真正意义上的家校共育课程。

（三）德育成效

学校践行绿色教育理念，为学生的绿色人生奠基，追求学生全面发展，与素质教育有异曲同工之妙，殊途同归。具体教育教学实践中，实施绿色教育，追求的是学生全面发展，即德智体美劳的发展，为师生和家长树立了正确的科学发展观。学校因此获得社会的一致好评，同时也引领着区域内学校素质教育的发展。

学校的办学成果先后在重庆电视台进行展播，华龙网和光明网、中新网等媒体进行报道。学校教师编写的专著《绿色教育奠基绿色人生——基于学科的辅助课程融合构建和实践创新》于 2021 年由西南大学出版社出版。《森林德育课程》被重庆市教育科学研究院评为"2021 年重庆德育精品课程"。2022年《绿色教育奠基绿色人生——基于学科的辅助课程融合构建和实践创新》被重庆市人民政府评为重庆市教学成果奖二等奖。

（四）方案点评

绿色德育，本质上就是以学生作为中心，秉承人文、民主、人际和谐以及自由的思想，创建有助于学生树立正确道德认知观念的校园，进而健全学生的人格，实现学生可持续发展。学校在开展德育时，更注重实现人与社会、人与自然、人与人的和谐发展。

森林希望小学的绿色德育以学生为主体，充分调动了学生的积极主动性，从该方案中可以看到，学校真正做到了绿色德育。

（1）尊重学生。提高德育效率，绿色德育的目标是"生态"的，也就是说德育目标的确立必须尊重学生的天性，尊重学生内心发展的需要。

（2）潜移默化。从泛德育中解脱出来，实实在在地从学生的需求出发，开展一系列形式多样的活动，如"绿苗苗"科技节、"绿韵味"读书节、"绿娃娃"艺术节、"生命力"体育节等。

（3）因人制宜。根据学生的心理特点，采取不同的德育方法。某些活动分学段进行，例如：种植课程以四年级为主。

（4）家校社协同。充分调动家庭及社会资源进行协同育人，开展了大量亲子活动，开辟了真正意义上的家校共育课程。

"绿色德育"不是简单意义上的生态环境教育，而是融合了"绿色"这个名词所象征的自然、和谐、人文、民主等思想的一种德育观。它包含了这样的德育理念：它是指教育者从人与自然互相依存、和睦相处的生态道德观点出发，引导人们为了人类的长远利益和更好地享用自然、享用生活，自觉养成爱护自然环境和生态系统的意识、思想觉悟和相应的道德文明行为习惯，进而感悟到人与人之间文明交往、和谐协作、相互关爱的道德境界，使学生在思想上树立一种崭新的自然观、人生观和生存发展观的德育活动。面对新形势、新任务、新要求，森林小学的绿色德育将会不断开拓创新，锐意进取，让德育之花绽放得更加绚丽。

四、彭水中学——基于立德树人的高中政治德育教学策略

（一）德育目标

对于高中阶段的学生而言，政治是一门较为重要的学科，在培养学生道德品质方面起到至关重要的作用。与义务教育阶段的学生相比，高中生的独立思考能力和逻辑思维能力已经逐渐形成，且高中阶段的政治课程综合性较高，其中蕴含大量德育元素。因此，在高中政治教学中，教师应仔细研究教材内容，深入挖掘其中的德育元素并应用科学的教学方式融入课堂教学中，帮助学生树立正确的世界观、人生观、价值观。

（二）实施方案

1. 深入挖掘教材中的德育元素

课堂教学内容的主要依据是学科教材，因此，在新课改背景下，高中政治教师若想将立德树人理念有效融入政治教学中，需要深入挖掘教材中的德育元素。基于政治学科的性质，教材编写时融入了较多的德育资源，教师需要在结合学生当前实际学习情况的基础上灵活应用教材中的德育元素，在使学生掌握政治学科理论知识的同时提升其德育素养。

例如，在进行《弘扬中华民族精神》一课中，教师可以通过教材中的德育资源实现立德树人理念的渗透。首先，教师可以通过本节课的主旨内容进行课程导入："中华民族精神是几千年中华文明的结晶，可以体现中华儿女的民族精神和精神面貌。所以，中华民族精神具体体现在哪些方面呢？"针对此问题，教师可以引导学生通过翻阅教材进行回答：中华民族精神是中华民族在漫长的社会历史发展过程中逐步形成的，以爱国主义为核心，以自强不息、团结统一为主要内容。而后，教师可以以爱国主义精神为基点进行深入挖掘，并结合当前学生的认知以及社会弘扬中华民族精神的方法进行德育。在此过程中，对教材德育元素的挖掘结合教材中的爱国主义精神，可以有效培养学生的爱国意识，增强学生的民族自信，形成学生弘扬民族精神的使命感，做到立德树人理念在课堂教学中的高质量渗透。

2. 积极树立以人为本的教育理念

国家培养人才在育智的同时还需要育人，立德树人理念是通过德育为先的方式对人进行培养和教化。随着新课改的推进，学校在践行素质教育要求的基础上，还需将学生放在学习中的主体位置，根据学生的实际情况定制针对性的教学目标，在提升学生学习能力与学习质量的同时不可忽视对于学生德育素质的培养。

例如，在《加强思想道德建设》这一课程的学习中，教师可以秉持以人为本的理念引导学生进行分组合作学习，从而实现立德树人理念的渗透。分组合作的优势是将学生放置于学习中的主体位置，提升学生的独立思考能力、团队协作能力和人际交往能力。

首先，在进行小组分配时，教师需要充分考虑到每名学生的个体情况，依据学生的学习能力和学习基础进行合理分配。

其次，教师在布置教学任务时需要结合教材的教学重点，本节课的核心内容是思想道德，教师可以引导学生通过信息化的方式搜集与教材相关的事迹和人物楷模，并思考其意义。在分组及任务布置的引导下，提升学生的自主学习能动性，主动搜集和思考相关知识，并在与同学的探讨中获取更多信息，提升自身的合作能力。

最后，所有小组完成任务后，教师需要设计评价环节，引导学生对任务进行阐述和评价。

在高中政治教学课堂中，教师积极践行以学生作为主体开展的教学活动，可以使学生通过自主探索学习的方式加深对于思想道德建设的认识，将教材内容与搜集的相关知识进行有效内化，形成坚定的爱国信念，从而发展成拥有良好思想道德品质的优质人才。

3. 引导学生评价社会现象

立德树人的最终目标是通过德育，帮助学生树立正确的人生观、世界观和价值观，但人类发展除了教育，还受到成长环境、生活环境、社会环境的影响。高中政治教师在进行德育的过程中需要密切关注学生的个人状态，通过拓展学生对于热点事件的了解的方式引导学生对于社会现象进行评价，在此过程中及时纠正学生的错误观念，从而树立科学的三观。

例如，在《建设社会主义精神文明》这一课程的学习中，核心内容为"社会"，教师应鼓励学生积极表达对于社会现象的看法。这节课的教学目标是使学生对于社会主义精神文明产生深刻理解，培养学生明辨是非的能力，摒弃不良习惯，勇于拒绝腐朽文化，形成自觉遵守社会道德规范的优秀公民。

在此教学目标驱使下，教师可以引导学生对社会现象进行点评，如公共场合吸烟、酒后打架等。高中阶段的学生已经初步形成自身的判断能力，对于不良现象的点评基本都在正确方向内。在此基础上，教师可以设置更复杂且引人深思的问题：在我国某地由于山体滑坡发生了地震，救援任务十分凶险，可能面临一去不返的情况。学生经过思考和讨论，最终给出自己的答案，不论是赞同还是否定，都可以深化学生对于社会主义精神文明建设的认知，既需要有对国家、对人民无私奉献的大国精神，也需要有对家庭、对家人负责任的小家情怀。在此过程中，通过对于社会现象的了解和评价，完成教材教学目标的同时，深化学生对于本节课相关知识的理解，培养学生明辨是非的能力，有效实现立德树人理念的渗透。

4.创设真实情境教学

我国著名教育学家陶行知先生认为"生活即教育"，强调的是生活的教育意义，也就是说除学校教育外，在生活中也可以培养学生的各方面综合能力。在此思想引导下，高中政治教师在进行课堂教学时可以利用信息化技术为学生创设贴近真实生活的情境，并进行立德树人的渗透，引导学生通过生活中的各种现象和事件提升自身的道德品质。

例如，在"文化在继承中发展"这一课程中，教师可以通过多媒体手段为学生创设真实生活情境，在此情境中完成教学目标。首先，教师可以通过播放短片进行导入，短片内容为：人类在幼儿阶段需要父母无微不至的照顾，从生活起居到行为举止规范，都需要父母耐心呵护和教导。因此，在父母年老之时，子女也应使父母感受到反哺之情。通过观看短片，可以使学生与自身的实际经历相联系，体会父爱、母爱的无私与伟大。其次，教师向学生提出引导性问题，"应如何孝顺自己的父母？"针对此问题的思考，可以检验学生的思想道德高度，并且渗透我国传统的孝道文化。情境化教学可以拉近教材与生活的距离，使学生更易沉浸于知识的学习中，在深化学生对于本节课理论知识理解的同时有效渗透立德树人的理念，从而提升学生的道德品质。

（三）德育成效

通过在高中政治课程中导入德育教学，让学生道德品行及价值观等在潜移默化中得到端正。对于高中学生而言，他们正处于思想正在形成的阶段，如果没有正确的引导很容易受到影响而让自己的三观发生偏移。因此，通过高中政治德育教学，通过丰富的案例进行展示，在潜移默化中让高中学生树立起正确的三观，为他们今后的人生打下坚实的基础。

（四）方案点评

提升学生道德素质的道路上离不开对立德树人理念的认识，高中政治教师应高度重视立德树人在德育中的渗透，并将教材的德育元素做到有效挖掘，在此过程中完善优化自身的教学能力，应用多元化的教学方式培养学生的道德品质，从而为国家培养更多德才兼备的优质人才。

彭水中学的课程育人方案，从高中政治课程的角度出发，通过翔实的案例解读，向我们展示了如何在高中政治德育教学中对学生进行三观的潜移默化。当下，正值全国高中新课程改革的高潮，思想政治课的学科地位也有了新的定位。高中思想政治课课程标准，是国家制定的指导学科教学的纲领性文件，是进行教学工作的基本依据，也是衡量教师教学质量的基本依据。从一体化的角度出发，在基础课程中落实德育目标，实施德育方案是德育工作的必由之路，这也是山东、北京等地正在探讨和实践的课程德育一体化，本案例针对的是高中政治德育教学，那么在其他科目中又应该如何去贯彻德育目标，落实立德树人根本任务呢？这需要我们每一位任课教师的智慧，唯有在群策群力中才能真正让课程德育落到实处。

五、彭水职业教育中心——助力精准扶贫 圆山区孩子出国梦

（一）德育目标

习近平总书记在《中共中央关于制定国民经济和社会发展第十三个五年规划的建议》的说明中指出，要实施精准扶贫、精准脱贫，因人因地施策，提高扶贫实效。他强调，在扶贫的路上，不能落下一个贫困家庭，丢下一个贫困群众。

因此，此课程的最终目的在于帮助服装专业学生学习基础知识、掌握专业技能，以更好地去适应未来职业生涯的发展需要，帮助他们出国就业，去学习国外的先进科学技术、管理模式和市场信息，增长才干、开阔视野、更新观念，积极引导他们成长为一个有担当、有丰富见识和国际视野的有为青年，为持续

致富打下最坚实的基础，帮助学生所在家庭早日脱贫。

（二）实施方案

1.课程结构

该课程总共分为四个阶段：第一阶段，在学校就读两年，学习相应的理论知识和一些基本的实践技能；第二阶段，到苏中江公司"启程计划"实习基地实习一年，磨炼提升实际务工技能；第三阶段，到苏中江公司本部进行专业的日语学习和礼仪知识的学习，为出国工作做好准备；第四阶段，一切就绪并通过考核，即可到国外工作。

2.科学整合，改造教材资源

教材是最主要也是最重要的课程资源。尤其是在落实立德树人根本任务以及实践育人、活动育人的教育理念的大背景下，这就要求教师要为学生提供更充分和更能让学生自主活动的时空与平台，要求教师具备一定的课程整合能力，要能够开发更加现实、更有意义、更富有挑战性的教学内容。

服装专业学生在校时间只有两学期，而服装专业的理论知识却比较繁多复杂，这就需要专业教师整合教材，把内容精简融合，既能让学生学习精髓，又能让学生轻松学习。

在服装设计专业教学中，教师应该与时俱进，善于创新，以提升学生的专业能力素养，也需要不断地优化教学环境，加强教学改革，以确保教学活动的高效进行。

通过整合和改造教材资源，教学内容更加贴近了学生实际，同时也有利于学生在较短时间内掌握理论知识，为在苏中江公司实习打下扎实基础，继而为有意愿出国留学的学生做铺垫。

3.联系生活，开发课程资源

学习知识的最终目的在于实际运用。给学生提供更多的动手机会，让学生参与更多的实践活动，是学生学得真知的必由之路。实践证明：只有经过自己的亲身实践，知识才能变得更加丰满和深刻。

而对于这些出国深造的学生，专业教师对其要求则更高，必须强化基本功训练。服装专业的操作基础是使用机器，尤其是使用电动缝纫机，学生掌握的熟练程度，直接关系到学生的缝纫技术和去日本深造的基础。要掌握好操作技能，除了教师的指导和要求外，主要靠学生的反复练习。如控制速度、停车、缝合直线、弯线、封结等这些综合技能的掌握，需要相当的一段时间。

在校期间，在手针的技法训练中，经常采取用旧面料手工缝制小型服装的做法，学生常模拟制作裤子，然后进行展评。这种方法既让学生掌握了裤子的缝制程序，又熟练了手针的功夫，激发了学生的热情，提高了专业水平。这将会为出国深造的学子助一臂之力。

4.课程特色

作为苗族土家族自治县，我校结合本地文化特色，将民族元素融入专业课程的教学当中，如苗家刺绣、蜡染、剪纸等，我专业也有许多学生辅修了这些课程，这得益于学校得天独厚的本土条件。

（三）德育成效

服装专业的学生通过课程的学习，取得了如下成效。

（1）学会画设计稿。

（2）掌握服装工艺的制作，其实，学习服装工艺的制作，就是为了能够更加进一步深入了解服装各部分的结构，为接下来学习服装制版打好基础。

（3）学会服装制版。

（4）学生对流行和市场有了一定的认识，一个设计作品再好，如果不被市场和大众所接受的话是没有任何意义的。

（5）服装专业的学生们学会了熟练运用服装设计所必须掌握的各类设计软件。

（6）作为要出国深造的学子，交流是必不可少的，这就需要掌握日语，因此，本专业开设了日语课程，方便学生生活工作。从而帮助他们积累知识财富，学得技能。

（四）方案点评

习近平总书记认为："职业教育与经济社会发展紧密相连，对促进就业创业、助力经济社会发展、增进人民福祉具有重要意义。"此外习近平总书记还提出了"在全面建设社会主义现代化国家新征程中职业教育前途广阔、大有可为"的论述。

彭水职教中心"助力精准扶贫 圆山区孩子出国梦"——服装专业课程育人的实践，是对课程育人的一种新的探索与实践，从课程结构可以看出，课程的 4 个阶段针对性都非常强，从基础知识的学习、专业技能的学习与实践、留学后的日常生活等方面的学习到最后的评价和考核体系的构建。这样的课程为山区的孩子圆出国梦提供了切实可行的方案。

随着课程的实施，留学人员越来越多，中国特别是彭水苗乡文化也将逐渐为世界所了解，例如苗家刺绣、蜡染、剪纸等与服装设计的融合，为世界打开了一扇了解中国、了解彭水、了解苗乡文化的窗口，这样的课程也为山区的孩子提供了一条追逐幸福生活的不一样的道路。

第六章　文化育人

第一节　理论及实践综述

党的十九大报告指出："文化是一个国家、一个民族的灵魂。文化兴则国运兴，文化强则民族强。"[1]文化是一个民族的血脉，是一个民族的内在精神，与国家兴衰紧密相连。文化育人是现代学校建设的重要指向，是学校内涵发展的重要途径，是《中小学德育工作指南》提出的六大实施途径之一。

一、文化育人的基本内涵

（一）文化与教育的联系

文化是一种精神力量，与教育紧密联系，文化与教育相互制约、相互影响。

（1）文化对教育具有制约与影响作用。文化是历史性的，不同时代的文化有着属于该时代的烙印，并随着社会的变迁而变迁。文化变迁表现为文化内容的增加或改变，一定程度上引领着教育发展的基本方向。同时，文化在漫长的历史中和一定社会背景下形成了自己的传统，这些文化传统包含着与社会相契合的价值判断体系，调控、制约着教育活动的实施。另外，文化的水平也影响教育发展水平，人的文化水平较高，教育发展水平将会更高。

（2）教育对文化具有促进作用。教育是传递文化、保存文化、融合文化和创造文化的重要手段。教育过程是对人类进行教化的过程，这种教化是一种文化教化。文化教化以文化传递为基础，学校教育是传递文化的主要场所。正由于学校教育是有目的、有计划、有系统、有组织地进行的活动，精选教学内容，促使受教育者朝着期待的方向发展，因此学校教育充分发挥着文化的选择功能，承担着传递文化的重要功能。除了具有选择和传递功能，文化更具有生命力的是它的融合与创新。教育通过一定的手段与方式，将前人积累的科学文明内化

---

[1]习近平.决胜全面建成小康社会　夺取新时代中国特色社会主义伟大胜利[M].北京：人民出版社，2017：40-41.

为学生自己的经验，不但帮助学生了解、适应当前的社会文化并参与社会文化活动，而且助力学生立足现在而放眼未来，加强文化的广泛交流，融合各民族的优秀文化，创造更加美好的文化。

（3）从文化与教育的关系中可以看出，文化与教育在互动中相继发展。文化以教育的内容和形式不断进行延续与创造。文化具有传承、选择、融合、创新功能，其功能性决定了文化育人的价值取向。教育从文化的土壤中生长而来，是文化的传承与创造，属于文化范畴，具有文化属性。学校文化可以分为物质文化、制度文化、精神文化和行为文化，其中精神文化是学校文化的核心，教育以文化的革新而不断发展与创新。[1]

（二）文化育人的时代意涵

（1）"文化育人"是新时代提出的育人理念。教育面临的首要问题是"培养什么样的人"，我国是以马克思主义为根本指导思想、由中国共产党领导的社会主义国家，国家的性质决定了我国的育人目标是要把青少年培养成社会主义的建设者和接班人。

（2）党的十九大报告明确指出，中国特色社会主义进入了新时代。文化育人肩负着推动社会主义文化繁荣兴盛的责任。目前国际环境下，各种思潮涌现，西方意识形态渗入中国，中国的主流文化受到干扰，同时由于网络时代的到来，不但促进社会发展与进步，为青少年提供了更加自由的思想环境，而且影响着青少年思想道德的养成。

（3）青少年正处于世界观、人生观、价值观形成的关键时期，他们对新事物充满好奇，是开放、虚拟、广阔的网络空间中最活跃、最庞大的用户。

（4）高度信息化的时代打破了文化的一元化，传播了更加多元的价值观，易导致原本的理想信念、伦理道德体系陷入迷惑或发生改变。[2]只有积极发挥学校文化育人的功能，青少年树立文化自信，才能有效抵御不良思想与文化的侵略，建立社会主义核心价值观。

---

[1]卢秀峰.新时代高校文化育人的意蕴与实践路径探索[J].吉林广播电视大学学报，2021（3）：95-98.

[2]杨敏恒.网络文化视野下青年学生德育创新研究[J].中国青年研究，2008（5）：39-41.

综上，文化与教育之间共生共融。文化是教育的根，学校教育承担着培养人才和传承文化的使命，以培养人才为目的，以文化人为手段，因此文化育人是学校教育的本体功能。另外，新时代下，文化育人是增强文化自信的必要手段，是奔向中华民族伟大复兴理想的必要途径，是思想政治活动，包含中华优秀传统文化、革命文化、社会主义先进文化、世界优秀文化的内容。[1]因此文化育人，是以中华优秀传统文化、革命文化、社会主义先进文化、世界优秀文化作为资源载体实现育人目标的行为理念与方式，加强青少年的道德与文化修养，形成文化自信与文化自觉。

二、文化育人的价值分析

2011年10月，中国共产党第十七届中央委员会第六次全体会议讨论通过的《中共中央关于深化文化体制改革　推动社会主义文化大发展大繁荣若干重大问题的决定》，首次提出建设社会主义文化强国的长远战略，坚持物质文明和精神文明两手抓。党的十九届五中全会明确提出了到2035年建成文化强国的远景目标，对"十四五"时期推进社会主义文化强国建设进行了战略部署。在文化强国战略的背景下，文化育人成为建设文化强国的核心。

文化育人作为教育理念提出，可以看作是一场在教育领域的革命。文化育人与知识教育有所区别，它是对知识教育的超越，强调"育人"的目的，脱离"制器"的育人误区，旨在将育人理念导向全面育人。文化育人倡导的理念与育人的多元性相适应，在教育价值上表现出一种普适性。[2]

（一）有助于学生形成正确的三观

信息化时代的到来，技术成为推动社会发展的核心力量，大众传媒成为文化建设十分重要的工具。网络是一把"双刃剑"，一方面提高了人们的民主意识、法治化建设意识，改变了以往信息的单向传播，加强了信息的互动交流，是对青少年进行文化传输的有效手段，另一方面网络信息传播有一定的隐秘性、

---

[1]甘子成.习近平文化育人重要论述的思想蕴涵[J].浙江理工大学学报（社会科学版），2022，48（6）：665-671.

[2]王继华.文化育人理念的教育价值[J].教育文化论坛，2009（2）：4-6.

匿名性，虚假信息泛滥，网络暴力现象屡见不鲜，部分公众媒体与人物意识形态缺失，舆情引导不到位的事件时有发生，使社会主义核心价值观在传播的过程中失真，给青少年世界观、人生观、价值观的形成造成了不好的影响。

少年兴则国兴，少年强则国强。传承，是亘古不变的话题，也是青少年肩负的责任。文化是历史长河中文明的积淀，中华传统文化、革命文化、社会主义先进文化以及世界优秀文化包含着对人性真善美的价值追求，为育人提供了丰富的养料，我们要引导青少年习得学习、修身、处事、待物之道，在知识教育中丰富其情感，陶冶其情操，在文化的精神引领下形成正确的思想道德观念，并将文化的精神传承下去。

（二）有助于学校的人才培养与社会发展相适应

（1）文化育人旨在培养全面发展的时代新人。传统的知识教育已经无法满足广大青少年的学习需求，新时代对文化提出新的要求，对青少年文化素养提出更高的要求，要求青少年具备良好的综合素质和精神状态。

学生不但要传承先辈留下来的优秀文化，还要接受新生的文化，创造未来的文化，以适应多元文化的社会。学校是文化育人的主阵地，通过营造文化氛围，在学习生活中对青少年的思想进行潜移默化的熏陶，进行素质教育改革，引导青少年加强文化知识学习，增长见识，丰富学识，增长本领，培养青少年建设祖国、为人类作贡献的能力。

（2）文化育人有丰富的德育、智育、美育、实践价值。学校通过环境建设、规章制度、文化活动等，发展学生的道德观念、合作意识、心理健康意识，彰显德育价值。学校的文化育人以专业系统的知识为载体，完善青少年的知识结构，发展其抽象思维及创新能力，彰显智育价值。

学校通过挖掘富有本校特色的文化形态，建设学校理念文化、视觉文化、行为文化、环境文化，让青少年在学校生活中感受美、欣赏美、创造美，培养青少年的审美意识和美好人格，彰显美育价值。学校开展各种实践活动，作为课堂上知识学习的延伸，在实践中提升学生的文化综合素养，使学生手脑并用、言行一致。

（三）有助于为坚定文化自信提供重要动力

（1）在西方意识形态向全世界渗透的过程中，习近平提出要坚持道路自信、理论自信、制度自信和文化自信这"四个自信"，并指出，文化自信，是更基础、更广泛、更深厚的自信。[1] 在激烈的国际竞争中，文化的作用越发凸显，文化越来越成为影响综合国力的重要因素，成为民族凝聚力和创造力的源泉。

通过文化育人，青少年接受文化的感染、熏陶、滋养，对传承和发展中华优秀传统文化、坚定文化自信、增强国家文化软实力具有极其重要的作用。

（2）在新时代国家全方位赋能实现中华民族伟大复兴的宏大背景之下，文化育人的关键价值在于增强文化自信。

一是文化育人的理念和行动促使教育改革从始至终都坚守着中华民族文化的阵地，挖掘传统文化蕴含的时代价值，推动中华优秀文化的创新性发展，使中华文化成为建设文化强国、教育强国的底气，增强民族文化认同。

二是大力弘扬社会主义先进文化，让革命文化所蕴藏的艰苦奋斗、无私奉献、坚强意志等优良革命传统得以传承，对践行社会主义核心价值观起着导向作用，增强国人的民族气节。

三是通过文化育人，能够加强中外文化交流，学习世界优秀文化成果，同时有助于文化输出，展现中华文化的魅力。

四是通过文化育人，有助于整治文化乱象，还给青少年一片文化的绿洲，为文化建设筑牢群众防线。[2]

三、文化育人的典型成果

（一）庄河市鞍子山乡中心小学："三美育人"教育思想

庄河市鞍子山乡中心小学是一所乡村小学，校长对其思想引领学校发展进行了实践与思考，提出"三美育人"的教育思想，欲从理念文化入手进行教育改革。"三美育人"即在家乡感知美、在校园践行美、在心灵中孕育美。该思

---

［1］习近平.在庆祝中国共产党成立95周年大会上的讲话［N］.人民日报，2016-07-02（2）.

［2］甘子成.习近平文化育人重要论述的思想蕴涵［J］.浙江理工大学学报（社会科学版），2022，48（6）：665-671.

想的形成，因时制宜，紧跟新时代立德树人根本任务的步伐；因地制宜，植根于乡村的农耕文化；因校制宜，结合学校实际，师生共同探讨。在"三美育人"的思想文化引领下，鞍子山乡中心小学在教育实践中从细微处入手，进行德育渗透，教师和校长身体力行为学生做好榜样，物质文化建设与精神文化建设并行。比如，每年元旦有制作"老师，您好"贺卡的活动，校长与师生在上学和放学时互相问候、道别的礼仪制度。2020年12月，该校被教育部确定为第一批全国100所乡村温馨校园典型案例学校。近几年，学校先后获得"辽宁省文明校园""大连市义务教育管理标准化示范学校""大连市优质乡村学校"等荣誉称号。未来，学校将继续开拓进取、身体力行，为实现乡村学校优质发展，乡村振兴贡献应尽之责。[1]

（二）浙江省杭州采荷第三小学：从小细节走向大德育的班级文化建设实践

浙江省杭州采荷第三小学从创建班级文化着手，从小细节走向大德育。一是班级师生共同交流以确定班名、制定班训、设计标志，彰显班级文化的内涵。二是开展主题设计、学科融合、学习体验等活动，丰富班级的文化活动，让学生在文化活动的亲身参与中获得全身心的发展。三是开展科研活动，教师设计项目活动，小组合作完成任务，榜样进行示范引领，引导学生从注重知识到注重素质，助推班级文化建设。四是开展多维评价，评价指向知识、实践、表达、创新、合作、担当等维度，教师记下学生成长历程中重要的时刻，比如第一次课堂发言、第一次上台表演、第一次获奖等，关注学生的每一次进步与成长，教师从"德""学""劳""纪""能"等方面对学生进行评价，制作"班级学生行为评价表"。同时借助新媒体对学生的先进事迹进行推送，记录学生的学习生活，对学生的学习活动、实践活动进行正面宣传，建立学校与家庭、社会沟通的桥梁。[2]

---

[1]战胜."三美育人"：校长教育思想引领学校发展的实践与思考[J].辽宁教育，2022（10）：5-7.

[2]侯海啃.研微知著 文化育人——从小细节走向大德育的班级文化建设实践[J].教学月刊小学版（综合），2022（102）：95-98.

（三）甘肃省庄浪县卧龙小学：利用红色文化，培育学生品德

卧龙小学将红色文化资源融入德育，以期提升学生的道德品质，使红色精神薪火相传。一是营造红色校园环境，通过视觉文化的建设让学生对革命精神产生感性认知。二是开发地方红色文化资源，激发学生对家乡的热情，指引学生感悟家乡的文化魅力，同时充实德育内容。三是开展多样化的红色文化实践活动，比如唱红歌、讲革命故事等，帮助学生对红色文化的认识从感性认识发展到理性认识，激发学生的爱国情怀和责任感，培养学生知行合一的精神。四是编制红色育德的校本教材，系统开发和利用红色资源，增强以红色文化育德的导向性和操作性，实现红色育德工作的常态化发展。[1]

（四）江苏省南通市苏锡通园区实验中学："垦文化"德育课程一体化建设

苏锡通园区实验中学提出"垦文化"，对其文化内涵进行深入挖掘，以"垦文化"为基底，构建了德育课程。"垦文化"以耕读文化为核心，以美德为精神内核，强调耕作与学习相结合，包含热爱生活、保护自然、艰苦奋斗、破旧立新的精神。

首先，"垦文化"为学校德育课程实施提供了新的视角，确立了"读、思、联、构"四步走实施方案，建立了"垦文化"课程。

其次，为发挥"垦文化"本身具有的道德熏陶功能以实现学生的全面发展，学校不断扩充"垦文化"德育课程内容，利用课程活动引导家长参与学生学习过程，建立"垦文化"学习场。再次，将德育课程与劳动进行融合，利用乡村环境，鼓励学生挖掘生活中的"垦文化"，感受学校里的"垦生活"，比如开展栽培校园植物活动，建设"垦文化"社团，建设"二十四节气"长廊等。[2]

［1］杨长甲.农村小学德育教育中红色文化资源利用策略研究［J］.学周刊，2022（18）：29-31.

［2］陈晓燕.九年制"垦文化"德育课程一体化的探索与实践［J］.教书育人，2022（16）：16-18.

（五）江苏省扬州旅游商贸学校："邮文化"主题建班

扬州旅游商贸学校启动"一班一品"班级文化建设，其中"邮文化"旅游管理班是该学校班级文化建设的成功典型。一是"邮文化"主题下，班级师生建构了班级理念体系，包含"乐行、乐学、向上、向善"的班训，"做新时代'三品'旅馆人"的班级宣言，昂扬奋进的班歌《我相信》，还有班徽和班标，培养学生对文化的感受力。

二是为了让"邮文化"渗透学生生活，该班级打造了"邮文化"八件套，即班徽、印有班徽的钥匙扣、印有班徽和班训的笔袋、印有班徽的笔、印有班徽和班级宣言的日记本、印有班徽和班名的信笺、印有班徽和班名的夏季 T 恤、印有班徽和班名的雨伞。八件套增强了学生集体感，将德育从课堂延伸至课外，深入学生生活，鼓舞学生积极向上、奋勇向前。

三是班级师生经过全体讨论制定了"邮金银行"班规，以积分制进行考核评定。班级中，每日进行个人操行评比，总积分与期末评优相关联，个人凭借积分兑换邮票，"三创学生"还能获得一套主题邮册。每周进行小组合作与竞争，考核优胜组获得"金邮杯"，同时光荣管理班级邮册一周及担任值日班长一周。违反纪律的学生需要面向全班检讨并贡献一张邮票。这样的考核方式，激发学生自我成长的步伐，与同伴形成良性竞争，有利于良好班风的建设。

四是开展关于"邮文化"的主题活动，一年级以邮票收集为主，二年级以邮票文创为主，三年级以邮票讲解为主。另外，还组建了"方寸邮爱"志愿团队，让学生走进社区、福利院等开展志愿活动，参观集邮博物馆等活动。

2020 年 12 月，"邮文化"主题班级参加扬州市第三届"我们的教室最有范儿"班级文化评比活动，获评全市"十佳教室"。2021 年 6 月，班级获评"江苏省先进班集体"。[1]

综上所述，各学校在文化育人方面的实践成果分为三类。一类是从学校层面进行整体的文化建设。这类学校从学校本身的发展脉络、时代要求入手，建设学校自身的文化理念，为文化育人提供方向，从上到下进行文化育人活动，比如庄河市鞍子山乡中心小学提出"三美育人"教育思想。

---

[1] 林红明.『邮文化』主题建班策略体系构建的实践研究［J］.中小学班主任，2022（11）：39-41.

一类是从班级层面进行文化建设。这类学校主张从细微处进行德育渗透，从下到上进行文化育人活动，比如浙江省杭州采荷第三小学教育集团强调从班级文化入手对学生进行德育，江苏省扬州旅游商贸学校旅游管理班建设的"邮文化"。

还有一类是直接以中华文化作为学校文化来进行德育。这类学校以本土文化资源为依托，挖掘中华文化的德育元素，从学校层面进行德育活动安排。比如，江苏省南通市苏锡通园区实验中学提出"垦文化"，甘肃省庄浪县卧龙小学的红色德育。

第二节　指标分解

一、要点摘录

要依据学校办学理念，结合文明校园创建活动，因地制宜开展校园文化建设，使校园秩序良好、环境优美，校园文化积极向上、格调高雅，提高校园文明水平，让校园处处成为育人场所。

（一）营造文化氛围

凝练学校办学理念，加强校风、教风、学风建设，形成引导全校师生共同进步的精神力量。鼓励设计符合教育规律、体现学校特点和办学理念的校徽、校训、校规、校歌、校旗等并进行教育展示。

创建校报、校刊进行宣传教育，可设计体现学校文化特色的校服。

（二）优化校园环境

学校校园建筑、设施、布置、景色要安全健康、温馨舒适，使校园内一草一木、一砖一石都体现教育的引导和熏陶。

学校要有升国旗的旗台和旗杆。建好共青团、少先队活动室。积极建设校史陈列室、图书馆（室）、广播室、学校标志性景观。

学校、教室要在明显位置张贴社会主义核心价值观24字、《中小学生守则（2015年修订）》，教室正前上方有国旗标识。

要充分利用板报、橱窗、走廊、墙壁、地面等进行文化建设，可悬挂革命领袖、科学家、英雄模范等杰出人物的画像和格言，展示学生自己创作的作品或进行主题创作。

（三）建设班级文化

鼓励学生自主设计班名、班训、班歌、班徽、班级口号等，增强班级凝聚力。

推进书香班级、书香校园建设，向学生推荐阅读书目，调动学生阅读积极性。提倡小学生每天课外阅读至少半小时、中学生每天课外阅读至少一小时。

（四）建设网络文化

积极建设校园绿色网络，开发网络德育资源，搭建校园网站、论坛、信箱、博客、微信群、QQ群等网上宣传交流平台，通过网络开展主题班（队）会、冬（夏）令营、家校互动等活动，引导学生合理使用网络，避免沉溺网络游戏，远离有害信息，防止网络沉迷的伤害，提升网络素养，打造清朗的校园网络文化。

——以上见《教育部关于印发〈中小学德育工作指南〉的通知》（教基〔2017〕8号），2017年8月22日。

一级指标	二级指标	评估分值	评估说明
A4.文化育人18%	B13.有明确办学理念，加强校风教风学风建设，形成引导全校师生共同进步的精神力量。有体现办学理念的校徽、校训、校规、校歌、校旗等。按照《重庆市中小学（中职）文明校园测评细则（2020年修订版）》，积极开展文明校园创建活动。建设班级文化，增强班级凝聚力，有班徽、班训、班歌、班牌、班级口号等	4分	1.办学理念及解读资料共计1分 2.体现办学理念的校徽、校训、校规、校歌、校旗等上墙计1分 3.开展文明校园创建活动1分 4.有班级文化建设1分，无计0分
	B14.学校校园建筑、设施、布置、景观安全健康、温馨舒适。学校有升国旗的旗台和旗杆，有共青团、少先队活动室、校史陈列室、图书馆（室）、广播室、学校标志性景观等。学校、教室在明显	7分	1.校园环境：教学区、生活区、运动区布置温馨，干净整洁，美观大方，实地查看，酌情给分，共计2分

一级指标	二级指标	评估分值	评估说明
A4. 文化育人 18%	位置张贴社会主义核心价值观24字、《中小学生守则（2015年修订）》，教室正前上方有国旗标识。利用板报、橱窗、走廊、墙壁、地面等进行文化建设，悬挂革命领袖、科学家、英雄模范等杰出人物的画像和格言，展示学生自己创作的作品或进行主题创作	7分	2. 有旗杆、升旗台、活动室、陈列室、图书馆（室）等各计0.5分，最高不超过2分 3. 校园内张贴24字社会主义核心价值观，教室贴有国旗标识、《中小学生守则（2015年修订）》共计1分，没有则酌情扣分 4. 利用走廊、墙壁、橱窗等悬挂杰出人物的画像和格言计1分 5. 展示学生作品计1分
	B15. 推进书香校园建设，班班有图书角，年级有图书廊，校园有读书橱窗。向学生推荐健康向上的阅读书目，调动学生阅读积极性。提倡小学生每天课外阅读至少半小时、中学生每天课外阅读至少1小时。学校纸质图书和电子图书量均达到规定要求，并及时更新，图书利用率高	5分	1. 学校推荐课外读物符合《中小学生课外读物进校园管理办法》等相关要求，计1分 2. 班级有图书角，年级有图书廊，校园有读书橱窗共计2分，没有则酌情扣分 3. 图书利用率、图书量达到要求计1分 4. 学生课外阅读时间达标计1分，未达到要求则酌情扣分

——以上见《彭水苗族土家族自治县教育委员会关于开展德育工作规范化学校创建活动的通知》（彭水教委发〔2022〕15号），2022年3月18日。

二、实施建议

（一）营造文化氛围

（1）深入挖掘学校历史底蕴、区域特色文化，学校自身的教育教学特色项目以及德育品牌，构建学校的校园文化理念体系，可聘请专家进行学校文化诊断，打造学校精神文化系统，包括三风一训等理念体系；校歌校赋等学校文化内涵载体；学校导视、VI体系等文化应用；德育品牌、课程体系等文化外延。

（2）通过校报、校网、校刊等渠道宣传学校文化。学校应鼓励学生、家长积极投稿，为学校发展建言献策，也可以借助校报、校网架起家校沟通的桥梁。

（3）在重大节庆日活动中，学校可以通过唱校歌、讲校训、升校旗等方式，凝聚师生精神力量。

（4）学校在进行特色德育活动，例如研学旅行、职业体验等的时候，身着学校校服、佩戴校徽，对外展示学校形象。

（二）优化校园环境

（1）学校的校园环境与校园文化息息相关，结合学校整体建筑功能，根植于学校校园文化，对学校进行文化功能分区，不同区域展示学校文化的不同内涵，楼宇命名、外墙文化设计、区域文化体现、学校历史名人等均需要通过环境文化设计进行彰显。

（2）学校在对建筑内部如走廊、墙壁、地面等进行环境布置时，首先要结合不同楼宇的不同功能，结合校园文化，定位楼层文化主题以及楼道文化主题，依托于主题，体现对应的文化。文化的外显可以张贴、悬挂领袖、科学家等杰出人物的画像和名言；可以张贴体现家乡自然风光和风土人情的图片与文字；可以展示学生创作的作品；可以围绕这些主题进行特色创作。

（3）校园橱窗布置可以充分调动学生和班级积极参与。橱窗可展示学校各类活动所取得的成果，彰显学校特色主题教育，橱窗内容需要定期更换。

（4）学校可打造互动体验区，如科学小实验体验区、涂鸦文化区等，这样既可以让学生直观体验科学实验，同时又留下拓展创作空间，显示学生独特的文化，还可以使校园环境布置体现时代气息。

（三）建设班级文化

（1）班级文化作为校园文化的下位文化，不仅要彰显学校校园文化，更要有班级特有的内涵和底蕴。在校园文化的统领下，调动班级全体师生参与，广泛征求大家的意见，打造班级独有的班名、班训、班徽等。班主任可以借助班会、招标等方式来征集意见。

（2）充分利用班级内部空间、班级外墙等区域展示班级文化。例如：利用班级风采牌展示班风、班训和班级合照等内容，特色活动等也可通过走廊等区域进行外显，每个小组可以打造小组独有的小组文化。

（3）组织班级独有的文化活动，充分利用早读、晨会开展读书、健身等活动。利用周末、节假日组织学生进行各类德育活动。利用班级博客、班级群与家长形成良好互动等。

（4）组建班委，明确各自的职责，定期召开班委会。建立健全的班级制度，包括班级各类评价体系的构建、值日安排及要求等，以此对学生进行养成习惯的培养。如：制定班级加分扣分细则方案；制定"优秀卫生小组"评比方案；制定"文明小天使"评比细则等。

（四）建设网络文化

（1）结合学校风格、特点，发挥网络媒体的"即时性""全面性""互动性""纵深性"的优势。根据学校发展需要更新网页，增设栏目。搭建具有学校特色的校园网站，充分发挥校园网络的育人功能，让校园网站成为学校师生了解各类信息最便捷的平台。

（2）积极利用微信、微博、QQ等平台，为学生创建师生之间、生生之间交流和学习的平台。

（3）积极调动学生、家长乃至社区人员参与到网络交流中，设置符合学生年龄特点的栏目或者主题，开辟适合学生个性发展的栏目或主题，充分发挥校园网络文化的育人功能和咨询功能。

（4）加强智慧校园建设，陆续上线各类信息系统，为广大师生提供一个全面的智能感知环境和综合信息服务平台。将网络信息融入校园的各个服务领域，实现互联网协作。通过智能感知和综合信息服务平台，为学校的文化建设提供一个与外部相互交流、相互感知的接口。

第三节　区域实践案例

一、彭水县幼儿园——立足于养正教育的"123"德育

（一）德育目标

彭水县幼儿园在"蒙以养正·德以润身"办园理念的指引下，牢记立德树人根本任务，打造以"环境浸润·尽心养润·用爱滋润"的润文化，构建了以"抓好一条主线，夯实两个关键，实施三个维度"为行动架构的养正教育"123"德育课程体系。抓好一条主线即以"德育"为突破口和落脚点，将德润贯穿孩子各项教育的始终；夯实两个关键，即围绕"尚德、启智、健体、涵雅、崇劳"的课程目标，有机整合多种教育形式、教育内容、教育资源，形成"五维融合、五育并举、五域整合"的课程形态；基于儿童本位和中国立场，从"立德、习德、塑德"三个维度形成了生活化、活动化、实践化的德育活动序列，让"德润教育"贯穿孩子教育的始终。

（二）实施方案

1. 立德——文化浸润，树立"德育观念"

（1）幼儿园以文化浸润为核心，分别从环境课程、阅读课程、节日课程三个方面从情感、认知上对孩子进行主动渗透、熏陶感染。

文化与环境的融合实现景教：园内小环境课程。彭水县幼儿园创设了"绘本长廊""巴渝文化馆""二十四节气长廊""奥运馆"，充分发挥环境的隐性教育作用。

文化与社会生活融合培养品质：社会大环境课程。带幼儿走进大自然、走进社会，萌发幼儿良好的社会情感及行为规范意识，培养幼儿良好的交往能力和意志品质。比如参加"节约粮食·我们在行动""保护环境·人人有责"

等主题活动。

（2）以传统文化为基，开展以"阅享童年·浸润童心"为主题的阅读课程。以"一个主题，两个抓手，三个模式"为导向，通过晨诵、午听、晚读三个时段不同的阅读形式，和幼儿一起诵读国学经典、童诗童谣、红色经典，一起看图书、讲故事。以"4·23"世界读书日和绘本剧展演为抓手，开展了绘本剧表演、诗歌朗诵比赛、故事大王比赛、故事妈妈进校园、图书漂流、书签制作等丰富多彩的阅读课程展示活动。通过多层次、多角度、多内容的广泛阅读与听诵，让幼儿学习古代圣贤思想、仁礼之学、为人处世的原则等。

（3）文化拓展，开展特色节庆活动。传统节日课程：在传统节日课程中渗透幼儿德育的培养，可以使幼儿了解传统文化，增强民族自信心与爱国情感。如"欢乐中国年""浓情端午·爱聚县幼"系列主题活动。自然节日课程：以二十四节气为媒介，开展"迎冬至温暖过冬"主题教育活动和"县幼之春"季节主题活动，让幼儿了解中华民族悠久的文化内涵和历史积淀。重大节日（大型节日）课程：开展"童心向祖国·快乐伴成长"庆祖国70华诞、"童心迎国庆·快乐共成长"等系列主题活动。让孩子们萌发热爱祖国的情感，让中华民族的强国梦深深扎根于孩子幼小的心灵之中。

2. 习德——通过课程与游戏，让中华优秀品质得以传承发扬

（1）德育与涵雅课程的整合：树立"一日活动皆课程"的理念。从入园小礼仪、师幼共说普通话、每周一升国旗到"五域育德"，把德育渗透其中。

（2）德育与游戏课程的整合：自主游戏：以推广安吉游戏试点园为载体，以教研为路径，率先探究幼儿户外自主游戏，目前构建了操场、斜坡、沙系、水系、种植、饲养、角色等15个区域模块。以"时间、空间、材料"三有并重的策略保障游戏的开展。幼儿在游戏中学会遵守规则，学会如何与同伴交往、协作和互助。民间游戏：开展民间体育游戏、民间语言游戏、民间益智游戏。积极地把民间语言游戏、民间益智游戏有机地渗透在晨间活动、区域活动、餐前餐后等一日生活环节中。把民间体育游戏运用到健康活动和户外活动中去。这对幼儿道德教育的"知、情、意、行"方面也有着重要的促进作用。

3. 塑德——为学生优秀人格奠基，塑造优秀"德育品质"

（1）德育与体适能课程的整合。一般来讲，经常参加体育活动的孩子性格开朗、乐观向上、无心理障碍、对环境有较快的适应能力，待人宽容大气，人际关系良好。

依托"全国足球特色幼儿园"这个平台，引进山东飞跃童年体适能课程，系统专业地指导幼师开展足球、篮球等课程活动。一方面，班级常态开展足球篮球课程活动并成立球队举行比赛。另一方面，全园所有的孩子以年级为单位，以足球、篮球游戏为载体，将攀爬、跳跃、平衡、骑行等运动能力的培养作为目标，三个年龄段的孩子每天错时开展1小时户外体能大循环活动。通过这些活动，增强幼儿体质，培养幼儿自信、专注、性格开朗、乐观向上、积极拼搏等意志品质，促进幼儿社会性的发展，铸就幼儿坚毅的品格。

（2）德育与劳动课程的整合。幼儿园的劳动教育，是落实立德树人根本任务的重要措施。

种养植课程：幼儿园的21个班，每个班建设一个种植园，每年都有种植节、植树节、丰收节等主题活动。所有孩子从垦土、播种、浇水、施肥中体验劳动的快乐，从采摘、收获、烹饪、品尝中分享劳动的成果。通过种养植课程，孩子可以感受劳动的不易，体会劳动者的艰辛，懂得尊重劳动者和劳动成果，并初步形成吃苦耐劳、克服困难的品质。

生活课程：幼儿园的小班以自我服务为主，如学习自己吃饭、穿脱衣物、将玩具和图书放回原处。中班从以自我服务为主过渡到以集体服务为主，如请幼儿轮流当值日生。大班学习自主管理物品，并尝试为周边社区服务，如为大家修补图书、洗杯子等。

幼儿德育必须贯穿幼儿学习始终，贯穿幼儿园工作各方面、各环节，我园在主题教学活动的基础上开设系统全面的德育课程，将"人才培养的辩证法"运用于指导幼儿园德育课程实践，立足立德树人，做幼儿德育的深耕者。

（三）德育成效

彭水县幼儿园已形成了"园内处处有德育，教师人人抓德育"的氛围，将文化与德育进行深度融合，以形式多样的德育课程活动丰富了幼儿的道德体验，深化了幼儿的道德认知，促进了幼儿道德习惯的养成和道德品格的确立，为孩子们终身可持续发展打下了靓丽而厚重的底色。形成了"处处以境浸润，事事尽心养润，时时用爱滋润"的园风和"崇尚天性，润泽生命，养正人生"的共同愿景。

以润文化为核心，将德育融入幼儿园教育、教学、管理的方方面面，彭水县幼儿园曾被县委、县政府评为"教育教学先进单位"；被重庆市教委评为"重庆市中小学幼儿园教师教育实践基地"；被县教委、县卫生与健康委员会评为"健康促进学校"；被国家社会科学基金"十三五"规划2018年度教育学重大（重点）课题《家校合作的国际经验与本土化实践研究》课题组授予《家校合作的政府职能与对策研究》科研实践校；被教育部授予"全国足球特色幼儿园"；被重庆市旅游职业学院聘为"学前教育人才培养联盟理事单位"，赵泽锦园长被聘为"学前教育专家"；养正教育"123"德育被评为彭水县中小学（幼儿园）德育品牌学校；彭水县人大代表、政协委员等多次到园调研给予高度评价。彭水日报、彭水同城网、彭水电视台、彭水教育等媒体多次报道学校的育人先进经验。

除以上成绩外，彭水县幼儿园在上级领导部门多次调研检查工作中获得高度评价，并且得到家长及社会的普遍赞誉，全园教师在全市、全县幼儿教师现场竞赛中多次获奖。

（四）方案点评

"润"文化是彭水县幼儿园的主题文化，围绕着"润"文化，学校从立德、习德、塑德三个维度将德育的六个方面落到了实处。润文化的核心是潜移默化，是静待花开。在幼儿园德育的实施过程中，无论是立德、习德还是塑德都让这个"润"字得到了彰显。中华二十四节气文化、传统节日文化、中国人的优秀品质等通过课程、活动、实践、游戏等的具体实施对孩子们形成潜移默化的影响，将"养正于蒙"的思想真正落到了实处，让孩子们从入园起就不断地得到熏陶，得到浸润，在潜移默化中养成良好的习惯、道德品性和端正的三观，为每一个孩子未来都能拥有健康的人格打下坚实的基础。文化育人不仅仅是校园文化育人，更是中国传统文化育人。

正如习近平总书记所说："古往今来，中华民族之所以在世界有地位、有影响，不是靠穷兵黩武，不是靠对外扩张，而是靠中华文化的强大感召力和吸引力……"中华优秀传统文化是中华民族在数千年的历史中积累、沉淀、创造的灿烂文化，浩如烟海、博大精深。因此，应坚守中华文化立场、传承中华文化基因，让学生在学习中华优秀传统文化的过程中，培育深厚的民族情感，增强文化自觉和文化自信。

二、彭水第一小学——"红心闪闪放光彩"践行红色文化

（一）德育目标

彭水县第一小学校是彭水县红色文化的发源地，书写了可歌可泣的红色篇章。贺龙元帅曾两次在该校召开群众大会并捐资助学，给彭水一小增添了十分宝贵的"红色"记忆和红色根基。学校充分发挥红色校史的优势，积极挖掘学校红色基因，构建"红心闪闪放光彩"的德育品牌。德育品牌与学校红色文化一脉相承，以红色文化为基，通过"红色文化熏陶爱国情""红色课程培养爱国志""红色活动落实爱国行"三个步骤推进学校以文化人的"育红目标"，进而落实立德树人根本任务，让全校学生德智体美劳全面发展。

（二）实施方案

1. "红心"初感知——用红色文化熏陶爱国之情

青少年有极强的可塑性，同时，也说明了环境和文化对人成长的重要性，彭水一小利用得天独厚的红色文化，熏染孩子们的心灵。

（1）一年级新生到校，除了常规开笔礼、习惯教育，同时还会有学校红色文化宣传课，采用班级讲故事、红军树下听故事、贺龙雕像旁听故事等方式进行，在这个过程中，不仅让孩子们对学校的红色文化有了初步的感知，老师们也对学校的红色历史更加了解。

（2）利用学校宣传栏、教室黑板报、LED屏等宣传阵地，对学生进行红色革命故事传播、时事政治宣传、爱国精神宣传，达到育人目的。

（3）从周一到周五，每天早晨孩子们进入校园的时段，会播放不同的爱

国歌曲。

通过以上三种途径，让孩子们每天耳濡目染，让红色基因文化和爱国的种子播撒在孩子们的心里，让"红心"慢慢生根。

2."红心"深感触——用红色课程培养报国之志

（1）国家课程：上好每一堂《道德与法治》课，为了提升道法教师的专业素养、对新课标的理解和课堂教学能力，学校举行《道德与法治》课比赛、学科教师培训，在每堂课中渗透爱国主义教育。

（2）地方课程：利用一些时间节点，带孩子们走出去，感触彭水更多的红色文化。

（3）校本课程：编撰了红色文化宣传手册，每位新任班主任老师一本，用于向孩子们宣讲我校红色历史文化和主题班会课。

（4）补充课堂：利用重大节庆日，如中国少年先锋队建队日、国庆、元旦、清明、六一、七一、国家公祭日等每一个时间节点，从学校大课堂主题活动到年级中课堂到班级小课堂主题班会课，都认真组织落实。

通过国家、地方、学校课程的有机结合，从不同层次和层面，让孩子们了解辉煌的中国、苦难的中国、强大的中国、辽阔的中国、身边的中国，让孩子们对"家国情怀"有了更深的感触和感悟，让孩子们心中的"红心"发芽。

3."红心"在行动——红色活动落实爱国之行

（1）传统红色主题活动。利用每一个重大节庆日，做好红色主题活动。

以"100米画卷献礼100岁华诞"主题活动为例，在国庆节，举行了"我爱五星红旗"红色主题活动，从学校、班级到个人，通过"我和国旗合个影""我向国旗敬个礼""我和家人为祖国唱首歌"，来表达对祖国的爱；还举办了"庆元旦感党恩展风采"红色主题活动、"请党放心强国有我"红色主题活动、"红心向党"系列活动，具体活动形式包括独唱比赛、演讲比赛、朗诵比赛、征文比赛等。

（2）品牌特色主题活动。

我口述我言——小小解说员擂台赛：结合"小萝卜头进校园"活动，根据我校实际情况，举行了"我口述我言——小小解说员擂台赛"，各班进行初赛、校级赛、决赛，袁子淇同学脱颖而出，代表学校参加县级比赛，获得彭水县表彰。

我手画我想——小小画家图片展：在每一个重大主题活动中，均有学生绘画展，根据我校红色历史、贺龙元帅的故事、家乡的红色故事、中国革命故事绘画，表达对共产党、对祖国、对人民、对家乡的热爱。

我手写我心——小小作家明星赛：结合中华魂、新时代好少年和我校红色革命故事，在清明节扫墓结束后，或观看电影后，或听故事后，或看完主题读本后，写出自己的读后感或是观后感，挑选出其中的优秀作品并进行表彰，充分发挥学生的智慧。

通过一个个红色活动，让孩子们亲身体悟，既是将爱国之情、报国之志化为力所能及的爱国之行，又是一次次深刻的爱国主义教育，让"红心"在孩子们心中茁壮成长。

（3）两举措家校共育培养"红心"少年。

开学红色文化主题宣讲：一年级新生的入学教育包括习惯教育、一日常规教育、学校红色文化教育。学校统一举行家庭教育讲座，包括如何做好新时代背景下的家长、如何帮助孩子适应新成长阶段、学校红色历史文化宣讲等。

家校协同红色主题活动：国庆"我爱五星红旗"主题活动，家长一起参与其中，共同完成"我和家人同唱一首爱国歌"活动，在家庭中形成爱国的氛围。一个个小家就组成了一个大大的国家，一个个"红心"少年就是未来的祖国栋梁之材。

（三）德育成效

将学校红色文化运用于学校教育，既是继承传统和开拓创新的统一，也是加强和落实学校立德树人根本任务的有效途径。通过开展红色文化教育活动，使学生深受红色文化的熏陶，深刻地感受到革命传统精神的内涵，将革命精神继承并运用在学习和生活中，取得不错的成绩。

根植于德育品牌"红心闪闪放光彩"开展德育活动，培养了学生的爱国情怀，并把爱国热情转化成感恩生活、努力学习的动力，与我校好习惯好人生的校训有机结合，德智体美劳全面发展，让孩子成长为一个幸福的人，一个对社会和国家有用的人。

（四）方案点评

习近平总书记指出，"红色是中国共产党、中华人民共和国最鲜亮的底色"，彭水一小打造的德育品牌"红心闪闪放光彩"的本质就是用好红色文化资源，赓续红色血脉。全面贯彻党的教育方针，落实立德树人根本任务，担起为党育人、为国育才的使命。

三个步骤推进学校以文化人的"育红目标"，分层次、多维度地发挥了红色文化教育作用，引导青少年学生传承红色基因、树立红色理想，以实际行动把革命先烈流血牺牲打下的红色江山守护好、建设好，矢志不渝地为实现中华民族伟大复兴而奋斗。

三、鹿鸣乡小学——建设鹿鸣书院，发展中华优秀传统文化

（一）德育目标

（1）把中华优秀传统文化全方位融入思想道德教育、文化知识教育、艺术教育、社会实践教育各环节，贯穿于启蒙教育、基础教育。

（2）营造诗经诵读、书法演讲氛围最浓郁的校园。培养 15~20 名诗经导师，全面提升师资队伍运用传统文化育人的水平。

（3）每年开展一次传统文化教育成果展示活动。用 10 年时间，让全乡每个孩子都能背诵 30 首诗经、70 首古诗词。让每个孩子在书法、粘贴画、演讲等特色项目中，都有一项特长发展。

（4）以人类文化的正向价值为导引，教化孩子从小走向道德、理性、真善美的人生。培养具有"中国心、世界眼"的胸怀与眼界，成为健康、自信、好学、明达，知识面宽、视野宽、思路宽的未来一代新人，实现立德树人。

（二）实施方案

1.建立鹿鸣书院，营造浓厚氛围

诗经有云"呦呦鹿鸣"，这里是世界苗乡——重庆市彭水县鹿鸣乡，学校利用"鹿鸣书院"开展各种特色文化活动。

鹿鸣书院是一个"诗经"主题的公益图书馆。诗经图书馆共收到来自社会各界捐赠的书籍20000多册。诗经图书馆的主要藏书分为两类。一类是关于《诗经》的图书：《诗经》的各种读本、注释本和关于《诗经》的各种研究图书。另一类是关于诗歌的图书：中国古代著名诗人的诗集，各种诗词歌赋及其研究图书，中国近代、现代、当代的诗集和诗歌理论图书。

倡导全乡学生、乡民诵读诗经，学习中华优秀文化。希望通过背诵诗经成功后，发放助学金用来购买更多好书、文具的方式，激起全乡学生、乡民学习古典文化的热情，鼓励学生们增强学习自信心，掀起诵、读、背诗经及传统诗词的热潮和培养全民阅读氛围。从小培养孩子的读书兴趣，养成良好的阅读习惯，用知识文化武装自己，长大后为改变家乡面貌，为实现中华民族伟大复兴贡献更多力量。

2.定期开展活动，生成文化成果

（1）诗经学习。

①诵读：为丰富和拓展校园文化，实施中华经典诵读工程，鹿鸣书院开设诗经诵读课程。学校通过晨诵、午读、诗经朗诵社团、演讲社团、课后借阅等方式进行日常诵读活动。

②吟唱：学校通过校园广播、合唱社团开展活动，将《小雅·鹿鸣》作为必唱篇目，其余各班级社团选唱3~5首。

③书画：学校开展诗经书法社团和诗经粘贴画社团，让学生在临摹诗经中感受语言文字之美，在学校诗经粘贴画特色项目中受到中华优秀文化的熏陶。

（2）诗经活动。

①展演：学校以班级为单位每学期排练2~3个诗经节目，每周进行国旗下展示，每年的6月和12月开展一次诗经节活动。

②比赛：每年开展一次诗经背诵比赛活动。活动中评选出能够背诵诗经20首的200名同学，每人发放1000元的助学金。鹿鸣书院诗经背诵活动名额除鹿鸣乡每年100名学生不变以外，还适时对外开放，名额逐年增多。2023年面向全县完全小学和教学点开放100名背诵诗经的学生名额，已通过彭水县教委以文件下发的形式通知到各个学校。

结合乡村文化振兴，评选出能够背诵诗经10首的50名村民，每人发放500元的助学金。背诵成功的村民还可获得书院颁发的"诗经达人"荣誉证书，而学生背诵成功也可获得"诗经小达人"的证书。

③研讨：邀请诗经研究专家、国学研究者、大学教授等开展诗经讲座、论坛等活动。北大文化专家彭莹茜女士受聘鹿鸣书院首席诗经大使，推进北京大学鹿鸣书院与彭水县鹿鸣书院联谊互动。聘请《婷婷唱古文》和《婷婷诗教》的创始人、诗教中国行发起人、中华诗教研究院院长、孩子们喜欢的"婷婷姐姐"胡维瑾为鹿鸣书院的诗经导师。

3.加强师资培训，培养诗经导师

鹿鸣书院和四川外国语大学、重庆师范大学、长江师范学院签订协同发展协议，联谊结对，获得帮助和支持。爱好传统文化的肖山、高人山、黄华、曾迪、刘欣意、何榭盼、邓海波、李才琼等教师外出参加诗经方面的学习研讨活动。全体语文教师坚持每月开展一次学习诗经活动，加强面向全体教师的中华文化教育培训。

4.建立保障机制，确保可持续发展

为了将鹿鸣书院合法合规地长期运营下去，通过基金会的方式推进成为了必然。2022年，鹿鸣小学校特邀请重庆市教育基金会领导成员来到鹿鸣中心校调研后，在重庆市教育基金会下设"鹿鸣书院子基金"，捐给这个子基金的40余万元，专项用于鹿鸣书院的建设及运营。确保书院经费有稳定来源，书院运营不受影响。

5.各级领导关怀，带来不竭动力

（1）汇聚智慧力量。鹿鸣书院的成立，得到上级领导的关心与支持。重庆市委宣传部、重庆市文旅委、重庆市教委、彭水县委、彭水县政府、彭水县人大、彭水县政协、彭水县纪委、彭水县政法委、彭水县统战部、彭水县委宣传部、彭水县乡村振兴局、彭水县教委、彭水县司法局、彭水县文旅委、彭水县文联、彭水县关工委、重庆市彭水县教育基金会等机构的领导到校指导鹿鸣书院工作。他们的到来，为后期如何发展好鹿鸣书院，发扬中华优秀传统文化，怎样开展诗经活动，提高学生文化素养，指明了方向。

（2）获得物资帮助。重庆市计量质量检测院工会委员会，为鹿鸣书院捐款4万元现金，用于建设诗经水生植物园，为学校开展劳动课和诗经实践性研究性学习提供有利条件。捐赠100套诗经服装用于学生活动演出，增加了节目的艺术效果，营造了更浓厚的诗经文化氛围。

彭水县文旅委为鹿鸣书院捐赠了价值5万元的诗经图书。诗经图书包括注音版、注释版等，适合各个年段学生选择阅读，还有诗经鉴赏、诗经动植物等方面的图书，可供研究参考。

6. 社会广泛关注，宣传带动发展

（1）当地乡民积极参与，大力支持鹿鸣书院发展。鹿鸣乡乡友刘川郁、冉业孝等热心人士纷纷捐资、捐书、捐资源……为书院发展尽自己的力量。

（2）国内知名学校到鹿鸣书院考察，并指导工作。北京一零一中学访问团、西南政法大学政治与公共管理学院教授、MPA教育中心副主任类延村、中国法治日报社重庆记者站采编部主任战海峰等曾到学校考察鹿鸣书院。

（3）收到28所高校教授的祝福。来自北京大学、清华大学、中国人民大学、中国传媒大学、北京师范大学、复旦大学、上海大学、中国音乐学院、暨南大学、武汉纺织大学、四川大学、四川师范大学、成都师范大学、重庆大学、西南大学、西南政法大学、重庆师范大学、重庆工商大学、长江师范学院等高校的教授们，纷纷给鹿鸣书院送来祝福。他们都希望孩子们能多诵读诗经国学经典，成为栋梁之才，并期盼有朝一日孩子们能用知识、智慧、能力回馈乡村。

（4）八家主流媒体报道鹿鸣书院。人民网、新华网、中新网、央视新闻、重庆日报、重庆电视台、华龙网、上游新闻等多家媒体纷纷报道鹿鸣书院。八家主流媒体的报道又被数十家互联网媒体转载，引来社会各界广泛关注。有关专家评价说，媒体关注乡村图书馆，其实是对乡村文化振兴、人才振兴以及传统文化复兴的关注。

（三）德育成效

1.诗经琅琅成氛围

每到晨读时间，诗经诵读便开始了，各班教室琅琅诗经读书声在校园里传开。当你走进教室，你会看到每个孩子手里都拿着一本小诗经，美美地读着。有的低年级老师在领读，有的班级在大声诵读。

书院人气越来越旺。书院的桌椅有限，孩子们便有的靠着窗边，有的蹲在墙角，专心地读起来。图书管理员借阅登记忙不过来，小读者们便自己登记。

学校掀起诵读诗经热潮后，背诗经的同学越来越多，背诵的诗经也越来越多。全校学生人人能背诗经，一二年级的孩子能背5首以上，全校有200多名孩子能将选择出来的20首核心篇目背完，有400多名孩子能够背10首以上。

2.作品丰富出特色

在学校一年一届的诗经节活动中，诗经书法、诗经粘贴画和诗经歌舞表演成为学校的一大亮点。诗经书画展中，会展览多幅优秀作品，有硬笔临帖，有毛笔书法，还有以诗经为内容的粘贴画；有老师作品，有学生独创，也有师生合作完成的。学校还会将推选出来的优秀作品送到县上和市上参展参赛。

诗经歌舞表演是诗经节活动中最引人注目的环节。各班节目各具特色，有古典诵读，有经典传唱，有古今结合表演，整个展演活动精彩纷呈。学校对各班级节目特点进行再融合，经专业老师指导后创作的节目，会作为学校的代表之作参加各类赛事活动，并被推荐到全乡各类大型活动中进行演出。

3.文化彰显成品牌

随着鹿鸣书院的建设，诗经活动不断深入开展，学校诗经文化也就自然形成。从校门到围墙，从教室到书院，随处可见诗经元素。校门醒目的"鹿鸣书院"，让人感到一股书香气息扑鼻而来。镶嵌在围墙上的诗经文化，形成一条诗经长廊。一二年级的注音版诗经画册总是让小朋友们爱不释手；三到九年级的教室走廊上的橱窗是来自诗经名句；班级图书角里，总有许多不同内容的诗经图书。书院里更是堆积了各种版本的诗经，墙壁上、廊道上满是诗词书画作品。浓浓的诗经书香校园，就是一个独特的诗经文化品牌。

4. 文化 IP 有辨识

诗经是一部诗歌总集，是中国古代诗歌的开端，是中华优秀传统文化。鹿鸣乡小学是一所具有 100 年历史的老校。鹿鸣书院建在这里，以诗经为主题，符合传统文化进校园这一新时代要求，也使得彭水县鹿鸣乡这个书院成为具有辨识度的文化 IP。并充分依托公众号、抖音、短视频、微信群、朋友圈等新媒体的力量，将鹿鸣书院的影响力辐射到更广的地方，引起更多人的关注，争取更多人的支持与助力。

5. 人文积淀更丰富

背诗经获得 1000 元的助学金和获得诗经小达人荣誉称号的孩子们，被激发了参加阅读、背诵诗经的积极性。他们把背诗经、读诗词当成一个持续的爱好，将所学诗词用于习作和演讲中。在 2022 年中国川渝"中华诗城杯"少年诗词大会中，鹿鸣乡小学的任静同学获得优秀奖，丁佳怡同学获得三等奖，孩子们从中获得更高的成就体验。

6. 获得更多的荣誉

自编自导的诗经《小雅·鹿鸣》节目在彭水县高谷片区"开口即美"比赛中获得一等奖。以鹿鸣书院为题材的"Welcome to Luming School"课堂教学，参加彭水县英语自编文本决赛，获得二等奖。在 2022 年"书香重庆"全民阅读系列推荐活动中，"鹿鸣诗经"被评为优秀全民阅读推广活动。

（四）方案点评

《周易》有云："观乎人文，以化成天下"，"以文化人，以文育人"是文化的价值旨归。党的十九大报告明确指出，"文化自信是一个国家、一个民族发展中更基本、更深沉、更持久的力量"。正如习近平总书记所说："古往今来，中华民族之所以在世界有地位、有影响，不是靠穷兵黩武，不是靠对外扩张，而是靠中华文化的强大感召力和吸引力……"中华优秀传统文化是中华民族在数千年的历史中积累、沉淀、创造的灿烂文化，浩若烟海、博大精深。因此，应坚守中华文化立场、传承中华文化基因，让青年在学习中华优秀传统文化的过程中，培育深厚的民族情感，增强文化自觉和文化自信。

文化育人的本质就在于以人类文化的正向价值为导引，实现立德树人的目标追求。文化育人主要从显性文化和隐性文化两个维度进行体现，显性文化即学校校园、班级文化的外显，让每一面墙都会说话，让每一个角落都有故事，隐性文化则是通过传统文化进校园的方式，让学生在潜移默化中培养健康的人格和端正的三观，为学生铸就中华魂。

鹿鸣乡小学的文化育人以《诗经》作为切入点，让诗经融入学生学习和生活的方方面面，同时通过对环境的改造，营造出"书院"的氛围，让孩子们在这样的氛围中潜移默化，此外还充分调动了家庭和社会资源，以文化为根基，协同家校社聚力育人。

从学校文化育人的实施效果来看，鹿鸣乡小学根植于《诗经》的文化育人确实取得了丰硕的成果，不仅仅是让孩子们得到了成长，增强了信心，同时也带动了周边乡邻综合素质的提高，中国古代的书院通常是"文脉"汇聚之地，随着鹿鸣乡小学文化育人的倾情演绎，相信未来鹿鸣乡小学的鹿鸣书院也会成为区域的"文脉"之所在。

四、思源实验学校——用爱浇灌，静待花开

（一）德育目标

（1）让思源实验学校的学生能够在中国特色社会主义的基础上，明确自己的奋斗目标，确立自己的人生目标，具备一定的公民社会责任意识。

（2）让思源实验学校的学生有良好的道德修养、良好的劳动习惯、健康文明的生活习惯，培养科学的思维，有自尊自爱、自立自强、勇于进取的精神，具有坚强果敢等精神素质，具有较强的道德评判能力和自我教育能力。

（3）道德教育的目的也是道德教育的起点，有德有才是"正品"，有德无才是"次品"，无德无才是"废品"，有才无德是"危险品"。

（二）实施方案

1. 营造一个好氛围

为学生提供一个积极的氛围，他们的心理和情绪都会自然而然地变得积极。让学生不断地肯定自己，让他们明白自己的优点大于自己的弱点，也就会勇于将自己的弱点表现出来。为此，营造一个积极向上的文化氛围是非常有必要的，在实施过程中，学校为学生提供了一个积极、健康的发展舞台。例如，一周一星的评选，就是每一周的学习、纪律、卫生，学习成绩好、撰写校内演讲等各方面表现优异的学生，都会以分数的方式显示，分数高的学生，将会成为班级的每周一星。每个星期都会有一次嘉奖，然后在每个星期的明星栏目里挂上红色的五角形标签，上面还会有他们的名字，让大家以他们为榜样。"每周之星"评选活动旨在寻找每位学生身上的优点。

2. 维护学生的尊严

在我们的教育与教学中，即使是打着"爱心"的旗号，也要进行"批判"。许多时候，我们的批判教育收效甚微，这主要是由于初中生的自我意识很强，他们想要获得老师家长和同伴的尊重。所以，要对学生进行教育，就要"动之以情，晓之以理"，对学生进行教育，就要针对学生的心理特征，多用感情去感动学生。大部分的指责都不要当众说出来，要时刻维护他们的尊严，让他们知道教师是很尊敬他们的，并且要细心耐心地教导他们，不断地鼓励他们。只要用心，就可以做到，老师的真诚总有感动他们的一天。在平常的生活中，班主任要多对学生进行自理、自立和自强的教育，要善于发现他们身上的闪光点，并根据自己的喜好来引导他们，让他们拥有正面的情绪。

3. 与家长合作

学校教育和家庭教育不能一分为二。我们要营造一个良好的教育大环境，与学生家长进行交流，确定适合学生发展的方式，实现教育目的。中学教师应当在课余时间内，对学生进行全面的家访，或邀请学生的父母到学校，或者用电话、网络等多种方式与家长进行交流，一起讨论教育工作。关注每个学期的家长会，在会前进行准备工作。向父母报告一年的工作计划和安排，争取父母的支持，对有显著进展的同学要予以嘉奖，对有显著退步的同学要及时纠正，并与父母一起探讨问题的根源，制定相应的对策，让孩子跟上进度。通过家长会，可以让家长了解学生的学习状况，也可以让他们知道如何去配合孩子的学习，这样才能取得更好的学习成果。

4. 了解学生内心

在对教学活动进行思考时，为何未能取得理想的教学成效，这不是因为我们的语言缺乏教学力量，而是我们的教学常常是单向的，我们只能从自己的角度去理解学生的问题，而不能真正理解他们的内心。为此，学校的老师积极地走进课堂，与同学们进行更多的交流，仔细地观察同学们的言行举止以及了解他们的心理状况，并对他们的问题进行了分析，提出了自己的看法。下课后，多关注同学们的行为，了解同学们在做些什么。遇到打架斗殴的，要立即阻止，并加以训诫。同时，为每一位同学都做好自己的笔记，以便对他们有一个更好的认识。每周为同学们书写一篇文章，同学们可以把自己的观点、想法和建议记录下来，或者向教师汇报。通过这些工作，老师和同学之间的距离越来越接近，老师给学生写信，学生给予老师祝愿，这能让学生感受到老师对他们的期待。

（三）德育成效

在对学生进行道德教育的过程中，学校已经形成了讲文明、懂礼仪的风气，学校的纪律也变得非常好，同时也对学校纪律管理、卫生管理困难，学生的习惯养成困难，学生之间容易发生矛盾等问题进行了突破。使学生在生活中养成了"知礼仪，懂礼貌，讲文明"的好习惯，提高了学生的文明礼仪素养。师生之间的感情很好，彬彬有礼。在学校里，同学们已经形成了自觉排队、不打闹的好习惯，学生能够自觉地爱护校园环境，遵守学校的规章制度，遵守课堂纪律，养成了"自主合作、勤学苦练"和"文明、勤奋、活泼、向上"的良好校园风气，得到了老师和家长们的一致称赞。

（四）方案点评

教育家苏霍姆林斯基说："没有爱就没有教育。"鲁迅说："教育根植于爱。"教书育人是爱的事业，教育没有爱，就如池塘没有水，只有爱孩子才能教育好孩子，教师只有用无私博大的爱去温暖每一位学生，在点亮学生的同时也照亮自己，使教育真正具有温度，让教育真正成为温暖人心的灵魂工程。用爱浇灌，静待花开，这就是思源实验学校的文化育人。

爱是潜移默化的滋润，爱是默默无闻的守护，爱是细心细致的关怀，思源实验学校根植于关爱的德育实现了以下德育目标。

（1）使学生心灵温暖。用教师的真挚热忱之心，去温暖孩子们的心灵。

（2）用爱作为指路明灯。用爱引领孩子前行，让孩子们不迷惘。德国教育家雅斯贝尔斯说过："教育，意味着一棵树摇动另一棵树，一朵云推动另一朵云，一个灵魂唤醒另一个灵魂。"这是心灵的融合，是灵魂的对话，是智慧的碰撞，是生命的互动。

（3）用爱助建梦想。每一个孩子都对自己幸福的未来充满向往，暖心文化，温暖教育，就是要呵护每一个孩子的梦想，帮助孩子们去拼搏，去奋斗，去实现自己心中的幸福。

（4）奉献与担当。老师就像烛火，燃烧自我，温暖童心，这是教师这个职业的责任和担当，这需要我们的老师有奉献精神，牢记教育之初心，不忘育人之使命，奉献自我造福他人。

（5）处处有爱。暖心体现的是学校、老师、家长、社会协同作用，让爱与温暖时时在，处处在。学校的每一个角落都充满温馨，班级充满欢声笑语……

五、彭水职业教育中心——以地域民族文化润泽多彩生命

（一）德育目标

彭水职教中心学校立足现实，以关心尊重生命为原点，以培育学生健康成长为目标，以学生终身可持续发展为追求。珍爱生命、敬重生命、承认生命个性化差异，以人为本，教而化之。同时针对学生普遍缺乏家庭温暖的现实问题，

发掘地域民族文化之美，引导学生热爱生命，热爱生活，进而激发他们创造美好生活的自觉。

（二）实施方案

1. 讲好民族故事，以文化之美润心

（1）深挖民族优秀故事，以文化之美筑心：深度挖掘地域"黔中文化""盐丹文化"等地方文化资源，以"蝴蝶妈妈""蚩尤神话"等故事中的文化精神，再结合中职学生成长规律及职业学校办学特色，升华学校一训三风。

通过校史馆、党史馆宣讲学校和地域红色故事，以红色之美浸润学生爱党、爱国的思想；通过学校民族文化展览馆、禁毒长廊等文化宣传点，讲述民间"太子豆花""禁毒英雄"等相关故事，激发学生尊重生命、珍爱生命的思想；以宣传栏、光荣榜为依托，讲述蚩尤锻造之术的故事，培养学生的自主发展、社会参与等核心素养；结合职业教育的"职业蓝"之美，培养学生工匠精神、劳模精神，让学生树立职教自信、生涯自信，为学生可持续发展奠定基础。

（2）实施"六个一"素质工程，以文化之美暖心：根据多元智能理论，结合民族文化精神，实施"六个一"（会说一种民族语言、会唱一首民族歌曲、会跳一支民族舞蹈、会一项民族体育运动、会做一道民族菜、会一种民族技艺）素质工程，让学生各展所长。充分发挥自身优势，让学生感受"德润童心，生命至上"的快乐，读懂民族故事，传承优秀传统文化，提升学生的自信心和综合素质，实现春风化雨般的以文育人，拓宽生命的厚度。

坚持"美化、绿化、净化、文化"的寝室、教室规范四化原则，培养学生发现美、欣赏美、创造美的素养，评选最美寝室、最美教室，为学生的生活学习创造舒适、整洁的环境氛围，以美导行。

2. 传民族技艺之魂，以文化之美启智

（1）模块课程夯基础，唤醒学生对生命之美的体验：将优秀的民族文化有机融入公共基础、专业和素质拓展三模块课程体系中，培养学生的思想政治素质、科学文化素养和职业道德精神，为学生的可持续发展奠定基础。尤其是素质拓展模块，学校将民歌、民舞、竹铃球、刺绣、剪纸、蜡染、射弩等技艺列为学生专业素质课和社团素质课，建立民族文创研发基地、大师工作室、民族文化实训基地、民族文化展览馆、民族文创产品销售基地，推进传承基地建设工程。通过素质拓展模块，学生既可以提升专业素养，也可以帮助学生认识生命、珍惜生命、尊重生命、热爱生命，为学生的终身幸福和终身发展奠定基础。

（2）创新"四化特色活动"，激励学生创造美好生活：充分给予学生尊重和关心、肯定和鼓励，开展素质活动常态化、特色活动节日化、展示活动系列化、文化活动主题化"四化"活动系列工程。围绕"文化兴县、旅游富县"战略部署，通过深入开展"民族节日"活动，苗年、女儿节、龙华会、社公会等传统活动，民族体育活动节、踩花山节、民族作品展示节、艺术活动周等节日活动，知识竞赛、民族文化大讲堂、朗诵比赛、送文化下乡等活动，夯实学生文化基础，促进学生自主发展，提升学生社会参与度，让学生获得自我归属感、认同感，进而产生努力学习、实现自我价值的高层次心理需求。

3. 将美育融入生活，塑造中华美德

（1）营造民主师生关系，共同创造美好生活。围绕理想信念、优秀传统文化、社会主义核心价值观、生态文明、心理健康、行为习惯养成及礼仪、法治与安全、感恩励志、劳动教育及生涯规划等教育内容，实施五项行动计划，以美树人，静待花开。主题班会课根据职业学校特点和学生成长规律，结合培养目标，对学生在校期间授课主题进行全面梳理，制定三年主题班会德育资源库，培育学生的民族团结精神。

（2）学校统筹调配教育教学资源，以学会生活为导向，建立了茶艺馆、礼仪馆、烹饪馆、苗医药馆、刺绣馆、蜡染馆、剪纸馆、书法馆等生活化德育馆，围绕学会生活、传承文化开发了一系列教学资源，学生通过德育生活馆以及相关的课程、资源的学习，学会必备的生活技巧，同时也能拓宽自己的专业技能，真正成为能生存、会生活的复合型人才。

（3）标准化管理淬炼，强化知美、行美的定力。针对学生的行为习惯养成教育，学校主要采用标准化管理。建立了"政委、总教官→军事教官→排长→标兵"贯通管理体系；参照部队管理标准制定一日生活常规制度、寝室内务整理标准、教室清洁卫生标准以及学生仪容仪表标准；利用每周的军事课，常态化开展坐姿、站姿、走姿、文明礼貌用语训练；依托准军事化汇报展演活动对学生行为习惯养成教育进行评价总结。以标准之美，淬炼其坚毅、自律的品格，增加生命的高度，养成规范的行为，为学生可持续发展奠定基础。

（三）德育成效

1. "文化"赋潜能，美育促成长

学校坚持以优秀传统文化为特色，成功创建全国民族团结进步示范学校，荣获全国美育教育先进集体、重庆市民族团结进步先进集体、重庆市立德树人特色项目研究基地等 20 余项基地及荣誉称号。通过"四化"活动，学生体质健康获得良好成效，体质健康率高于全国近 6 个百分点；学生参与各级各类竞赛获奖 350 余次，其中国家级奖项有 20 项，市级技能大赛获奖 52 项，其他市级获奖 157 项；思想道德行为养成规范，荣获"三好学生"荣誉的有五百余人，获得德育标兵荣誉的有三百余人，获得优秀共青团员的有 85 人；学生"双证书"达 98%；就业率达 97%，学生综合评价满意率达 95% 以上；同时学生幸福指数与进校时相比明显提升，问题学生的比例分年级逐年下降，学生的流失率控制在了 10% 以内。

2. 民族文化多元共融，民族技艺创新发展

师生的中华民族共同体意识得到增强，传统技艺得到创新。传统剪纸技艺项目在传承的基础上大胆创新，改进剪纸工艺，套色剪纸工艺取得了国家设计专利，自主创新设计剪纸《娇阿依》图形成功申报国家知识产权保护；《丰收》《打糍粑》等刺绣作品获得知识产权 28 项；学生原创作品民族舞蹈《绣》在 2020 年中国教育电视台春晚播出；原创民族音乐《祭》《遗风》申报了国家知识产权保护，并编排了两个原创民族舞蹈；审美能力荣获全国美育教育教学成果学生作品一、二、三等奖共 10 项；通过民族大师与学生共同努力，制定蜡染工艺标准并申报了国家蜡染工艺标准；非遗传承和保护意识增强。严春淋、王海燕等 13 名学生被认定为县级非遗传承人，学生非遗传承和保护意识得到增强。

（四）方案点评

狭义上的美指美好的、美丽的、使人心情愉悦的事物，广义上的美指万事万物变得更加完善。一个人有优秀的品德，是美；事物从无序变为有序也是美；"文化、政治、经济"走向更加平衡与更加和谐同样是美……因此广义上的美是一种更加自然、更加融洽的状态。

黑格尔认为，美本身应该理解为理念，而且应该理解为一种确定形式的理念，即理想。美是理念，即概念和体现概念的实在二者的直接统一。也就是说美不仅仅是外在让人赏心悦目，心灵也应该纯洁。

孟子认为，充实即为美，所谓的充实可以是品德，可以是学识，充实而光辉，谓之美，万物生光辉是美，德厚流光也是美。

孔子认为，外在美，不仅仅是绚烂的服饰，更重要的是有"礼"。《论语·雍也》中提出"质胜文则野，文胜质则史，文质彬彬，然后君子。"文质彬彬是君子之美，文质关系是指人的内在思想品质与外在的礼节学问之间的关系。

职教中心的文化育人，以地域民族文化对"美"的方方面面进行了诠释，民族故事与地域文化结合实现以文化之美铸心。通过"六个一"素质工程实现以文化之美暖心，通过民族传统技艺，让学生体验美，通过特色活动让学生创造美，最后将美融入生活，真正实现处处有美，处处见美。这既弘扬了地域民族文化，又让美融入学生的生活和学习当中，促进学生全面发展茁壮成长，进而为国家、为社会培养了无数优秀的人才，这正是文化的魅力所在。

第七章　活动育人

第一节　理论及实践综述

一、活动育人的基本内涵

活动育人是各学校进行教育质量提升的重要方式。随着教育水平的不断提升，教育教学工作不断在推进，党的十八大指出立德树人的根本任务，将"立德"放在教育的核心位置，强调德育为先。活动育人是实现课程育人、文化育人、实践育人等育人理念的方式。活动育人注重学生学习的参与性，旨在将学生的知识学习深化到实践层面，促进学生品德的养成。

活动是在学校、班级组织开展的一种集体教育形式，处于活动中的学生常常保持饱满的精神和积极向上的态度。通过活动的开展，能够激发学生学习的兴趣，将学生带到广阔天地去体验和领悟学习的乐趣。[1]

活动育人是指各学校精心设计教育活动、纪念日活动、节日庆祝活动、仪式教育活动、校园节日活动、团队活动等，鼓励学生积极参与，引导学生在实践中形成正确的思想观念，培养学生良好的思想品德和行为习惯。

二、活动育人的价值分析

活动处处是育人的节点，好的活动本身即是育人，坚持活动目的与过程的统一。

（一）促进学习方式的改变，提高学生综合素养

在活动中的学生，往往处于积极向上的集体氛围里，这样的氛围为学生提供交流合作的机会，增强学生团结合作的意识，促进学生之间的人际交往，利于学生身心健康。同时，各种各样的活动给予学生独自探索学习、自主学习的

---

[1]姚祥洲.浅谈活动育人[J].文渊（中学版），2019（11）：794.

机会，帮助学生实现学习方式的转变，将学习的主动权由教师传给学生，让学生成为学习的主人，提高学生的主体地位。

2014年，教育部印发《关于全面深化课程改革落实立德树人根本任务的意见》，提出"教育部将组织研究提出各学段学生发展核心素养体系，明确学生应具备的适应终身发展和社会发展需要的必备品格和关键能力"。发展核心素养体系以培养"全面发展的人"为核心，分为文化基础、自主发展、社会参与三个方面，培养学生的实践能力和创新能力是教育教学中的重点。在活动中，学生调动"手、脑"和一切感官来主动积极解决问题，不但有助于学生体验活动带来的愉悦和成就感，提升学生参与活动的实践能力和自我发展能力，还能引导学生将"要我学"的学习态度转变为"我要学"，提升学生的创新能力，有利于学生综合素质的提高，促进学生全面发展。

（二）促进教师教学观念的转变，提升学生主体地位

活动育人主张教师改变教学观念，不再把学生当作储存知识的容器，培养"书呆子"，而是鼓励学生参加活动，发展自己的兴趣和爱好，将学生从"终日埋头于书本"的状态中解放出来，培养德智体美劳全面发展的人。活动是发挥学生主体精神的关键渠道。学生年龄较小、知识经验不足，往往在学习过程中处于被动状态而导致学生主体性的缺失。[1]在学生参与活动的过程中，教师不再是代替学生思考的人，而是为学生提供活动支持的"促进者"。教师依据学生身心发展特点来组织活动，活动是自主的、开放的、思维开阔的、沉浸式的，提升了学生的主体性和主动性。

（三）促进学校和谐发展，提升育人成效

活动育人有别于传统的说教式育人，它具有形式多样、寓教于乐的特点，活动的开展对培养复合型人才有着重要的意义，也能够提升学生的思想道德素养，对学校培养社会所需要的人才有着重要作用。同时，任何活动都是在一定背景和文化下进行的，学校组织的活动同样植根于学校的文化背景下。活动是学校教育的有机组成部分，拓宽学生学习的时空，推动学校文化的发展，通过

---

[1]梁杰.关于活动育人的思考与实践[J].中学课程辅导（江苏教师），2012（9）：10-11.

组织丰富多彩的活动，学校向师生传递着学校文化，使师生感悟红色文化、传统文化中所蕴含的人生哲理和精神力量，加深师生对文化的理解、认同与传承，实现文化的创新发展。活动不但是育人的重要媒介，也是学校文化建设的显化形式，与教学改革方向同向同行，推动学校内涵发展，提升育人的实效。

三、活动育人的典型成果

（一）西藏拉萨市墨竹工卡县扎西岗南京希望小学：农村小学少先队活动的有效开展

少先队活动是德育的重要组成部分，少先队活动办得好不好，首先取决于领导的态度。校长的态度决定着少先队活动的开展，比如在首届校园文化艺术节时，有的班主任抱怨这样的活动办起来太累人，学生成绩提不上去等等。校长耐心听完老师们的意见，并提出自己的想法，他认为活动是彰显孩子生命力、感受幸福的舞台。校长的观念影响着师生对活动的态度，抱怨的声音逐渐变小，逐渐获得师生们的支持，少先队活动也取得了成效。

其次，辅导员的专业水平是少先队活动有效开展的前提。少先队辅导员是少先队工作中宝贵的力量。只有当少先队辅导员确定工作理念，理清并拓展工作思路，理解工作内容，建立专业素养，才能够提升少先队活动开展的有效性。

再次，农村文化为少先队活动开展提供教育资源。该学校充分利用当地农情，开辟民间艺术舞蹈，将少先队活动与农村肥沃的土地、广阔的原野、壮丽的山河结合起来，以"启明星"科技活动为载体，组织队员们通过"看一看、听一听、试一试、说一说"等环节，学习农业科技知识，参与农业科技实践活动。建立农业科技实践小基地，充分利用乡村的农场、林场、专业大户的种养基地建立红领巾实践阵地。开展农业科技实践小活动，广大队员利用所学到的科技知识进行"掌握一套务农小本领、组织一次农技小讲座、提出一个兴农小建议、宣传一条致富小信息"等实践活动。学校根据当地的艺术历史特点，建立了红领巾山歌队、刺绣队、编织队，利用"乡村艺术节""农民文艺汇演"开展丰富多彩的民间文化艺术活动，活跃了农村少年儿童的文化生活，培养了少年儿童追求美、展示美、创造美的艺术才能。[1]

---

[1] 次仁卓嘎.农村小学少先队活动的有效开展情况 [J].少儿科学周刊（教育版）2014（7）：133.

　　（二）福建省福鼎第一中学："体验式"德育让学生成为快乐主角

　　福鼎第一中学的"体验式德育"活动已体系化：一融合、二空间、三模拟、四大节体验、五彩缤纷的体验主题。一融合，体验式德育与各学科教学常态化融合；二空间，校内体验空间和校外体验空间；三模拟，模拟法庭、模拟联合国、模拟营销；四大节体验，包括体育节、艺术节、科学节和读书节；五彩缤纷的体验主题，包括科技、创业、农事、生命教育、革命传统、社区服务、赛事锻炼、社团风采、志愿者行动等主题。其中四大节体验活动是该校"体验式德育"的四大阵地。以体育节为例，该校的"体验式德育"活动具体措施如下。

　　在项目设置上尊重学生的心理特点。初中生处于半成熟半幼稚的状态，学校结合初中生的身心特点，设置了许多趣味运动项目和亲子项目。针对身心日渐成熟、世界观逐渐形成的高中生，学校设置了"跳蚤市场"，帮助他们走向社会。

　　在活动参与上鼓励全员参与。学校设置了很多集体项目，满足不同学生的兴趣，同时让部分学生参与到裁判员和工作人员的活动中来。

　　教师、家长齐上阵。教师和家长也是德育的主体，让家长和教师参与到集体活动中，促进活动蓬勃开展，进一步激发学生参与活动的热情，促进相互沟通与理解，为学生发展创设和谐良好的情感氛围。因此，学校在体育节增设教工项目和家长活动项目，对参与的家长和教工发放纪念品或给予适当奖励。

　　公开投标和竞标，鼓励创新。体育节参与人数多，项目多，时间长，因此学校将活动的操办权交给学生，充分发挥学生的主体性。学校要求所有班级都要参与投标，并且投标的项目要求由学生自己设计并公开竞标，由师生、家长代表组成评委，激发学生的创新意识，提高学生的表达能力和社会交往能力。

　　地方电视台《视野》栏目对学校体育节做了专题报道，社会各界也给予了充分肯定。2009 年，学校获"福建省田径传统校"称号；2015 年 10 月，学校勇夺福建省中学生定向越野锦标赛高中组和初中组两项团体总分第一；2016 年 8 月，校田径队在省青少年田径冠军赛暨中学生联赛中获初中组团体总分第六的好成绩。[1]

---

　　[1] 何娅."体验式"德育让学生成为快乐主角——以福建省福鼎一中"体育节"为例 [J].福建基础教育研究，2016（10）：33-35.

（三）甘肃张掖市甘州区马神庙街小学："六个一"德育主题活动模式

甘州区马神庙街小学以升旗仪式为依托，提出"六个一"德育主题教育活动模式。

升一次国旗，激发学生爱国情感。每周举行一次升国旗仪式，由不同的班级担任升旗任务，歌唱《义勇军进行曲》。

跳一支舞蹈，感受艺术魅力。学校紧扣时代主题，确定了德育活动的舞蹈内容，比如"品国学经典·做阳光少年"晨会主题，表演者身着汉服随音乐翩翩起舞，展现古代文明历史，激发学生对中华优秀文化的喜爱和赞叹。

唱一首歌曲，实现文化育人。比如在"我和祖国妈妈共成长"的国庆主题活动中，学生齐唱《我和我的祖国》，引起全校师生共鸣，产生对祖国的赞美之情。

诵读一段经典，发挥传统文化的育人功能。例如，五年级开展的"纪念孔子诞辰·弘扬国学文化"读书主题活动中，学生一起诵读《弟子规》，在诵读中体悟先贤的智慧，吸收中华传统文化的精华，体现了传统文化的教育影响。

发一份倡议，形成自觉的德育行为。例如，在"饮水当思源·吃饭当节俭"节约粮食德育主题活动中，全校学生共同宣读倡议书，呼吁人们养成勤俭节约的习惯，从中让学生认识到勤俭节约是每一个生活在这片土地上的人的责任和义务，也是每一个人需要传承和发扬的传统美德。

开一次全校主题队会，深化每周德育主题。例如，"诚实守信·涵养美德"德育主题活动为社会主义核心价值观教育打头阵，号召全校师生一起学唱《社会主义核心价值观之歌》，并在学校广播站定时播放；星期三学校召开以"诚实守信"为主题的中队会；周五的降旗仪式上，少先队集中表扬"诚信小达人"，在队员中树立先进，充分发挥榜样的力量。

学校通过开展"六个一"德育主题教育活动，不仅创新了以主题升旗仪式为载体的小学生德育途径，以丰富的活动为学生提供了展现自己的舞台，丰富了学校德育路径，还完善了德育目标，激发了学校德育工作的热情，更加全面地促进了学校德育工作的开展。[1]

[1]周德志."六个一"德育主题活动的实践与探索［J］.甘肃教育，2022（4）：23-26.

第二节　指标分解

一、要点摘录

要精心设计、组织开展主题明确、内容丰富、形式多样、吸引力强的教育活动，以鲜明正确的价值导向引导学生，以积极向上的力量激励学生，促进学生形成良好的思想品德和行为习惯。

（一）节日、纪念日活动

利用春节、元宵、清明、端午、中秋、重阳等中华传统节日以及二十四节气，开展介绍节日历史渊源、精神内涵、文化习俗等校园文化活动，增强传统节日的体验感和文化感。

利用植树节、劳动节、青年节、儿童节、教师节、国庆节等重大节庆日，集中开展爱党、爱国、民族团结、热爱劳动、尊师重教、爱护环境等主题教育活动。

利用重要纪念日及主题日，设计开展相关主题教育活动。

（二）仪式教育活动

仪式教育活动要体现庄严神圣，发挥思想政治引领和道德价值引领作用，创新方式方法，与学校特色和学生个性展示相结合。

严格落实中小学升挂国旗制度。除寒暑假和双休日外，应当每日升挂国旗。除假期外，每周一及重大节会活动都要举行升旗仪式，奏唱国歌，开展向国旗敬礼、国旗下宣誓、国旗下讲话等活动。

举办入学仪式、毕业仪式、成人仪式等有特殊意义的仪式活动。

（三）校园节（会）活动

举办丰富多彩、寓教于乐的校园节（会）活动，培养学生兴趣爱好，充实学生校园生活，磨炼学生意志品质，促进学生身心健康发展。

学校每学年至少举办一次科技节、艺术节、运动会、读书会。可结合学校办学特色和学生实际，自主开发校园节（会）活动，做好活动方案和应急预案。

（四）共青团、少先队活动

开展团、队活动。加强学校团委对学生会组织、学生社团的指导管理。明确中学团委对初中少先队工作的领导职责，健全初中团队衔接机制。确保少先队活动时间，小学 1 年级至初中 2 年级每周安排 1 课时的少先队活动。

发挥学生会作用，完善学生社团工作管理制度，建立体育、艺术、科普、环保、志愿服务等各类学生社团。学校要创造条件为学生社团提供经费、场地、活动时间等方面的保障。

要结合各学科课程教学内容及办学特色，充分利用课后时间组织学生开展丰富多彩的科技、文娱、体育等社团活动，创新学生课后服务途径。

——以上见《教育部关于印发〈中小学德育工作指南〉的通知》（教基〔2017〕8 号），2017 年 8 月 22 日。

一级指标	二级指标	评估分值	评估说明
A5. 活动育人 26%	B17. 根据《中小学德育工作指南》要求，秉承行动德育"一月一事一主题"全年成系列的德育理念，科学部署和规划学校的全年德育活动，建立学校德育活动常态机制。学校将科技节、艺术节、体育节、读书节，传统节日、纪念日、主题日、入团、入队、入学仪式、毕业仪式、成人仪式等纳入年度活动计划中，有计划地开展活动	12 分	1. 年度活动行事历参照 B3 2. 月活动与行事历相符，遇特殊情况，可根据实际情况更改主题活动，每月有活动方案、简报和成果等印证材料，一月计 1 分，共计 8 分 3. 全年德育活动成系列，效果好计 4 分，反之，酌情扣分
	B18. 坚持开展班、团、队常规主题教育活动。团会、队会活动时间每周至少安排 1 课时	4 分	团会、队会活动方案、简报等，一次活动计 0.5 分，8 次以上计 4 分

续表

一级指标	二级指标	评估分值	评估说明
A5. 活动育人 26%	B19.严格中小学升挂旗制度。除寒暑假和双休日外，应当每日升挂国旗，除假期外，每周一及重大节会活动要举行升旗仪式，奏唱国歌，开展向国旗敬礼、国旗下宣誓、国旗下讲话活动	5分	1. 观摩学校升降国旗仪式，程序规范计1分 2. 查看学校日志、国旗下讲话等材料，每次计0.5分，8次以上共计4分
	B20.结合课后服务工作，建立体育、艺术、科普、环保、志愿服务等各类学生社团（兴趣小组），活动时间、场地、经费等有保障	5分	查看社团及开展情况资料，一个社团计1分，5个以上共计5分

——以上见《彭水苗族土家族自治县教育委员会关于开展德育工作规范化学校创建活动的通知》（彭水教委发〔2022〕15号），2022年3月18日。

二、实施建议

（一）节日、纪念日活动

（1）对于传统节日而言，既要结合传统节日的文化风俗，又要体现时代特点，开展特色活动，此外不同地域不同民族，传统节日的庆祝方式和活动内容也各不相同，彭水地区的传统节日活动要有机地融入土苗文化特色进行活动开展，如：春节送祝福、包饺子活动；清明节缅怀先烈扫墓活动；端午节包粽子、赛龙舟等特色活动；结合土苗文化的苗歌、苗舞开展活动等。

（2）开发与传统文化节日相关的校本课程，并配合二十四节气等中华传统文化与节庆习俗，同时融入土苗特色文化，增强中华传统文化及地域特色文化教育的系统性和科学性，完善教学体系和内容，陶冶学生的情操，培养学生的志趣，提高学生的人文素养。

（3）重大节庆日特色活动，要结合节庆日特色主题，开展对应的活动。例如：植树节种植树木，保护森林，开展讲堂等活动等；劳动节开展社会公益、社会实践活动；法制宣传日，开展社会普法宣传活动等；国庆节开展爱国主义教育、革命歌曲歌咏比赛、观看爱国主义影片等系列活动。

（4）学校还可充分利用相关社会资源，如利用劳动教育实践基地、爱国主义教育基地、地方博物馆等开展形式多样的实践活动、参观活动、体验活动等，使学生在重大节庆日既能感受到节庆日的热烈氛围，又能从中受到深刻教育。

（5）纪念日活动大多与红色文化相关，结合纪念日自身特点，开展对应的活动。如学雷锋纪念日开展社区服务、关爱空巢老人、志愿者服务等。抗战纪念日开展参观博物馆、红色文化研学旅行、爱国主义教育基地实践等活动。

（二）仪式教育活动

（1）仪式教育活动要有明确的活动流程和步骤，有条不紊地开展仪式活动。例如，升旗仪式基本流程：宣布升旗仪式开始；出旗，由三名旗手护旗从右侧入场；升旗，全体需要肃立，升国旗，奏国歌，行礼；唱国歌（奏国歌）；国旗下讲话；升旗结束。不同学校根据自身情况调整具体细节。

（2）仪式活动要严肃、庄重，富有教育意义，有着装要求，同时要注意仪式感。

（三）校园节（会）活动

（1）校园节会活动要结合学校自身特色和校园文化进行开展，按照行动德育的要求，彭水地区的学校要做到一月一主题，全年成系列地开展校园节会活动。

（2）不同月份、不同主题节会活动开展的方式各有不同。例如，科技节可开展科普宣传活动、航模、船模大赛等；体育节可开展各种竞技类比赛、运动会、趣味活动、拓展训练等；读书节可开展好书推荐、读书笔记分享等活动。

（3）学校组织的节（会）要以丰富学生的生活为宗旨。要长短适宜，既不能走形式，也要避免战线拉得过长，影响学校正常的教学活动。在组织形式上，要充分结合学校校园文化、特色课程等，此外还要注重学段差异，在同一活动主题下，不同学年度开展的活动应有所区别。

（4）节（会）活动应有明确的目的性，例如体育节的目标是提升身体素质，倡导身心健康；科技节的目标是展望未来，创新创造等。

（5）节（会）活动的开展要做好活动方案和应急预案，避免活动的随意性，减少突发事件的发生；在活动实施过程中以安全为第一准则，确保学生在活动中的安全。应急预案主要从人员组织、后勤保障、疏散方案等方面进行准备。

（四）共青团、少先队及社团活动

（1）共青团及少先队组织每学年要召开一次代表大会，为该学年共青团、少先队活动做好准备，制定工作计划。

（2）团、队活动当中要贯彻理想信念教育，团、队意识教育，形势政策教育，社会实践教育。可通过多元化的方式方法进行教育，例如集中培训、课堂教育、网络教育等。

（3）建立健全团、队活动章程，完善各类管理制度和工作制度，如少年先锋队活动章程，学生社团运行与管理制度等。

（4）学生社团应尽量配备社团指导教师，协助学生完善社团活动的计划、社团管理。协调资源、协调工作，从而激发学生自主组织与管理的积极性。指导教师还要协助学生吸取社团建设过程中的经验与教训，以便未来把社团建设得更成熟。

（5）对于学校内有影响的社团，可进行社会资源整合，让其发挥引领示范作用，带动周边学校对应社团的发展。

（6）学校为学生社团提供必要的经费、活动场地等，保证学生社团活动正常开展。有条件的学校可适当引导学生社团通过寻找社会赞助的方式募集活动资金。

第三节　区域实践案例

一、保家镇小学——"开学有礼"活动的实施

（一）德育目标

"开学有礼"主题德育活动，即一年级新生国学入学礼。它是保家镇小学一年级新生入学的第一课。此"礼"共有七项仪程：正衣冠、净手净心、国学诵读、开笔礼、拜师礼、朱砂开智、过入学门，旨在继承和发扬"鹿山书院"

的礼仪德育行为；引导新生尽快适应新环境，适应新角色，认识班集体，认识学校，初步建立集体主义观，养成良好的行为习惯，感知礼仪规范，提倡尊师重道，强化角色定位，增强民族自豪感。以此带动周边兄弟学校，给学生不一样的传统的、国学的、规范的仪式教育。

（二）实施方案

1. 正衣冠

新生一一站立，老师依次帮学生整理好衣冠。

据《礼记》记载："礼义之始，在于正容体，齐颜色，顺辞令。"因此，古代开学仪式的第一课即是"正衣冠"。古人认为："先正衣冠，后明事理。"让学生注重自己的仪容整洁，是首先要上的第一课。古时入学时，新生一一站立，由先生依次帮学生整理好衣冠，然后，学生"衣冠整齐"地排队到学堂前集合，恭立片刻，才能在先生的带领下进入学堂。

2. 净手净心

每班前面放一个盛小半盆水的脸盆、几张干毛巾。学生排成队依次到前面洗手，然后擦干净后回到原位。老师在旁边帮助指导。

在古代，行过拜师礼后，学生要按先生要求，将手放到水盆中"净手"。"净手"的洗法是正反各洗一次，然后擦干。洗手的寓意，在于净手净心，去杂存精，希望能在日后的学习中专心致志、心无旁骛。

3. 国学诵读

老师或学生领读，其余学生跟读，内容以《三字经》《弟子规》为主。

国学经典诵读能够陶冶孩子的品德和情操，在朗诵当中还能够提升自己的普通话水平，培养爱国热情，让孩子性情开朗，培养他们的自信。

4. 开笔礼（也叫开笔写人）

学生用写毛笔字的姿势，拿着毛笔在纸上写一个"人"字。

在古代，学童会在开学第一天早早来到学堂，由启蒙老师讲授人生最基本、最简单的道理，并教读书、写字，然后拜孔子像，才可以入学读书。这一仪式俗称"破蒙"。

5. 拜师礼

师生严肃站立，跟着台上老师的示范，向孔子像九鞠躬。然后两位老师转身，面向学生，学生向老师三鞠躬。

在古代，步入学堂后，先要举行拜师礼。学生先要叩拜至圣先师孔子神位，双膝跪地，九叩首，然后是拜先生，三叩首。

6. 朱砂开智

老师手持蘸着朱砂的毛笔，在学生眉心处点上一个像"痣"一样的红点。

朱砂开智也叫朱砂启智或朱砂点痣，是开学仪式中的重要环节。因为"痣"与"智"谐音，朱砂点痣，取的其实是"智"的意思，意为开启智慧，目明心亮，希望学生日后的学习能一点就通。

7. 过入学门

入学礼结束后，家长进入班级方队，站在孩子的左手边，右手牵着孩子，跟着班主任慢步走过入学门，进入教室。

（三）德育成效

（1）引领彭水一年级新生国学入学礼的一种潮流。当别的学校开学典礼还是集合、校长讲话、安全法治教育时，该校已借鉴、继承和发扬了"入学礼"。带动了片区学校，开启了一年级新生入学礼的新篇章。

周边学校向该校咨询入学礼步骤、要领等，效仿学校的一年级国学入学礼。

（2）学生获得了仪式感。国学入学礼，作为一年级新生的开学第一课，浓郁的国学韵味，让学生获得了满满的仪式感，在他们幼小的心灵上，留下了深刻的烙印，久而不忘，回忆有味，深得家长们和老师们的好评！为学生们后续的仪式教育和良好行为习惯养成开了一个好头。

（3）学生更懂礼貌了。通过入学礼的启蒙，学生明白了，入学了，着装要规范，说话要文明，举止要得当，要尊师重道……

（4）学生的行为习惯更好了。学生学文化，知礼仪，温文尔雅，雅言雅行。

（5）让中国传统文化深入人心。学生感受到了中国传统文化的博大精深，增强了民族自豪感。

（四）方案点评

礼仪是一个人的思想品德、社会风度和自身形象的良好体现。良好的礼仪可以提高人的社交能力和社会竞争力。礼仪约束着人们的态度和动机，规范着人们的行为方式，协调着人与人之间的关系，维护着社会的正常秩序，在社会交往中发挥着巨大的作用。礼仪以一种道德习俗的方式对全社会的每一个人发挥着维护社会正常秩序的教育作用。

保家镇中心校的"开学有礼"是特色鲜明的德育活动。这样的礼仪活动核心是"仪式感"，特别是当孩子们穿上传统的中国服饰，通过传统的拜师流程，让孩子们正式入学，每一个孩子的心中都会充满民族自豪感。

保家镇中心校通过开学礼，明确了"教者尽其责，学者尽其心"的师生关系。开学有礼，不只是简单地走个过场，更是体现了老师和学生的责任，是薪火相传，也是承上启下，让中华文化响彻世界。

此外，"开学"二字若拓展其内涵，将"开学"定义为开始学习，一个学期的开始叫开学，一堂课的开始也可以叫开学，进一步拓展学习礼仪的时候也可以是开学，学习良好的行为习惯同样可以是开学……那么"开学有礼"就可以拓展到更广的范畴，体现更深远的内涵，所谓三人行必有我师，那么"开学"将无处、无时不在。

二、彭水第三小学——"美"的活动促养成，育人无痕、树人有力

（一）德育目标

以人为本，"奠基美丽人生"一直是彭水三小德育工作最核心的德育理念。开展德育活动是学校德育的重要形式，养成教育常态化：大处着眼、小处着手、落实到位，从自己做起，从现在做起，从小事做起，做到强化教育与自我教育相结合，变被动为主动，促进学生自我教育的积极性、主动性和参与性，变"要

我学"为"我要学""要我做"为"我要做""不准我做"为"我不愿做",加快德育"内化"进程。在反复实践中形成自我觉悟和习惯行为,内化上升为自我素质,实现素质教育的育人目的。

（二）实施途径

1. 教学活动引领"美"的习惯养成

彭水三小从课改着手,注重对学生的养成教育。

通过课前三分钟的交流平台,让学生有了了解世界的窗口和相互交流协作的契机,课前三分钟的交流平台还成为了培养学生各种兴趣爱好的有效途径。学生既增长了知识、开阔了眼界,又提高了记忆能力、理解能力、口头表达能力、辨别是非能力和运用知识的能力,同时还锻炼了学生的胆量、提升了自信、养成了好的学习习惯。

通过彭水三小"1234 育美课堂"话语系统规范学生的行为,既培养了学生表达能力、倾听能力、思辨能力,又激发了学生的学习兴趣。

2. 仪式活动规范"美"的习惯养成

仪式活动已经成为彭水三小的德育常规,是学校对学生进行德育的无形而有力的手段。彭水三小的仪式教育能够丰富学生的情感体验,培养学生的身份角色意识及增强学生的集体记忆。

（1）升旗仪式侧重于培养学生对党和国家的朴素情感,在信仰层面规范学生的政治属性和精神追求。

（2）入学典礼是我国自古以来就有的启蒙学习仪式,这种仪式可以激励学生们珍惜读书机会、勤奋学习,同时又能通过这种特别的方式来弘扬我国的优秀传统文化。

（3）开学典礼是进行学校教育的重要组成部分,标志着新学期学习生活的开始,是一次作战总动员。营造浓厚的开学气氛,让学生明确新学期的奋斗目标,激励全体师生振奋精神、锐意进取,以良好的精神风貌投入新学期的工作和学习。

（4）入队仪式培养学生学会自我管理、自我监督、逐渐树立角色意识。

（5）毕业典礼是一次"感恩教育"，引导学生回顾小学阶段的学业历程，展示六年来的教育成果，展望新的学习生活，表达对母校和老师的感激之情，激励学生不忘母校的优良传统，在今后的学习生活中都取得优异的成绩来回报母校及社会。

（6）散学典礼让学生回顾本学期的成长足迹，总结本学期的得失，调动全体学生的学习积极性，指导学生合理安排假期的学习和生活。

3. 主题活动指导"美"的习惯养成

彭水三小的主题活动则是以贴近学生生活、学习的某一中心作为主题，组织课程内容的主线来构建教育教学的活动。学校近几年围绕"思想政治教育""基础道德教育""身心健康教育""环境保护教育""营养膳食教育""法制安全教育""国防教育""传统节日""纪念日"等为主题，以主题班队课为育德主阵地，利用学校大课堂、年级中课堂、班级小课堂、小组微课堂开展丰富多彩的活动，学生们在活动中潜移默化，在不经意间学生就养成了良好的习惯。

4. 社团活动提升"美"的习惯养成

为了切实落实"1+5"行动计划和"2+2"项目，学校根据实际情况，提倡因地制宜、因材施教，通过以科技、阅读、演讲、书法、英语为抓手的能力提升和苗鼓、民乐、合唱、口风琴、篮球、足球、羽毛球、乒乓球、版画、种植、烹饪、编织、剪纸等兴趣爱好，着眼于"基础＋特长"，挖掘学生的兴趣特长，为学生提供展示"美"的舞台，使学生在兴趣中体验到学习的快乐，取得更大的收获。这不仅推进了我校课辅活动的科学化、规范化，还提升了学生的各项技能，养成了良好的习惯。

5. 课间活动巩固"美"的习惯养成

课间休息既能体现学生的行为修养，也是检验教师日常德育管理的真实体现。班主任依托《七美育人》德育品牌中的"秩序美"，教育学生课间文明不打闹，教室内外不奔跑，上下楼梯靠右行，互助友爱不争吵。学校注重学生身心健康，严格落实"两操"制度，课间操不仅能增强学生的体质，还能提升学生对美的认识和创造，在跑操和做操的过程中要求班与班、人与人队列必须整齐，动作规范到位，带给人美的感受，让学生收获"美"的习惯。

（三）活动成效

学生在丰富的活动中，逐渐形成了良好的行为习惯、心理品质、法治意识、道德品质、政治素养和健康的人格，培养了学生的社会责任意识，让学生深刻感受到个人成长与家国命运、民族文化的紧密联系，提高了学生的文化认同、民族自豪感，树立了为构建社会主义和谐社会和现代化强国而努力的责任感和担当意识。

有句教育名言这样说的："教育要走进学生的心灵才能深深打动学生，引起学生内心共鸣的教育才是成功的教育。"对于学生来说，活动育人最能走进他们的心灵，打动他们，引起他们的共鸣，从而浸润心灵，让学生在最美的童年里绽放出最绚丽的花朵。

（四）方案点评

研究表明：学生的认知主要是在实践和活动中发展起来的。孩子在活动的过程中感知、体验、学习提高，教育从孩子当前的实际需要出发，因而具有实效性。开展丰富多彩的学生活动，在活动中用各种方式和孩子交流；在活动中让他们学知识，长见识，强体魄，开发思维，培养能力，养成良好习惯，这是活动育人最重要的作用。

"美"是一个相当广泛的范畴，广义上的美指的是一切能使人感到愉悦的事物、行为等。彭水三小"美"的活动，核心指向就是"美"，通过活动，让学生养成好的习惯、素质、道德、素养、身心等。活动囊括了常规活动、节庆活动、主题活动、社团活动、仪式活动等，一切能让学生收获到"美"的活动都在学校中得到开展，并且这些活动是实实在在地取得了成效，通过活动让学生的综合素质得到了提升。

彭水三小的活动育人用他们的实践证明了活动就是教育。没有活动，也就没有教育。有了人类就有活动，有了活动就有了学习和教育，老师的群体素质才能得到大幅度的提高，也就是有了丰富多彩的活动，学生才得到了全面发展。

三、龙射镇小学——"民族传承，静待花开"乡村少年宫活动

（一）德育目标

龙射镇小学以"植大众文化之根，育乡土文化之苗"为使命，全面实施素质教育，走特色发展之路。其中最典型的是苗家乡村少年宫艺术工作坊——阿依草编、民族烙画、多彩纸浆画。学校最具代表性的特色画种"草编""烙画""纸浆画"就诞生于此，渗透了优秀的中华民族本土文化、艺术的心理、情理和表达自然之趣的诸多养分与要素。

学校乡村少年宫活动要实现以下德育目标。

（1）了解地方文化遗产，培养热爱家乡的情感。

（2）学习文化遗产知识，掌握绘画、手工传承技能。

（3）探索学生社团模式，形成校园传承特点。

（4）培养专业师资队伍，通过校本课程的科研活动，培养一批有研究能力的教育工作者。

（5）逐步完善具有地方文化和校本特色的系列校本课程，使我校的美术特色在教学、活动、科研等工作中基础扎实、条件充分、成效明显。

（6）分段式教学，循序渐进，让学生在成长中逐步学习。

（二）实施方案

1. 理念引领，管理到位

学校坚持以提高全体学生的人文素养为核心，沿着"艺术育德，潜移默化；艺术育智，健全人格；艺术育体，全面发展；艺术育情，张扬个性"的教育理念。成立由校长主管，分管校长具体落实，德育处配合，艺术教育骨干教师为主体的领导小组。建立艺术教育管理体制，发挥德育处在艺术教育活动中的重要作用。艺术教育是学校的窗口，改变师生的精神面貌，提升学生的人文素养，是学校各项工作推进的"催化剂"。

2. 加强艺术教师队伍建设，为艺术教育的开展奠定基础

按照课程计划开设艺术课程，我校配备了6名艺术教师，均为本科学历。

教师的学术水平、敬业精神、人格魅力、思想品德对学生的影响至关重要。在师德师风上，他们做到了爱岗敬业、为人师表、勤勤恳恳、任劳任怨，毫无保留地为学生奉献爱心，较好地完成了艺术教育工作任务。

3. 完善设备，丰富资源

按照有关规定建有设备完善的音乐、舞蹈、美术（其中特色美术工作坊三间）艺术教育专用教室，满足学生上课和训练使用的需求。

4. 乡村少年宫特色活动的开展

（1）阿依藤草编。利用阿依村废弃的玉米皮、稻草以及野生的粽叶和各种藤条，通过编、搓的技艺，制作成各种粗细不一的绳子，将日常生活中的所见所闻结合苗家刺绣的方法进行创作。它分为立体作品和平面作品，立体作品主要展示本土的一些生活场景、生活物品；平面作品以系列呈现为主。

（2）民族烙画。古称火针刺绣，以火为墨，用电烙铁在物体上熨出烙痕作画。它是千年的传承，不朽的文化符号。烙画也是学校的美术特色课程之一，学校通过改进工艺和题材创新，目前已经开发出了木板、竹片、三层板、纸四个系列的烙画艺术品。

（3）苗家纸浆画。纸浆画是由我校师生结合校情独创的画种，是一种工艺粘贴画，主要以报纸、作业本等各类废旧纸张为原材料，变废为宝，以本土民俗民风为主要素材。

纸浆的制作过程并不繁琐，学生易操作。先将废旧纸张用水浸泡、软化，然后将多余的水分拧干、撕碎，加入糨糊揉匀制成纸浆泥，再根据画面色彩的需要进行调色，按照构图将纸浆粘贴在木板上，最后根据画面处理成一些特殊的肌理效果，大面积的肌理效果可直接用手将纸浆抹平；如果要表现凹凸的效果，就利用揉皱的报纸用牙签进行处理，将纸浆堆积成半立体效果。

（三）德育成效

民族传承特色文化少年宫教育在我校的蓬勃开展，不但有力地促进了学生形象思维能力的发展，而且活跃了学生的文化生活，丰富了学生的艺术知识，更重要的是促进了学生的心理、个性、特长的健康发展，培养了学生高尚的情操和精神世界，为成为一个复合型人才打下坚实的基础。

在民族特色课程中涌现了一批优秀的教学能手，其中张文波老师和钱伟老师在指导的"少儿美术作品展"中荣获重庆市一等奖多次。豆利军老师在民族烙画方面，多次获得市级个人一等奖，并指导学生多次获奖。我校少年宫活动受到重庆晚报、人民网等主流媒体的广泛关注，赢得了社会的广泛好评。

正因为出色的教学团队，2021年学校被教育部办公厅授予了"第三批全国中小学中华优秀传统文化传承学校"；2022年被重庆市教育委员会评为民族教育特色学校。

（四）方案点评

龙射镇小学的乡村少年宫活动，根植于地域文化，以烙画、藤编、纸浆画为载体，体现苗族独有的美，以独特的艺术培养孩子们的人文素养。

文化遗产承载着中华民族的基因和血脉，是不可再生、不可替代的中华优秀文明资源。龙射镇小学的活动育人，将苗族独有的文化资源进行了传承和发展，让这些民族的瑰宝不至于随着时间的流逝而消亡，同时又可以通过这些活动培养学生优秀的人文素养，进而丰富学生的文化生活，提升他们的审美情趣，培养孩子们高尚的情操。

"文化是一个国家、一个民族的灵魂。文化兴则国运兴，文化强则民族强。"龙射镇小学开展"民族传承 静待花开"乡村少年宫活动，正是因为认识到优秀传统文化的重要性，民族文化与中华文化一脉相承，是值得我们共同守护的宝贵财富。相信在一代代民族文化的传承中，我们必将建成社会主义文化强国，实现中华民族伟大复兴。

四、彭水第五小学——社团精彩启航 "双减" 落地有声

（一）德育目标

为进一步丰富学生的校园文化生活，响应国家"双减"政策，做好课后服务，提高学生的综合素质，我校立足实际，开展了丰富多彩的社团活动，为校园文化注入了新的活力。彭水五小少年宫以培养"全面发展的阳光孩童"为育

人目标，学校通过与课后延时服务紧密结合，深度融合，采用"作业辅导＋社团活动"的服务模式，努力推动"双减"和"五项管理"落地落实。通过活动育人方案的实施，帮助学生在实践中锻炼自己，提高综合素质。

（1）培养学生的良好品德，如乐观积极、认真负责、坚韧刚强等。

（2）培养学生的团队合作的意识和能力，使其能够在集体中发挥作用。

（3）培养学生的创新精神和实践能力，使其能够在未来的工作和生活中不断创新，并实现自我价值。

（4）培养学生的个性和自我认知，使其从根本上发现自己的问题，从而找到成功的路径。

（二）实施方案

1. 投出阳光

彭水五小致力于篮球特色学校建设，为有篮球兴趣和特长爱好的学生提供专业的场地训练和优质的师资培训，并带领五小篮球队参加各种县、市级篮球比赛，为他们提供优质的平台和资源。

2. "玩"中启智

学校成立了42个兴趣社团，涵盖综合实践、科技创新、动手操作等涉及孩子兴趣、爱好的方方面面，孩子们可尽情参与兴趣小组活动学习，变身小科学家、小音乐家、小画家、小棋手、小民俗传承人……

3. "读"中育人

学校努力把少年宫建设成为传承、弘扬中华优秀传统文化的有效平台，在校内开展形式多样的读书活动，抹亮孩子的人生底色，为乡村教育振兴赋能。

4. "学"中培根

学校根据师资、设施、场地等条件，确定了多个特色、品牌项目。设置了茶艺、刺绣、动漫、拉丁舞、形体、京剧、武术、科技、厨艺、发艺、足球、篮球等多种精彩的课程。

（三）德育成果

1. 命中精彩

提高学生的团队合作意识和能力，增强学生的集体荣誉感和自我价值的实现。2022 年 9 月，在印度班加罗尔进行的 U18 女篮亚锦赛决赛中，中国队虽惜败澳大利亚队获得亚军，但身高 1 米 77 的重庆姑娘王静以 16 分 5 篮板的成绩贡献了全队最高分，成为赛场上最耀眼的新星。王静能取得如此骄人的成绩，与她童年在彭水五小打下的篮球基础密不可分。

2. 润泽心灵

促进学生的个性发展和自我认知，让学生更好地认识自己的优势和不足。让孩子们通过社团活动重获自信，改变自己，让自己变得自强自信，丰富多彩的社团活动为无数个孩子打开了另一扇聪敏之门。

3. 传承经典

培养学生的文学涵养，在读中育人，传承中华文化经典。"读书不觉已春深，一寸光阴一寸金"，在一年一届的煦园赛诗会中，传来孩子们悦耳动听的朗诵声，孩子们从自己品读的一首首古诗中，发挥自己的想象，寻找自己的诗意，创造出一句句佳句，让煦园在校园的四季里如诗如画。从读书节到校刊校报，从书香校园到书香班级，在乡村学校少年宫的浸润熏陶下，成就了一大批"书香少年"。

4. 铸民族之魂

促进学生形成良好的品格和意志。茶艺、刺绣……特色的民族文化让孩子们乐在其中；动漫、舞蹈……时尚的现代元素让孩子们尽情释放；京剧、武术……深邃的国学经典让孩子们流连忘返；科技、发艺……让孩子们体验劳作之美；线描、沙画……让孩子们发现生活之美；足球、篮球……让孩子们感受运动之美，通过运动场上的奋勇拼搏、淬炼身体、淬炼心志，塑造了五小孩童不甘屈从、不甘平庸的血性与品格。

（四）方案点评

给孩子一块成长的沃土，还世界一片靓丽的风景，给孩子一个飞翔的机会，还天空一片最美的云彩。

彭水五小以丰富多彩的活动，为孩子们打开了一扇不同的窗户，让孩子们透过这扇窗领略了不一样的精彩，正如彭水五小的理念所写——"投出阳光 命中精彩"，彭水五小投出的阳光就是各种各样丰富的活动，其中的精彩就是给孩子们带来的另一片天地，另一番风光。

有句教育名言说："教育要走进学生的心灵，只有能深深打动学生，引起学生内心共鸣的教育才是成功的教育。"苦口婆心的说教，学生入耳却不入心，而学生感兴趣的活动会在脑中留下深深的痕迹，特别是他们感兴趣的东西，他们会记得住，记得牢。

活动是育人的载体，开展活动应有整体意识，而且形式应多样。只有精心设计的活动才能吸引学生的参与。同时在活动中挖掘潜在的育人契机，这样我们的活动才会收到实效。

五、彭水第三中学——自主管理深度体验

（一）德育目标

学生是有思想、有能力、有差异的个体。学校讲究的是全方位教育，培养具有综合素质的人才。除了课堂层面的知识教育，全方位教育提升学生的整体素质也是重中之重。彭水三中重视学生参与，将人人参与、深度体验渗透在各项活动中，摒弃灌输式的德育理论教育，让学生在活动中和实践中感受体会，在思考中领悟反思，在获得中进步提升，为学生的创新精神和探索精神以及实践能力的培养提供机会，让学生在活动中体会合作的快乐和探索的乐趣，在潜移默化中陶冶学生的情操，净化学生的心灵，达到德育的效果。

（二）实施方案

1. 提高学生思想认识，着力精神建设

人的一切行为受自主的思想支配，要想外在改变必然熏陶于内在。在每周

的升旗仪式上，都会有老师和同学轮流进行训导和演讲，校长经常带领师生参加此项活动，如 2022 年秋季第十三周的升旗仪式由曾校长主持，全体师生一起学习了党的二十大精神。

学校多次开展团课教育活动，如"党的青年运动史"主题团课、"中国共产党百年发展历程"主题团课、"建团 100 周年大会精神"主题团课、"新时代的伟大成就"主题团课等，同学们通过观看相关视频，了解新时代党和国家事业取得的历史性成就、发生的历史性变革，学习习近平新时代中国特色社会主义思想，并积极探讨，交流学习感悟。这激励了青年在党史、团史的学习教育活动中鼓舞斗志、明确方向、坚定信念、凝聚力量、不懈奋斗。牢固树立正确价值观，充分发挥先锋模范作用，赓续红色精神，坚定理想信念。

2. 加强学生集体意识，感受团体力量

在活动中，学生感受到团体带来的力量，提高了集体荣誉感，增强了他们的责任心。学期开始之初，学校会举行开学典礼。自己的未来在奋斗，三中的未来在参与。三中的教育理念"爱在三中，参与其中"带领三中师生一起奔跑，老师用满满的爱迎接学生的归来。

每年 3、4 月会组织学生开展"学雷锋、树新风"活动和清明节祭祀活动。秉承不怕脏、不怕累、不回避、不嫌弃的精神，学雷锋小分队互帮互助，齐心协力，带给了城市温暖与洁净。清明祭祀活动以多种形式铭记烈士们顽强拼搏、艰苦奋斗的精神，增强了青少年的历史责任感和使命感。

3 月会召开中考百日誓师大会，中考百日誓师大会以全体师生庄严的宣誓及霸气豪迈的签名结束，大家共同点燃与时间赛跑、用奋斗作答的备考激情，共同吹响备战中考的号角。

在 6、7 月毕业之际会举行初三学生毕业典礼。学生通过本次毕业典礼，三载励志求学，一朝鲲鹏展翅，定能直挂云帆，乘风破浪，扬帆起航。

3. 展现学生特长能力，促进个性发展

学生各自在不同领域都有自己独特的能力体现，尊重并引导个性发展也是学校德育的一部分。三中校园文化艺术节暨社团展演活动的开展，充分展现师生不忘初心、勇于追梦、积极向上的精神风貌。各项演讲、朗诵、歌唱等比赛，展现出三中人对祖国的炽爱，这也是对"爱在三中，参与其中"办学理念的深度贯彻。

4. 锻炼学生身体机能，辅助文化学习

三中体育节暨篮球、羽毛球、跳绳比赛和田径运动会，不仅是全校师生展示身体素质的机会，同时，各班借体育节之风，积极开展体育锻炼，大大提高自身体质，同时促进学习，全面发展。

同学们从运动会上的热闹、兴奋中走出来，带上运动场上那种拼搏进取、永不言败、团结一心的精神重新投入到紧张的学习中，这种精神激励着同学们在学习中取得更多、更美、更理想、更优异的成绩！

5. 拓宽实践教育途径，发挥基地教育功能

多途径、多形式地开展实践教育。将实践教育融入学校教育过程中，克服单纯的、单一的固定模式，打造实践教育多样化、生活化、情景化、自然化。打开课堂与实践通道，让学生在真实的生活里获得经验，促进成长。

（1）红色研学活动：通过对彭水县城汉葭街道红军渡口进行介绍讲解、分享红军故事、朗诵红军诗词、演唱红军歌曲等一系列活动，让学生在活动中学党史，真正理解党的宗旨，弘扬红军精神，做红色文化的传承人和践行者。

（2）"庆六一迎端午"主题活动：不仅丰富了学生们的校园生活，展现了学生们的风采，还培养了学生们的合作意识、参与意识，让学生感受到"六一"的快乐和浓浓的传统文化气息，增强了学生们对中国传统文化的了解。

（3）寒假德育作业——制作手工作品：通过此项活动，锻炼了学生们的观察能力、动手能力，培养了学生们的专注力和创造力，让学生们感受到动手带来的成就感，学生们收获了知识，丰富了假期生活。

（三）德育成效

活动育人既能展现学生的青春活力，又能促进素质教育的全面发展，这些具有积极意义的作用应当是我们学校和教育者所共有的认识。学生在文化知识

上的收获，在活动育人中的成长，都将成为学生生涯里一种美好的回忆。

彭水三中通过广泛开展丰富多彩的社会实践活动，不仅让学生的体魄得到了锻炼，情趣得到了陶冶，更增强了学生的团结协作的精神，锻炼了学生的意志品质，提升了学生的道德素养，促进了学生的身心健康。扎实的社会实践活动使学生的社会实践能力明显提高，懂得关爱他人、关心社会，学生的综合素养明显提升。随着道德素养的提升，学生违规违纪现象逐步减少，更加热爱生活，热爱学习。

（四）方案点评

教育要走进学生的心灵才能深深打动学生，引起学生内心共鸣的教育才是成功的教育。对于孩子们来说，活动育人最能走进他们的心灵，打动他们，引起他们的共鸣。

彭水三中的活动注重的是人人参与，深度体验，活动内容丰富多彩，形式变化多样，兼顾各类学生，既有学习表彰、辩论演讲、文娱汇演，又有劳动竞赛、才艺展示、创意评选等活动，争取让每个学生都有机会登上舞台，展示自我、增加自信、收获成长，甚至于寒暑假都有对应的德育活动作业，丰富的德育活动为彭水三中注入了活力，不仅提升了学生的道德素养，促进了学生的身心健康，还让学生的综合素质、学习成绩等都得到了显著的提高。

活动促进了教育教学质量的全面提升，让师生得到了更好的成长，这就是活动育人的魅力所在。

第八章　实践育人

第一节　理论及实践综述

一、实践育人的内涵

实践育人作为我国学校育人范式的转变，是实现全方位育人的切入点，有着丰富而深刻的育人内涵。

实践育人是教育改革的时代要求。实践性是实践育人的逻辑起点，教育起源于人类的劳动实践活动，服务于实践，育人活动本身就具有实践性。我国历来主张"教育与生产劳动相结合"，坚持教育与实践相结合。实践育人理念作为党的教育方针，是对马克思教育思想的拓展，强调以实践活动育人，将实践的观点贯穿于培育人才的全过程中。[1] 青少年应该积极承担社会责任，为实现中华民族伟大复兴而努力，实践为青少年直接体验道德情境、形成道德认识、养成道德行为提供了机会。实践育人既指明了教育教学改革的方向，也成为了教育教学改革的特色。

实践育人强调能力的发展。知识获得与能力发展是相辅相成的，知识获得是能力发展的基础，能力在知识的具体应用中得到发展，随着能力的提高，也会促进知识的理解、记忆、迁移。但知识获得的多少不等于能力的高低，实践是将知识转变为能力的桥梁，帮助人们认识未知，将认知作用于实践。

"纸上得来终觉浅，绝知此事要躬行"，书本上的教育是不完整的教育，必须要引导学生深入到实践中理解所学知识和道理，让学生成为道德的实践者。

实践育人以人性的发展为重要使命。教育是关于人的实践活动，生成人性是教育的内在要求，是教育的根基。人性从实践活动中孕育而来，随着实践的进行而发展，有什么样的实践就育什么样的人。光有知识与能力而缺乏向善的人性，就会偏离教育目标，培养不出有益社会发展的人才。因此，教育最重要

---

[1] 吴刚，高留才.高校实践育人内涵的多维解读 [J].教育探索，2013（8）：13-15.

的目的不是培养知识、提高能力，而是培养向善、向上的人性，达到精神上的自我实现。

综上，实践育人是指以学生在课堂上获得的知识为基础，将实践的观点贯穿于培养人才的全过程，开展各类实践活动，加深学生对知识的理解，提升学生的实践能力和思想道德修养，以促使学生从理论知识回归到实践的育人方式。

二、实践育人的价值分析

（一）构建友好的教育氛围

立德树人视域下的实践育人可以改善学生的德育环境。德育是伴随人类社会的产生而产生的特殊社会实践活动，随着社会经济、政治、文化等因素的发展而面临变革与挑战，包括多元价值取向的冲突、单调的德育手段、德育与社会环境和学生心理脱离等现象。面对新的问题与挑战，德育需要进一步解放思想，大胆开展实践，为获得好的德育成效另寻新路。实践育人就是一种新出路。学生在参与实践的过程中，各种物质因素、心理因素、人文因素、个人因素等构成了一种环境，这种环境是一种教育力量，构建了一种友好的教育氛围。[1]人是具有社会属性的，具有从众、模仿、认同等心理特征，易受到环境引起的氛围的影响，学生则在实践育人构建的教育氛围中，通过亲身体验来提升自身道德水平。

（二）拓展教学方式

实践育人过程中，学生将会与学校外的社会进行接触，增长知识，扩充眼界，培养创新意识，将间接经验的教授与直接经验的体验结合起来，拓宽了教学方式，让学生走出课堂，走向社会。社会实践使学生步入社会、接触社会和了解社会，加强德育与学生生活相联系的活动，深化理论知识，社会实践中产生的创新需求是学生发展的动力，因此实践育人是引领学生创新性发展的动力源泉，能开发学生思维，转变学生学习行为模式，提高学生人际交往能力，提

---

[1]黄建榕，刘社欣，冯小宁.德育新模式：德育环境化[J].深圳大学学报（人文社会科学版），2001，18（5）：108-115.

升学生的道德素养。

（三）整合教育资源

德育的资源不仅仅体现在教师的知识储备上，还体现在一些实践活动上，开展实践育人不仅能提高学生综合素质，也有利于把实践活动中各种德育资源进行整合。实践育人有着较强的应用性和实践性，劳动教育、志愿者活动、研学等实践活动都能将课堂上学到的理论知识应用到实践活动当中，在实践过程中融入理论知识，将课内资源与课外资源结合在一起，提高学生思想道德品质，达到育人目的。[1]

三、实践育人的典型成果

（一）上海市中小学：政府主导，三力合一

上海市中小学的校外实践育人构建了"政府主导，三力合一"的实践育人模式。

政府主导是指，政府的主导作用贯穿校外实践教学和实践育人始终。政府在机制调控和服务保障方面给予很大支持，其特色概括为"四制定、两提供"，包括主导制定战略规划和政策，主导制定并建立组织和管理机构，主导制定并建立校外实践基地、整合校外教育资源、搭建平台、扫清障碍、协调处理相关事务，主导制定校外教师师资配备和培训方案、提供服务保障、提供物力支持。

"三力合一"是指学校、家庭、社会三种教育力量有机结合而形成的教育合力。校外实践教育不同于理论教育，它需要社会各界人士的共同参与，形成育人合力。社会拥有大量的实践资源，是提升学生道德人格修养、获取知识的重要途径，社会中的优秀人士也通过自己的经历感染学生，影响学生。学校是学生学习的主要场所，有目的、有计划地为学生实施教育。家长也需要意识到要肩负起育人的责任，认识到孩子才是教育中的主体，支持孩子参与实践，与孩子共同成长。

---

[1]刘海涛.大思政视野下高校思政教育实践育人的价值及构建思路探析[J].科教导刊，2021（9）：91-93.

该模式具备完善的管理机制，包括组织管理机制、运行管理机制、保障机制、监督机制四部分，运行流程由点到面、由重点到一般、由局部到全局，运行原则是各区县协调均衡发展。

政府主导的校外实践育人不管是计划还是行动，都是经过多方调研、评估和讨论后才确定的，具有科学性、指导性和全局性，为实践育人提供师资保障、资金保障，为实践育人打开了通路。同时站在政府统筹下的合力育人增强了社会各界和家长育人的必要性，有利于转变人们的教育思想观念。[1]

（二）福建福州市湖滨小学："1+2+4+N"劳动育人模式

福州市湖滨小学基于学生身心发展的视角，建立了联动的育人机制。该学校以"五育并举"为切入点，以劳动实践对学生进行劳动教育，低年段和中年段、高年段进行不同的劳动实践，并建立学校、家庭、社区三位一体的劳动共同体组织，建立劳动育人"微环境"，形成劳动教育的有机整体。学校将劳动教育模式分为"汇趣""健体""精艺""守礼"四大模块，由此建立实践育人体系。

在评价机制方面，分为四个经度和两个纬度。四个经度包括自我评价、小组评价、教师评价以及家庭内部评价和社会外部评价。两个纬度为劳动过程中学生的情感、态度和价值观要素纬度以及技能运用和任务完成情况纬度。

劳动共同体实践的要点是建立劳动意识，进行劳动实践，构建良好的劳动氛围，创造劳动价值，收获成长。学校—课堂情境化，利用图片路演、故事案例、圆桌小论坛、演讲等多种方式诠释劳动本质，提升学生对劳动的认知。通过各类竞赛、活动增强劳动意识，培养劳动技能，比如劳动技能大赛"厨艺大比拼"，让家长和学生体验到烹饪和劳动的乐趣。

鼓励家长在日常生活中让学生参与家庭劳动，培养劳动习惯。另外学校将劳动实践与中华传统文化结合起来，让学生处于劳动情境中，培养劳动美德。比如祭祀祖先的"拗九节"是福建地区的传统节日，学校在节日时组织学生亲手熬制拗九粥送给养老院和社区老人，培养学生尊敬老人的美德。劳动实践中，学校鼓励学生以拍照、录像、画画、写日记等方式进行记录，在活动

---

[1] 成蓓蓓. 上海市中小学校外实践育人模式研究 [D]. 上海：上海师范大学，2017.

后与师生分享。学校通过班级竞赛方式，先以家庭为单位在班级进行评比，评选出劳动小达人。最后进行校级层面的劳动技能展示，并记录在劳动评价记录卡上。

通过"1+2+4+N"劳动育人模式，学生玩手机、电脑的时间减少了，近视增长的人数少了；学生的惰性减少了，自理能力增强了；学生的身体素质、劳动意识、社会责任感也增强了，带动了家长、社会劳动教育理念的改变，形成了劳动育人共同体，促进学生在实践中明白劳动的意义，知行合一，全面发展。[1]

（三）广东科学中心：馆校结合科普育人

广东科学中心以创意机器人实践教育探索馆校结合的科普育人模式。首先是组建团队，充分利用高校、科研机构和高新企业的人才资源。广东科学中心与华南理工大学和广东省的高新企业合作，广东科学中心团队负责教育平台的搭建和活动的组织实施以及教具教案的培训辅导和推广，华南理工大学团队进行教具教案的研发和培训，高新企业负责套件的测试与生产，从而组建了"研发—生产—应用—普及—推广"的科普项目团队，为科普教育的实施提供了人才保障。

二是筹备经费。创意机器人实践活动作为一种教育活动，应该尽量减少商业化和资本化，打造一个纯净的教育场域。广东科学中心通过向政府申请项目经费，解决了研发、生产、应用以及推广的费用，为该实践活动的推进提供了物质基础。

三是使教具教案具有前瞻性和简约性。培养学生的科技创新能力，必须要让教育教案跟上科技前沿，因此，广东科学中心以 STEAM 教育理念为指导，设计适合青少年的科技主题和简化版的机器模型，让学生能够自主操作与创新。

四是关注农村小学的师资培训。对学生进行科普实践活动，就是要打破科技馆和学校之间的空间壁垒，对校内外的教育资源进行整合。广东科学中心的创意机器人活动以讲座+DIY（自己动手）、翻转课堂、线上线下、慕课和创客

---

[1] 林峰，陈闽桂.基于"五育并举"的劳动教育共同体实践探索——以福州市湖滨小学"1+2+4+N"劳动育人模式为例[J].福建基础教育研究，2022（6）：16-19.

等形式，对全省教师进行免费培训，深入农村中小学，加强农村的科普教育，通过对教师科技知识和技能的培训，进而对学生进行培养。

五是建立活动模式。广东科学中心联合科技馆和学校建立了螺旋上升型的活动模式，包括普及型创意机器人进校园、挑战型的研学、研究型的创客特训营，逐步提高学生的科学素养和创新意识，分层培养科技人才。

六是搭建推广平台。创意机器人项目以广东科学中心为中心，与教育主管部门、行业协会、各地科技馆，以及省内外、境外机构等相结合，形成跨部门、大联合的馆校结合科普育人传播推广模式，广泛开展科普教育活动，搭建起"大科普"推广平台。

目前，广东科学中心的创意机器人创新实践教育项目共研制了 21 套教具教案，先后获得 10 余项实用新型和外观设计专利授权，教具教案已在全省 21 个地市的学校推广普及超过 7000 次，并传播辐射到省外，以及韩国、马来西亚、土耳其等国，直接参与的师生超过 24 万人次，其中培训全省科技类教师超过 2 万人次，普惠粤东西北欠发达地区中小学生约 10 万人，取得了良好的社会效益，被报刊、电视、网络等媒体广泛传播。[1]

第二节　指标分解

一、要点摘录

要与综合实践活动课紧密结合，广泛开展社会实践，每学年至少安排一周时间，开展有益于学生身心发展的实践活动，不断增强学生的社会责任感、创新精神和实践能力。

（一）主题实践

利用爱国主义教育基地、公益性文化设施、公共机构、企事业单位、各类校外活动场所、专题教育社会实践基地等资源，开展不同主题的实践活动。

---

[1] 侯的平，韩俊，管昕，等.馆校结合科普育人模式的探索与实践——以创意机器人创新实践教育为例 [J].科技创新发展战略研究，2020，4（5）：40-45.

利用历史博物馆、文物展览馆、物质和非物质文化遗产地等开展中华优秀传统文化教育。

利用革命纪念地、烈士陵园（墓）等开展革命传统教育。

利用法院、检察院、公安机关等开展法治教育。

利用展览馆、美术馆、音乐厅等开展文化艺术教育。

利用科技类馆室、科研机构、高新技术企业设施等开展科普教育。

利用军事博物馆、国防设施等开展国防教育。

利用环境保护和节约能源展览馆、污水处理企业等开展环境保护教育。

利用交通队、消防队、地震台等开展安全教育。

利用养老院、儿童福利机构、残疾人康复机构等社区机构开展关爱老人、孤儿、残疾人教育。

利用体育科研院所、心理服务机构、儿童保健机构等开展健康教育。

（二）劳动实践

在学校日常运行中渗透劳动教育，积极组织学生参与校园卫生保洁、绿化美化，普及校园种植知识。

将校外劳动纳入学校的教育教学计划之中，小学、初中、高中每个学段都要安排一定时间的农业生产、工业体验、商业和服务业实习等劳动实践。

教育引导学生参与洗衣服、倒垃圾、做饭、洗碗、拖地、整理房间等力所能及的家务劳动。

（三）研学旅行

把研学旅行纳入学校教育教学计划，促进研学旅行与学校课程、德育体验、实践锻炼有机融合，利用好研学实践基地，有针对性地开展自然类、历史类、地理类、科技类、人文类、体验类等多种类型的研学旅行活动。

要考虑小学、初中、高中不同学段学生的身心发展特点和能力，安排适合学生年龄特征的研学旅行。

要规范研学旅行组织管理，制定研学旅行工作规程，做到"活动有方案，行前有备案，应急有预案"，明确学校、家长、学生的责任和权利。

（四）志愿服务

开展学雷锋志愿服务活动。要广泛开展与学生年龄、智力相适应的志愿服务活动。

发挥本校团组织、少先队组织的作用，抓好学生志愿服务的具体组织、实施、考核评估等工作。

做好学生志愿服务认定记录，建立学生志愿服务记录档案，加强学生志愿服务先进典型宣传。

——以上见《教育部关于印发〈中小学德育工作指南〉的通知》（教基〔2017〕8 号），2017 年 8 月 17 日。

一级指标	二级指标	评估分值	评估说明
A3. 实践育人 12%	B21. 根据《中小学德育工作指南》要求，秉承行动德育"实践育人"的德育理念，开展不同形式的主题教育实践活动。以春节、清明节、端午节、中秋节、国庆节、元旦节等为契机，利用基地、场所、公益等文化设施，结合学校实际，走进革命基地、烈士墓园等，组织学生进行传统文化教育实践活动；学校借助"科技节""艺术节"，因校制宜，组织学生开展科普、文化艺术教育实践活动；结合法治、安全等主题日，组织学生深入社会，根据时段组织学生进行法治、安全、健康教育实践活动	5 分	1. 有主题教育实践活动的方案或行事历计 1 分 2. 传统文化教育实践活动图片、简报一次计 1 分，2 次以上共计 2 分 3. 科普文化实践活动简报共计 1 分 4. 法治、安全、健康教育实践活动简报共计 1 分
	B22. 加强劳动实践课程教育作用，学校每学年内或寒暑假自主设立劳动周，组织学生参加校内劳动、校外劳动、家务劳动。中小学劳动教育课每周不少于 1 课时，每周课外活动和家庭生活中的劳动时间不少于 2 课时	4 分	1. 有开展劳动实践活动的图片、简报、记录一次计 1 分，2 次以上共计 2 分 2. 设立劳动周，并有相关活动的印证材料计 2 分，无计 0 分

续表

一级指标	二级指标	评估分值	评估说明
A3. 实践育人12%	B23. 学校利用好研学旅行实践基地，有针对性地开展自然类、历史类、地理类、科技类、人文类、体验类等多种类型的研学旅行活动，结合学校办学理念，制定具有地方特色和学校特色的研学旅行方案。研学旅行及其他实践基地活动要做到："活动有方案、行前有备案、应急有预案"	3分	1. 有研学旅行及其他实践基地活动方案计1分 2. 有开展研学旅行或其他实践基地活动的图片、简报等1次计1分，2次以上共计2分

——以上见《彭水苗族土家族自治县教育委员会关于开展德育工作规范化学校创建活动的通知》（彭水教委发〔2022〕15号），2022年3月18日。

二、实施建议

（一）主题实践

（1）充分利用社会资源，如博物馆、纪念馆、美术馆、文化遗产、具有历史文化风貌等，组织学生进行文化体验或现场教学，甚至可以组织学生及家长共同参加传统文化、革命文化、国防教育、法治、安全及健康等主题实践活动。

（2）从传统文化的角度，不同阶段的学生要求也有所不同。例如：小学阶段，主要对学生进行中华优秀传统文化的启蒙教育和认知教育；初中阶段，主要是提高学生对中华优秀传统文化的认同度；高中阶段，主要是增强学生对中华优秀传统文化的自信心，让学生感受和比较不同地域、不同民族特色的戏剧风格，了解中华民族丰富的文化遗产。

（3）革命传统及国防教育主题实践，充分利用地区红色资源。例如：参观彭水黄家的红色文化实践基地，让学生体验革命生活；结合冬令营、夏令营，让学生体验军营生活，学习军人风范，培养集体主义观念。

（4）利用纪念日或节庆活动，开展祭奠先烈活动。让学生走进军事博物馆，认识各类现代兵器，开展国防教育启蒙及认知教育。利用科技节、艺术节等开展科普、文化艺术教育实践活动。

（5）针对不同学段的学生特点，开展法治、安全、健康教育。结合相关主题日，结合德育课、法治专题教育课、语文课、体育课、心理健康专题教育课等课程内容和要求，组织学生深入社会，进行现场教学、模拟训练。

（6）因地制宜、因校制宜开展科普、文化艺术教育实践活动。例如充分利用小作坊、民俗大舞台、陶艺馆、生态馆等开展科普及文化艺术教育实践活动。

（二）劳动实践

（1）利用教室、厕所、食堂、学生宿舍、学校空地和操场等场所为学生创造校内劳动实践的机会。通过班团队会、社团活动组织学生进行校内植物养护、手工制作等校园劳动实践活动。此外结合特色学生社团，开展手工劳技等特色劳动实践活动。一方面培养学生工匠精神，另一方面也体现学校自身特色。

（2）学校要多为学生提供校内志愿服务的机会，如招聘学生担任校长助理、校园卫生督查员、图书馆管理员、教务处助理等。

（3）充分利用社会资源，与校外单位构建合作关系，建立劳动实践基地，组织学生走出校园，走向社会，进行职业体验。考虑到学生实际情况和安全问题，小学阶段的校外劳动实践主要安排在学校所在的社区、附近的公园、适合小学生的劳动教育实践基地等场所进行。中学阶段可组织学生到大型工农业或手工业基地、劳动教育实践基地、特色产业园区等进行观摩及职业体验。

（4）促进家校协作，支持家长为学生创造劳动实践机会，让学生进行适合自身年龄段特点的家务劳动。学校还可组织家校互动性质的劳动实践活动，例如举办"厨艺大赛"等，邀请家长参与。家长既可作为参赛人员也可作为评委，通过此类活动增强学生的劳动意识，提升学生的劳动技能。

（三）研学旅行

（1）精心策划研学活动的主题。如红色文化考察、地质考察、历史文化游历、非遗传承、风土人情、科技博览、亲近自然等，根据主题确定具体的游历路线、目标、地点等。

（2）根据研学的路线和目标，设计研学问题，或引导学生提出探究主题，并根据研学问题或探究主题对旅行过程中的关键节点进行详细规划和设计，确保学生在活动中有针对性地体验和思考，强化德育目标的落实。

（3）组织好师生行动前的培训。对考察内容、景点进行必要的事先了解，明确参观考察秩序、人员分组等各类注意事项。

（4）做好安全预案。对所考察地区的地形地貌、行进路线特点、气候条件、住宿和就餐场所等可能带来的安全隐患进行充分预测，做好交通安全、意外伤害、突发疾病等各方面应急处理办法和措施。

（5）做好活动后的交流。小学低段可以组织口头分享交流；小学中、高段可口头分享或写出简短的心得；初高中年级学生要对交流的体会和心得做简要的分析、梳理、总结，就研学问题或探究主题写简单的考察或研究报告，并对游历过程和收获进行深入剖析、归纳，就自己的探究主题撰写研学报告。

（四）志愿服务

（1）加强对志愿者服务活动的指导，确保志愿者活动长期且有效地开展。活动开展后确保填写好相关记录。开设有关志愿服务的知识、技术讲座，组织志愿服务经验交流会，为学生参与志愿服务提供帮助和支持。

（2）学校要把志愿服务看作学生社会实践的重要组成部分，还可以把学生的志愿服务与课程标准以及毕业要求结合起来，如规定每个学生在毕业之前都要完成一项志愿服务活动，志愿者服务时间不得少于10个小时等。

（3）构建稳定的志愿者定点帮扶站，对需要长期志愿服务的敬老院、空巢老人、退休老教师、街道等公益机构、公共场所及人群等安排志愿服务分队，建立工作责任制，每支志愿服务分队每星期或每月派一个小组前去进行服务，同时做好服务记录。

（4）可以开展优秀志愿者评比活动，组织学生参与志愿服务，鼓励学生提交志愿服务成果，评选出优秀志愿者，为学生参与志愿服务树立典范。

第三节　区域实践案例

一、彭水县幼儿园——立德树人下的劳动实践之"小鬼当家"

（一）德育目标

幼儿园时期是形成幼儿劳动意识的关键时期，在幼儿园开展劳动体验教育活动能更好地培养幼儿的劳动能力、劳动习惯和热爱劳动的情感，为今后的学习和生活打下坚实的基础。彭水县幼儿园牢牢把握新时代劳动教育的性质、理念和目标，充分挖掘家、校、社劳动教育资源，将劳动教育融入保教活动，开展劳动教育实践。

在教育教学过程中的劳动教育探索，主题紧紧围绕"小鬼当家"展开一系列的劳动实践，通过深入探索深化了幼儿劳动教育，幼儿收获了丰硕的劳动体验成果。

"小鬼当家"劳动实践的德育目标为：

①让幼儿的自理能力和劳动能力得到锻炼，提高幼儿的实践操作能力，明确劳动在实际生活中的重要性。

②通过实践获得一定的劳动技能和劳动知识，有利于开发智能，促进大脑发育。

③在活动中幼儿的团体意识和团队合作精神得到培养，增强幼儿的自信心和自我评价意识，培养幼儿的劳动兴趣。

（二）实施方案

1. "五育"融合，打造劳动实践教育新课堂

在《3—6岁儿童学习与发展指南》中指出要让幼儿做力所能及的事。在幼儿园的一日活动中，随处可见幼儿劳动的痕迹。在幼儿园入园环节，老师会提醒幼儿按照顺序将自己的小书包摆放到自己的专属位置，并检查水杯等物品是否摆放整齐。吃点心时，请小朋友自己取拿点心，并清洗点心盘子，教学活动中，让幼儿自己收拾整理自己的物品，在午睡的过程中，引导幼儿脱衣并摆放整齐

有序，午睡结束后要自己穿好衣服鞋袜，整齐叠好被子。放学时，让幼儿对自己仪表、着装进行整理。让幼儿充分参与劳动实践，为幼儿提供劳动的机会，去做自己力所能及的事，树立正确坚定的意识，不断地提升自理劳动的能力，培养初步的责任感和劳动意识。

2. 家校共建，开辟劳动实践新天地

《幼儿园工作规程》指出幼儿园教育是学校教育的重要组成部分，是终身教育的奠基阶段。以劳树德，传承劳模精神，学习工匠品德，加强幼儿劳动教育，不能单单依靠幼儿园，还应重视与家庭、社会之间的衔接合作，以实现协同育人的目标。"食育"是一种回归生活的教育，更是一种回归教育的生活。园所坚持理论与实践相结合，每月开展一次"食育"与劳动相结合的健康校本课程，开展的校本课程有"做饭社""茶香四月""包饺子""桂花的秘密"等，让幼儿体验到劳动的快乐。

在劳动实践中，孩子们通过视、听、嗅、味、触觉的体验，开启了一段奇妙的感官之旅，活动后孩子们将自己的所见所闻通过绘画的形式进行表现，丰富了生活劳动经验，又收获了劳动所得的成就感，慢慢地孩子们就会喜欢上劳动。每一次的食育课程都是孩子们自主探索的过程，体验了制作和分享的乐趣，在做一做、尝一尝中，丰富了知识，在互帮互助中既锻炼了动手能力又培养了合作能力，同时也让饮食文化植根于孩子心中，以食为媒，培养孩子健康、快乐的人格品质。

3. 强化赋能，拓展劳动实践新载体

《3—6岁儿童学习与发展指南》强调开展劳动教育，为幼儿提供丰富的直接感知、实际操作和亲身体验的学习机会。在主题"小鬼当家"社会实践活动中，小朋友进入超市开始自主购物，在付款时都知道主动排队，也会帮助其他小朋友，购物活动让幼儿亲身体验到了生活中的劳动，懂得了取舍和遵守社会规则。让学到的知识回归生活实践，这样的教育才更贴近生活，贴近幼儿。

（三）德育成效

1. 适宜的环境让幼儿更爱劳动、爱生活

环境是幼儿教育和成长过程中的重要部分，结合幼儿的兴趣，以游戏为主符合幼儿的年龄特征，把环境运用到幼儿的教育中来，让幼儿参与到游戏中，亲自去体验劳动带来的快乐，让幼儿爱劳动、爱生活。

2. 榜样示范，引导孩子体验生活

好模仿是幼儿的天性，榜样的力量是建立劳动意识的关键。在幼儿园的一日生活中，教师和幼儿"朝夕相处"，教师的一言一行潜移默化。在教室里，教师和幼儿一起整理班级物资，一起布置主题墙，带领幼儿参与劳动、体验劳动，教师、同伴的"榜样示范"，激发幼儿参与劳动的兴趣，师幼共同营造温馨和谐的班级氛围。《幼儿园教育指导纲要》也指出：要与家庭、社区合作，引导幼儿了解自己的亲人以及与自己生活有关的各行各业人们的劳动，培养其对劳动者的热爱和对劳动成果的尊重。我们在日常随机教育中组织幼儿谈话，观看不同职业劳动者的工作内容，了解他们的工作环境、工作特点，激发他们对不同职业劳动者的热爱，并在生活和游戏中模仿和实践劳动体验。

3. 孩子多尝试，每一个孩子都能创造奇迹

幼儿成长的过程中，很多教师不愿意放手让他们去尝试，担心孩子完成不好，加上长辈们对孩子的溺爱，进一步限制了幼儿自主体验劳动的机会。在整个教育成长中，我们也要学会适当放手让孩子去完成，哪怕做得不够好，也要让孩子们去体验劳动。教师及父母长辈应该去正确引导孩子，正确地认识孩子，孩子是一张白纸，你给孩子机会，孩子就会有多种体验。放手去尝试，给幼儿的成长增添更多的色彩。

4. 家园合作协同育人

家园合作是提高幼儿劳动积极性、培养幼儿劳动能力的关键，幼儿劳动教育不能仅依靠教师，家庭的教育力量也不容忽视。为更好地促进幼儿劳动教育，从家长入手，改变家长观念，提高家长对劳动教育的重视程度。通过召开家长

会、家长约谈、网站宣传等方式，向家长进行宣传和引导，让家长知道培养幼儿参与劳动的重要性，幼儿在整个成长环境中所受到的教育，不仅仅来自家庭，还与学校、社会息息相关，我们应学会引导，在活动中观察幼儿的各种生活体验，培养幼儿爱生活、爱劳动的兴趣。当孩子们真正地体验劳动，他们才会慢慢地融入生活。作为教师可以鼓励他们劳动，比如鼓励他们自己叠餐巾、摆碗筷、扔垃圾、晒鞋子、洗袜子等。根据幼儿的年龄特征由易到难，一步一步地去引导，当他们有一定的进步与成长的时候，你会感到很欣慰。

（四）方案点评

"纸上得来终觉浅，绝知此事要躬行。"习近平总书记在与北京大学师生座谈时指出，学到的东西，不能停留在书本上，不能只装在脑袋里，而应该落实到行动上，做到知行合一、以知促行、以行求知，正所谓"知者行之始，行者知之成"。每一项事业，不论大小，都是靠脚踏实地、一点一滴干出来的。

在新时代背景下，劳动教育应贯穿于幼儿一日生活始终，彭水县幼儿园通过劳动实践在幼儿幼小的心灵中播下劳动的种子，通过老师的言传身教，通过孩子们亲身实践、操作，调动孩子们的"眼、耳、鼻、舌、身、意"让孩子们切身体会到劳动的快乐，收获劳动的喜悦，从而让每一个孩子未来都能成为爱学习、爱生活、有责任、有担当的人。

二、彭水第四小学——"蜜蜂小精灵"劳动实践

（一）德育目标

彭水四小围绕"多元教育，个性发展"的理念，把以劳树德、以劳增智、以劳强体、以劳育美、以劳促创作为核心内容，以课堂教学改革为突破口，以"实践育人"为基本途径，以各种活动为抓手，坚持有计划、有组织、有目的地组织学生参加丰富多彩的劳动实践活动，积极探索劳动教育在素质教育中的作用，增强学生的劳动观念，培养学生的生活技能、生存技能，在动手动脑中培养学生的创新意识和实践能力，促使学生全面发展。

（二）实施方案

1. 多渠道宣传，强化劳动观念

彭水四小重视劳动教育，把劳动教育作为德育工作的重要内容，保证劳动教育的实效性和多样性。

（1）通过开学典礼、升旗仪式、班会课向同学们进行宣传教育，让他们知道劳动最光荣，劳动创造美好生活，勤俭节约是美德，骄奢浪费最可耻的劳动观念。

（2）通过五一劳动节、农民丰收节进行宣传教育，突出校园劳动实践基地建设，开展丰富的劳动实践教育活动，营造劳动光荣、环境优美的校园氛围。

（3）通过家长会、家访等形式对学生家长进行劳动教育重要性的宣传，引导家长认识劳动对培养学生优秀的思想品质、养成良好行为习惯的作用，使家长能积极主动地配合各项校内外教育活动。

（4）通过微信公众号、新闻媒体向社会宣传，带动兄弟学校仿效学习，形成品牌效应，达到教育辐射作用。

2. 以"开心农场"实践活动为抓手，提升劳动技能

从学生的认知、情感规律出发，广泛为学生创建劳动实践活动，开展体验教育，依托"开心农场"基地，分年段开设不同的劳动实践课程。如：低年级学生认识蔬菜、水果、农具，给花草浇水、除草等；中高年级学生在了解农作物的种植季节和种植方法后，开始动手种植，为农作物松土、浇水、施肥、捉虫。

教师引导学生将劳动实践与学科学习整合，及时完成观察记录，写观察日记、自然笔记、作文等。引导学生主动参与到劳动实践活动中，用自己的眼睛去观察，用自己的心灵去体验，用自己的理智去感悟生活的意义和做人做事的道理，从而内化为健康的思想、品格，外显为良好的行为和自觉习惯。

通过强化学生劳动实践意识，为学生劳动提供有利平台，将校园每一个角落、每一寸土地都有效合理利用，并做到科学开发。把环境育人、环境立校提高到新的发展高度，学校将劳动习惯、劳动品质的养成融入校园文化建设之中，

培养最美劳动者。

3. 丰富的校内活动，培养良好行为习惯

（1）集体劳动培养讲卫生的习惯。每个学生在班级内寻找适合自己的小岗位，在为集体、为他人服务的过程中让学生体验劳动的快乐，培养责任感。

（2）"劳动技能"大赛培养自律的习惯。劳动技能大赛是学校开展劳动教育以来最有趣的活动，该活动为学生各种劳动才能的展示广设擂台，为学生个性特长的培养和开发注入添加剂。让学生在活动中受到教育，在不知不觉中提高了生活自理能力，为将来能立足社会奠定生活技能基础，同时在活动中进一步增强劳动技能。

（3）"我当家我做主"活动培养劳动能力。通过活动让学生独立设计菜谱、独立购买食材，学习正确合理消费，节约用钱，养成勤俭的好习惯；让学生体验"当家"的感觉，进而了解爸爸妈妈平时操持家庭生活的辛苦，为了这个家庭付出的劳动，增进父母子女间的感情交流，让学生以实际行动报答父母的辛勤劳作，为家庭分忧，使学生体会家长的艰辛，激发学生关爱家人、体谅父母的情感；通过亲身体验，培养学生的生活实践能力和动手能力。

（4）演讲征文赛培养劳动意识。举办"我劳动我快乐"演讲征文赛，通过比赛使广大学生树立了劳动意识。以劳动为荣，以懒惰为耻。同时也深华了学生对家务活的理解和认识，使爱劳动教育不断深入人心，为实现"三爱"而努力奋斗。

4. 组织社会实践劳动，以劳树德

加强学校劳动教育与校外教育之间的联系，充分发挥校外德育基地的作用，给孩子积极参与并实践劳动技能提供更广阔的空间与平台，让其感受劳动的快乐与光荣。每学期学校组织学生到社区、敬老院参加社会实践劳动，用实际行动唤起人们的劳动意识。

各班结合自身实际，有目的、有主题地组织丰富多彩的劳动教育活动，在劳动的过程中，遵循知、情、意、行相统一的原则，并充分注意教育形式的趣、活、实。积极开展"三个一"活动，即"访一名劳动能手""学一种劳动技术""写

一篇劳动收获体会",让学生在活动中学本领,做主人。

（三）德育成效

1.学生的劳动价值观念得到了显著提升

认识更多的劳动工具,懂得劳动技能技巧。从不珍惜劳动成果、不想劳动、不会劳动到热爱劳动、以劳动为荣,从淡化、弱化劳动教育转化为高度重视劳动教育。以劳动实践活动为载体,让学生的劳动价值观念得到了显著提升。

2.学生更自立、自强、自信

学生更自律、生活有规律,学生独立自主能力更强,懂得尊敬、孝敬、关心他人,养成良好的行为、生活、学习习惯。劳动实践活动让学生从个人做起、从家庭做起、从学校做起,逐步养成用劳动服务自己、服务他人及服务社会的良好习惯。

3.学生的身心健康水平得到显著提升

依托劳动实践活动,有效增强学生体魄。使学生勤于劳动、乐于劳动,愿意通过劳动增强体质。只有拥有了健康的体魄,才能更好地学习、生活,今后才能更好地为祖国作贡献。

4.践行劳动提升智慧

劳动实践活动强调理论与实践相结合,通过劳动实践活动,使学生将所学的书本知识运用到具体实践之中,并通过实践检验所学,从而进一步加强学生对知识的理解,提升学生的学识与技能。自开展劳动实践活动以来,学校多次获得县上劳动与技能竞赛奖,老师获得市级劳动论文比赛奖,学生获得劳动征文比赛奖。

从精彩的课堂到有趣的活动,从有效的管理到精细的布置,彭水四小的劳动教育真正落实到每一个角落,真正让学生做到以劳树德、以劳增智、以劳强体、以劳育美、以劳促创。

（四）方案点评

劳动教育是学生成长的必要途径，具有树德、增智、强体、育美的综合育人价值。实施劳动教育的重点是在系统的文化知识学习之外，有目的、有计划地组织学生参加日常生活劳动、生产劳动和服务性劳动，让学生动手实践、出力流汗，接受锻炼、磨炼意志，培养学生正确的劳动价值观和良好的劳动品质；树立学生正确的劳动观点，使他们懂得劳动的伟大意义；培养学生热爱劳动和劳动人民的情感；养成劳动习惯，形成以劳动为荣，以懒惰为耻的思想品质。

劳动教育是中国特色社会主义教育制度的重要内容，直接决定社会主义建设者和接班人的劳动精神面貌、劳动价值取向和劳动技能水平。归根到底，劳动教育是有利于提高民族综合素质和国家综合国力的，是需要坚持不懈进行下去的。

三、思源实验学校——"劳动创造美"实践活动

（一）德育目标

思源实验学校秉持"享美思源 感恩天下"的办学理念，以"尚美教育"为战略使命，推进学校全面发展。学校全力开展"生态坊"建设和"8+X+Y"活动，打造习静文化，以切实助力学生德育养成与兴趣特长发展，真正践行以人为本、因材施教的教育思想，落地立德树人、德智体美劳全面发展的教育方针，开发和利用"劳动创造美"课程，打造"劳动创造美"德育品牌，以实践育人为切入点，带动学校德育体系的实施，让学生得到全面发展。

学校坚持科学精准规范化管理，将劳动教育纳入学校的重点工作中，深入推进劳动教育理念，创新开展劳动课程，努力构建德智体美劳全面培养的教育体系。逐步达成培养劳动品德、劳动习惯、劳动知识技能、劳动情感的劳动育人目标；形成夯实组织领导、教师队伍建设、评价机制建设的保障体系；形成课上课下相结合、校内校外共实践、家庭社会齐参与的立体化劳动教育体系。

（二）实施方案

1.建立健全劳动教育体系

全校开设劳动课程，每班每周 1 节，同时创建苗木花卉培植等社团；师生自主开展"生态坊"建设；成功申报重庆市第三期"领雁工程"课程创新基地并顺利结项。学校真抓实干，抓实抓常，全面落实劳动教育体系，完善《劳动教育评价制度》《学生综合素质测评办法》等制度，将劳动教育作为学生综合素质评价的中心内容、学校年度考核和评优评先的重点考核依据，并强化劳动激励措施，设立劳动教育经费，用于劳动教育工作开展和劳动教育奖励。

学校还跨校辐射联动，切实构建劳动教育共同体。在第三期"领雁工程"项目结项后，申报第四期"领雁工程"项目，继续"生态坊"课程基地建设，全面有序开展"生态坊"课程，并与周边参与学校如走马中学、连湖中学等实行结对帮扶，辐射联动，通过召开现场会、交流发言、基地观摩等活动对周边区县学校起到了很好的引领示范作用，以此带动城乡义务教育教学质量的整体提升，促进中小学学生素质的全面发展。

2.夯实阵地，创新融合开展劳动教育

（1）学校着力"生态坊课程创新基地"建设，增设多元化的校本课程，创新改革课堂教学，打造云课堂之翻转课堂，加强学科融合，发挥思政课劳动育人功能，大力营造尊重劳动，热爱劳动的良好氛围，促进德育、劳育协同并举。

（2）着力打造实验室、功能室及学科教室，开展实践创新活动。学校内借师生之力，外争资金，完善生态坊基地。开展了蔬菜瓜果、花草苗木的种植，同时拓展"生态坊"系列课程（包括种植、养殖、培育、盆栽、盆景打造、景观设计、插花、手工、雕刻、编织、膳食等）。通过理论学习、劳动实践和完成学校特殊劳动任务，旨在活动之中弘扬劳动精神，引导学生崇尚劳动、尊重劳动，懂得劳动最光荣、劳动最崇高、劳动最伟大、劳动最美丽的道理，希望孩子长大后能够辛勤劳动、诚实劳动、创造性劳动。以增强学生的劳动意识与实践能力，培养学生的兴趣特长，使学生爱上农村农业，提高艺术修养，提升生活品质与品位。

（3）学校全力开展"8+X+Y"活动（"8"是指每月一次的主题活动；"X"是指思源主持人大赛、思源好声音、思源踩花山等多个专题活动；"Y"指逐渐发展起来的多个社团活动），实施3个"1小时"工程，助力学生德育养成与兴趣特长发展，真正践行以人为本、因材施教的教育思想，落地立德树人、德智体美劳全面发展的教育方针。

（4）将劳动课纳入正课，其教学内容为理论学习、劳动实践和学校交办劳动任务三大部分，以社团活动课的形式创新开展种植、苗木培育、盆景打造、景观设计、手工、编织、膳食等实践课程。学生利用每周一节的劳动课和每天的社团课时间，在老师的引领下分别进行园圃管护、园艺培训、小景观打造等活动，以培养学生优良的劳动品质与素养。

（5）为了让学生吃饱吃好不浪费，学校实行集体共餐制，全校师生同时文明进餐，基本消除浪费现象。学校开展学生分餐实训，打造习静文化，全校所有班级在食堂轮值服务一天，全程参与分餐添餐、餐具摆放洗刷、食堂清洁卫生等劳动服务，培养学生懂文明、讲礼仪、爱劳动的良好习惯。创新劳动课程融合理论实践，落实立德树人。

（6）全校的绿化维护、卫生打扫以及教室外阳台花草的维护，均由学生完成。做到人人有区域，人人有事做，校园是我家，维护绿化靠大家。

3. 聚焦社会，完善育人联动体系

学校开展丰富多彩的劳动精神学习活动，以劳动教育主题班会、主题团日、学习劳模活动为载体，将劳动教育与学生校园日常生活有机结合，大力弘扬劳动价值观。学校坚持卫生区域承包制，辅以寝室文化卫生评比、急救护理、消防安全、食堂分餐、最美思源人评选、走进社区服务、最美家庭劳动者网络评比等劳动技能实践活动，形成学生、家长、教师、学校、社会"五位一体"的联动教育，在劳动中落实立德树人、德智体美劳全面发展的教育方针。

（三）德育成效

1. 实施成效

（1）完善屋顶"生态坊"设施设备，全面实施"生态坊"课程，学生参与种植、培植实践活动，便于养成学生的劳动习惯。

（2）开展劳动成果评比、反思总结，表彰先进、解决问题，形成了劳动氛围。

（3）建构科学完善的课程体系，实现国家课程的整合与外延，开发适合农村孩子的实践创新、职业体验课程。

（4）形成学校章程，重新拟定学校中长期规划，完善学校相关制度，建构真正激励师生健康发展、绽放师生生命的评价体系的初稿，提交教代会审定。

（5）长期坚持"生态坊"课程基地建设，不断充实成果，引领辐射其他学校。

2. 造成的影响

"劳动创造美"以生为本、因材施教、挖掘潜能、发展爱好，不放弃任何一个学生，让每个学生都成为最好的自己。尊重学生差异，实施云课堂之翻转课堂，全力搭建各类活动平台，力推自主管理，促进养成自觉，真正形成了德智体美劳全面发展的教育格局。

（四）方案点评

习近平总书记在全国教育大会上明确指出：把劳动教育纳入培养社会主义建设者和接班人的总体要求，构建德智体美劳全面培养的教育体系。在这样的要求下，思源实验学校的"劳动创造美"德育品牌真正将劳动教育落到了实处。

1. 劳动教育有以下重要意义

（1）树立学生正确的劳动观，使他们懂得劳动的伟大意义。了解人类的历史首先是生产发展的历史，是劳动人民创造的历史；懂得辛勤劳动是建设社会主义的根本保证；劳动是公民的神圣义务和权利；懂得把脑力劳动同体力劳动相结合的重要意义。

（2）培养学生热爱劳动和劳动人民的情感。养成劳动的习惯，形成以劳动为荣，以懒惰为耻的品质。抵制好逸恶劳、贪图享受、不劳而获、奢侈浪费等恶习的影响。

（3）学习是学生的主要劳动，教育学生从小勤奋学习，将来担负起艰巨的建设任务。并教育学生正确对待升学、就业和分配。

2. 思源实验学校的"劳动创造美"符合劳动教育原则

（1）着力提升学生综合素质，促进学生全面发展、健康成长。把准劳动教育价值取向，引导学生树立正确的劳动观，增强对劳动人民的感情，报效国家，奉献社会。

（2）符合学生年龄特点，以体力劳动为主，注意手脑并用、安全适度，强化实践体验，让学生亲历劳动过程，提升育人实效性。

（3）深化产教融合，改进劳动教育方式。强化诚实合法劳动意识，培养科学精神，提高创造性劳动能力。

（4）拓宽劳动教育途径，整合家庭、学校、社会各方面力量，形成家庭劳动教育日常化，学校劳动教育规范化，社会劳动教育多样化的协同育人格局，将劳动教育落到了实处。

（5）根据各地区和学校实际，结合当地在自然、经济、文化等方面的条件，充分挖掘社会资源，开展劳动教育。

（6）起到引领示范作用，带动周边学校劳动教育的实施，以此带动城乡义务教育教学质量的整体提升，促进中小学学生素质的全面发展。

思源实验学校走出了一条自己的劳动教育之路，让学生自主地参与到劳动当中来，无论在学校、在家里还是在社会上，劳动已经形成了一种自发的习惯，成为了师生的一种下意识的行为，这无疑对学生自己和社会都是非常重要的，如果每一个人的劳动都能成为一种自发的行为，那么我们的整体素质和素养都将得到显著的提升。

四、联合乡小学——"生活即教育 劳动伴成长"劳动实践

（一）德育目标

德育是素质教育的核心，是学校发展的命脉。大力开展德育工作建设，提高全体师生员工的素质和活力，缔造和谐校园，能带动和促进学校各项事业的

飞速发展，联合乡小学以综合实践为切入点，倾情演绎实践育人。

（1）通过劳动教育，懂得劳动缔造社会财富、劳动光荣、劳动没有高低贵贱之分的道理；从小培育热爱劳动、热爱劳动人民的思想感情。

（2）通过综合实践学习一些浅显的手工劳动知识，学会使用一些常用工具，进一步增强学生的动手能力。

（3）培育学生观测、思维、想象的能力和创造精神，推动学生身心的健康发展。

（二）实施方案

1. 劳动课程

没有劳动的教育不是全面的教育。联合乡小学结合实际，在劳动技能课上给予学生更多的劳动实践，教会他们劳动技能，培养他们的劳动兴趣。

以前的劳动课，往往都是老师说，学生做，家长和老师都不是很重视。很多老师都会用劳动课来订正作业，完成一些练习。现在的劳动与技术课程是一门重新整合过的课程，学校按照要求，把它列入教学计划，每周安排 1 节课，安排肯动脑、动手，能力强的老师担任这门学科的老师，保证课时与质量。

2. 学科融合

劳动实践课不是一门孤立的课程，联合乡小学将劳动实践课与其他课程进行了有机的融合，结合不同课程的不同特色，开展了"我会创造"手工作品竞赛，学生在创作过程中不仅获得了动手实践的快乐，还对所学知识进行了整合、应用，有效促进了各学科之间的学习。

3. 家校协作

劳动竞赛不仅在校园内部开展，还延伸到家庭生活当中。在校内，学生完成最基本的校园扫除、课桌摆放、书包整理等任务；在校外，我们协同家长制定劳动计划，放手让学生参加劳动，如以"三八"节为契机开展"我为长辈做件小事"的活动，让学生养成"自己的事情自己做，不会的事情学着做"的好习惯。

4.寓教于乐

除了常规劳动教育活动，联合乡小学在特定节日——植树节、世界卫生日、清明节等时间节点，还会开展一系列活动，如植树我光荣、社区创卫、扫墓等。通过这些活动，学生不但获得了劳动技能，还懂得了为人民服务、为社会作贡献的道理。

（三）德育成效

将劳动教育纳入教学活动，极大地增强了学生的组织纪律性和集体观念，培养了学生吃苦耐劳的精神和不怕困难、敢于胜利的作风。

在劳动的大课堂，正是老师们用自己的实际行动，用自己辛勤的汗水，给学生上了生动而又有意义的一课，让学生在劳动的苦与乐中锻炼了身体，提高了劳动技能，培养了吃苦耐劳的品质，磨炼了坚韧不拔的意志。亲身劳动的体验，让学生不仅更多地接触自然，感受自然的气息，而且意识到学习生活的宝贵。再次回到校园，他们会以更加充沛的精力，更加刻苦的精神，投入到学习中去，分秒必争，努力向上，为自己的理想而拼搏。

（四）方案点评

联合乡小学的综合实践活动将劳动实践进行了系统的整合，同时充分整合了家校资源，让劳动实践不再仅仅局限于校园内部，更是拓展到了家庭乃至于社会。随着学校综合实践的开展，联合乡小学渐渐变成一所欣欣向荣、充满生机的优质学校。在全体师生的共同努力下，学校一步一个脚印地走来，在学生、教师、家长心中留下了深刻的印象，也为学校赢得了较高的社会评价。

联合乡小学的综合实践首先是有序，孩子们在校做什么样的劳动实践，回家后该做什么，针对不同的节庆又该做什么，整个综合实践体系的实践内容丰富且井井有条，此外劳动实践与学科的融合，是真正在践行"知行合一"，唯有通过孩子们的实践，才能让"知—行—知—行"成为闭环，让孩子真正掌握所学知识，进而为自己未来的幸福生活奠定基础。

五、彭水职业教育中心——"五动"劳动实践基地建设

（一）德育目标

根据《关于全面加强新时代大中小学劳动教育的意见》提出的通过劳动教育，使学生能够理解和形成马克思主义劳动观，牢固树立劳动最光荣、劳动最崇高、劳动最伟大、劳动最美丽的观念；体会劳动创造美好生活，体认劳动不分贵贱，热爱劳动，尊重普通劳动者，培养勤俭、奋斗、创新、奉献的劳动精神；具备满足生存发展需要的基本劳动能力，形成良好的劳动习惯。围绕为什么建，建什么，如何建三个问题，确立五动三融合建设原则。五动：动手、动脑、动身、动情、动心。三融合：融合全员覆盖，融合专业，融合突出特色的多元化校内劳动教育实践基地。

（二）实施方案

1. 动手：校内种植园——生产性实践基地

教育与生产劳动相结合，是马克思主义教育观的重要主张。据此，学校将顶楼空地变为学生的种植家园，将其规划设计，实行班级承包责任制，班级设有承包组长、清晰的组织结构、完善的栽种计划，学生可自行选择种植的植物类型，如水果、蔬菜、花草树木等；开展校内农场种植课程，聘请有种植经验的老师对学生进行种植、除草、除虫等方面的辅导，促使各种作物能够丰收。通过栽种各种植物或者农作物，让学生体会春耕、秋收、夏耘、冬藏的种植智慧，感悟万物都应该顺其自然的哲学智慧，利用种植农作物需要的耐心，使学生学会心平气和地看待身边的事物。

2. 动脑：社区公益课堂——服务性实践基地

课程是劳动教育活动的核心载体，依托我校开展的社区教育项目，借助学校社区教育场地，以学生为主导，根据学生专业特点，广泛开设不同的课程，如对民族工艺班学生开设剪纸、蜡染等非遗传统课程，传承中华优秀传统文化；对计算机专业学生开设老年电子产品使用、防止网络诈骗、网上购物等培训，提升社区人员信息素养和防诈骗意识。

通过为社区人员提供专业知识和专业技能服务，提升社区人员的专业知识和专业技能水平，提升社区人员的整体素质和文明程度，同时让其了解终身学习的意义。

3.动情：校园值周日——体验式实践基地

学校是学生学习、生活、锻炼、成长的最佳环境，也可以作为劳动教育基地资源之一。利用校园值周开展体验式劳动教育，每周安排两到三名学生作为值周人员与值周老师们一起开展值周工作。让学生亲身参与食堂秩序的维护、班级早晚自习的考勤、寝室晚点名、管制刀具排查等值周工作。

在值周劳动中增强劳动观念，实现校园民主文化自治，帮助学生树立劳动服务意识和规则意识，发挥学生主体意识，培养学生的团队精神，培育学生的劳动热情。

4.动身：校内服务人员——勤工俭学式实践基地

学校开展勤工俭学是落实中央精神，贯彻教育方针的重要举措，是推进教育事业发展的有效途径。它既能培养学生良好的劳动习惯和热爱劳动的优良品德，又能解决部分贫困学生的问题，是山区农村学校生存和发展的一条必经之路。我校将实训室、食堂等作为勤工俭学式实践基地，学生通过利用课余时间到实训室做卫生、到食堂帮忙收拾碗筷等，获得相应的劳动报酬，解决贫困学生的经济困难问题，同时又培养学生自立自强的生活态度。

5.动心：传统手工制作——非遗传承式实践基地

学校因地制宜，立足苗族剪纸和苗族蜡染非遗文化，开设剪纸工作室、苗绣室和蜡染室，开设体验式、探究型、创新性等一系列非遗文化劳动课程，在学生体验与探究的过程中，培养其文化自觉意识，使其产生对家乡民俗文化的归属感、认同感与自豪感，引导学生进行创意设计与制作，培养学生的想象力。

（三）德育成效

为保证各基地建设有序高效地运行，学校建立了以一把手为组长，各班主任和1+N人生导师为成员的领导机构，形成"层级清晰，职责分明"的管理架构。资金方面，学校、政府、企业多方筹措资金用于基地建设。制度方面，校企业合作双方明确责任，各司其职，严格按照制度办事，认真做好基地管理工作，确保基地可持续发展。

充分利用学校资源，调动学生的积极性，有效创造"学校—家庭—社会—企业"四方一体劳动教育培养实施路径。校本劳动课程体系的构建，将社会、家庭、学校、企业有机结合，放大协同育人的优势，让学校的办学理念和育人方式紧密结合，同时让学生动手、动脑、动身、动情、动心主动参与，在亲历实际的过程中掌握劳动基本技能，提升专业技能水平，亲身感受劳动价值，感悟劳动创造美好生活，让学生养成自觉热爱劳动，崇尚劳动的情操。

（四）方案点评

劳动实践基地，顾名思义就是学校进行集体劳动实践的地方，既然是基地就必须有一系列的配套，例如专门的地点、统一的管理、对应的师资、劳动实践所要实现的具体目标等。职教中心的"五动"劳动实践基地对于每一"动"都做出了相应的安排与配套。可见，学校是实实在在地在进行劳动基地的建设。

建立劳动实践基地是教育现代化、素质教育的重要组成部分。在劳动实践基地里，学生们可以接触不同职业，了解不同职业的特点和技能，对于未来的就业选择有着重要意义。

劳动实践基地可以提高学习效率，使学生们不仅仅停留在理论知识的层面，而是更多地接触到实践中的知识，从而加深了对所学内容的理解和记忆，促进了学生们的学习兴趣和学习效率，为学生的学习打下坚实的基础。

世间一切具有价值的东西，都需要经过艰苦辛勤劳动才能获得。劳动基地建设的意义在于使学生在劳动中体验到勤奋、荣誉、自尊，通过劳动激发艰苦奋斗的精神，进而促进学生全面和谐的发展。

第九章　协同育人

第一节　理论及实践综述

一、协同育人的基本内涵

《说文解字》中指出，"协，众之同和也。同，合会也。"[1]《当代汉语词典》中指出"协同"意为"各方相互配合或一方协助另一方做某事"。[2]从中可知协同强调双方或多方相互配合，围绕共同的目标一起工作。

20世纪70年代末，物理学教授赫尔曼·哈肯提出了协同的新概念，并出版《协同学》，标志着协同学正式作为一门学科建立起来了。该概念强调整个环境中，各子系统之间存在相互影响和合作，随后应用到社会科学领域当中，协同育人以此作为理论基础建立起来。关于协同育人的界定大概分为三个方向：一是强调家校社三方协同开展教育；二是强调教育资源的共享、整合、协调；三是基于协同学理论，强调各子系统通过改变环境条件，改变教育主客体要素，构建一种新的有序结构，达到多方协同。[3]可以看出，协同育人是指多方主体协同，各要素协同以及时空协同，整合各类资源，形成有序的、系统的整体效应，以提高教育教学的有效性，促进学生综合发展。

二、协同育人的价值分析

（一）完善学校德育系统

美国心理学家科尔伯格是认知心理学派的代表人物之一，他通过对儿童道德发展进行观察和研究后，提出了道德发展阶段理论，证实了儿童的道德

---

[1]许慎.说文解字［M］.北京：中华书局，1963：293+156.

[2]《当代汉语词典》编委会.当代汉语词典［M］.北京：中华书局，2009.

[3]涂凯迪.高职思想政治教育协同育人的基本内涵和理论基础［J］.浙江工商职业技术学院学报，2021，20（3）：37-39.

认知发展具有阶段性。因此，学校要依据学生的道德认知阶段对学生进行道德教育，对德育进行系统的规划，将德育中的各要素与学生的道德发展规律和需求相匹配，而不是一成不变地对学生展开德育。协同育人则要求关注学生的个体差异，将德育过程中的各种要素整合起来，包括人的要素和物的要素，构建有序的德育系统，促进大、中、小、幼德育衔接，促进学生德性发展，提升学校德育效果。

（二）落实立德树人的根本任务

协同育人以培养德智体美劳全面发展的社会主义建设者和接班人为目标，以立德树人为根本任务。提高学生的思想道德修养，要依靠专门的思想道德课程，也要将德育理念渗透到其他学科和环节当中去。协同育人要求学校、家庭、社会全员参与到育人活动中，形成教育合力，将立德树人融入教育教学的全过程，道德教育与其他教育相互融合，改变过去过分重视智力教育而忽视道德教育的现状，落实立德树人。

三、协同育人的典型成果

（一）广西民族地区小学生科技创新教育："G-U-S"协同育人模式

小学生科技创新教育"G-U-S"协同模式促进了民族地区小学生科技创新教育水平的提升。

广西民族地区小学生科技创新联和河池学院、宜州区第一小学、宜州区第二小学、河池市科学技术协会、宜州区教育局等单位，以协同育人理念为理论基础，以"师资共培、平台共建、载体共创、文化共育"为支撑体系，形成"校—政—校"育人共同体，深度推进校地、校校、校企合作，构建了"政府主导—高校引领—小学主体"的"G-U-S"协同模式。

在师资共培方面，河池学院与地方政府、一些学校形成"三方协同"的科技创新师资共培队伍，组织各类科技创新培训和比赛，高校与小学建立帮扶机制，组成科研团队，实施培训计划，以此来提升师资水平。

在平台共建方面，为解决小学经费不足、资源有限、缺乏创新平台的窘境，科技创新教育项目集合各方优势，建立起科技实验室、科普基地、创客空间、科技园等多个科技创新实践平台，构建了全方位科技创新平台。

在载体共创方面，以"激趣—实践—竞赛"三部曲，在课堂中激发学生兴趣，在实践中锻炼学生技能，在竞赛中提升创新能力，促进学生能力阶梯式提升。

在文化共育方面，将科技创新教育融入学校教育的全过程，打造学校品牌。

该模式的构建，不仅扩充了科技创新教育师资力量，促进了各学校的发展，而且有效提升了广西民族地区小学生的创新能力和学业成绩，产生了一系列成果。[1]

（二）江西省新余市渝水第三小学：启动家长进校园工作制

江西省新余市渝水第三小学提出新课改的"八变"。"一变"为将学生排排坐变为团团坐；"二变"为将一块黑板变为教室四周都是黑板；"三变"为将一张讲台变为四面都是讲台；"四变"为将一位老师的讲解变为多位学生小老师的展示；"五变"为将学生的被动学变为自学、对学、群学、展学等主动学习方式；"六变"为将老师的主演变为导演，讲师变为导师；"七变"为将老师的备教案变为做导学案；"八变"将40分钟的课时变为50分钟、40分钟、30分钟等大小不同的课时。为了促使家长对"八变"的理解，减少对家校教育的误解，该小学启动了家长进校园工作制。

一是值班站岗：早晨家长志愿者在校门口充当学生们的保卫者，课间在校园进行巡视，与学生们一起参与大课间活动；二是体验课改：走进课堂与孩子一起体验独学、对学、群学、展学、查学的课堂教学模式；三是参与决策：家长进入教师办公室、校长办公室、行政办公室，与教师一起批改作业，与校长交流教育想法，对行政人员提出自己的建议；四是结对认亲：该学校开展志愿者帮扶活动，有余力的家长志愿者与经济困难儿童形成一对一或一对多的结对帮扶；五是走进社区：每月最后一个双休日，家长与师生进入福利院、敬老院或是学生家庭献出关怀和爱心，传递正能量，共建美好社区。

通过家校合作，家长从教育的旁观者变成了参与者，提升了家长的素质，

---

[1]苏安，唐吉深，于亮.民族地区小学生科技创新教育"G-U-S"协同育人模式的探索实践[J].河池学院学报，2021，41（2）：86-90.

也促进了教师对自身教育理念和教育实践的反思，促进了学校教育发展和学生成长。[1]

（三）重庆凤鸣山中学：以高校中学协同育人模式培养安全学科创新素养

高校中学协同育人模式集合大学自身的师资优势、学科优势、平台优势、项目优势，以科技项目为依托，提升中学生的安全学科创新素养。育人环节主要表现在四个方面，即全程参与、具体实施、成果整理、师生互动。

全程参与要求参与项目的中学生要参与全程的每个环节，与高校指导教师进行讨论分析。具体实施要求将科技项目分解成多个细小环节，要求中学生参与到实验平台建设、实验配合和开展、数据分析等每个细小环节当中，熟悉科研流程，建立科研思维，培养科学素养。成果整理要求中学生按照科技论文的格式或专利的规范写法，撰写论文和专利，培养学生的成果意识和发表能力。师生互动要求高校指导教师与学生利用寒暑假和课余时间进行线上线下交流，解决学生疑惑和问题。

通过高校中学协同育人，学生全过程参与，培养了学生安全科学意识，锻炼了学生思维能力和动手能力。[2]

第二节　指标分解

一、要点摘录

要积极争取家庭、社会共同参与和支持学校德育工作，引导家长注重家庭、家教和家风建设，营造积极向上的良好社会氛围。

（一）加强家庭教育指导

要建立健全家庭教育工作机制，统筹家长委员会、家长学校、家长会、

[1] 陈忠英. 家校协同育人工作的实践与思考——以江西省新余市渝水第三小学为例 [J]. 教师博览，2019，9（8）：95-96.

[2] 段玉龙，耿迅，王文和，等. 高校中学协同育人模式探索——以培养安全学科创新素养为例 [J]. 教育现代化，2021（32）：61-64.

家访、家长开放日、家长接待日等各种家校沟通渠道，丰富学校指导服务内容，及时了解、沟通和反馈学生思想状况和行为表现，认真听取家长对学校的意见和建议，促进家长了解学校办学理念、教育教学改进措施，帮助家长提高家教水平。

（二）构建社会共育机制

要主动联系本地宣传、综治、公安、司法、民政、文化、共青团、妇联、关工委、卫健委等部门、组织，注重发挥党政机关和企事业单位领导干部、专家学者以及老干部、老战士、老专家、老教师、老模范的作用，建立多方联动机制，搭建社会育人平台，实现社会资源共享共建，净化学生成长环境，助力广大中小学生健康成长。

——以上见《教育部关于印发〈中小学德育工作指南〉的通知》（教基〔2017〕8号），2017年8月22日。

一级指标	二级指标	评估分值	评估说明
A6. 协同育人 12%	B24. 根据《中华人民共和国家庭教育促进法》《中华人民共和国未成年人保护法》的相关要求，加强家庭教育指导，建立学校家长委员会、家长学校、家长教师协会等工作机制，有具体可行的家长培训方案	4分	1.建立学校家长委员会、家长学校、家长教师协会等，每个计1分，最高不超过3分 2.有具体可行的家长培训方案，计1分
	B25.学校主动搭建各种家校沟通平台，通过学校的指导，让家长参加到学校的教育中，进而形成相互配合、相互支持的双向沟通模式。每期有家长开放日和家长会；借助学校的节庆日、团队活动、开学和毕业典礼等契机，邀请家长参加；学校搭建家校沟通平台，家长、教师、孩子及时沟通召开家长委员会不少于2次，办好家长学校并充分利用网上家长学校对家长进行指导，开展家长培训，对家长	6分	1.有家长开放日简报图片等资料，计1分 2.有家长会简报图片等资料，计1分 3.学校的节庆日、团队活动、开学和毕业典礼等契机，邀请家长参加，有效互动，计1分 4.家长培训相关的简报、图片及培训资料等，1次计0.5分，最高不

一级指标	二级指标	评估分值	评估说明
	进行满意度调查		超过 2 分 5. 对家长进行满意度调查，有资料计 1 分
A6. 协同育人 12%	B26. 构建社会共育机制，建立与本地宣传、综治、公安、司法、民政、文化、共青团、社事等部门，组织专家学者及"五老"干部建立多方联动育人机制，搭建社会育人平台，实现社会资源共享共建，净化学生成长环境，助力广大中小学生健康成长	2 分	查活动记录、图片、简报等 1 次计 0.5 分，4 次以上共计 2 分

——以上见《彭水苗族土家族自治县教育委员会关于开展德育工作规范化学校创建活动的通知》（彭水教委发〔2022〕15 号），2022 年 3 月 18 日。

二、实施建议

（一）构建家校共育机制

（1）加强家长学校建设。家长学校要有专人负责，组织架构完善，家长学校师资采取"请进来"与本地、本校讲师相结合的方式进行，各家长学校公益讲座的专家、讲师要经市家校共育研究与指导中心备案和培训，以确保课程质量，使之真正成为助力我市家校共育工作的有力阵地。

（2）健全机制推进"校园开放日"，发挥家长委员会作用。加强家校联系和家长委员会制度建设，以"一校一章程"为抓手，建立学校（幼儿园）家长委员会，并逐步形成学校、年级、班级三级家长委员会网络，把家长委员会纳入学校日常管理，制定工作章程，完善例会、对口联系等制度。通过家长委员会选派家长代表参与学校的部分管理或教育实践服务，鼓励家长在开放日到教室与孩子共同上课，开设家长接待日及家长热线，设立家长工作室，选树家庭典范，开设优秀家长讲堂等形式，推动家校双方达成共识，形成育人合力。

（3）实效开展家访活动。对需要重点关注的学生每学期至少进行一次入户实地家访，入户实地家访要做到随访与定访相结合。通过家访，详细沟通了解学生情况、家庭情况，认真和家长沟通交流，达成共识。各学校要建立家校共育家访联系制度，通过考核和激励等方式，鼓励支持学校领导、家庭教育指导师、家长学校负责人、班主任、德育教师、党员等走访或联系一定数量的特殊学生家长，掌握第一手资料，跟踪解决实际问题。

（4）常态开展"家校共育"论坛。通过家校共育论坛指导和帮助家长提升自身的素质和修养，提升家长的育儿综合水平，从而营造良好的教育环境，形成教育合力。

（5）多种形式创设家校共育环境。研究探索多种教育活动形式，创设家校共育环境。如聘请专家学者担任辅导员，为家长提供教育指导和咨询帮助；积极营造"书香校园"，并向"书香家庭"延伸；强化"共读共写共同生活"的"陪伴教育"等，多形式、多渠道创设家校共育环境。

（6）积极探索"互联网+"背景下家庭教育资源平台建设，开辟家校联系新空间，为学生和家长提供便捷、个性化的指导服务。

（二）构建社会共育机制

（1）学校要与宣传、民政、文化、综合治理、公安等部门建立互动机制，形成联系人制度，加强合作，及时处理相关问题。要向公众宣传学校教育的目的、学校开展的教育活动以及取得的成效，争取公众的理解和支持。

（2）学校可以借助节假日、寒暑假及特色活动的开展，带领学生积极走进社区，通过宣传活动、志愿活动、演出活动等，加强学生与社会之间的情感联系。

（3）充分利用社会资源，如利用展览馆、博物馆和纪念馆等文化活动场所，和他们共同开发适合学生的课程，为学生发展提供专业的指导。与不同的企业、工厂进行对接，让学生利用寒暑假进行职业体验。

（4）学校可以建立专家、学者、劳模等资源库，与相关机构保持密切联系，根据学校教育活动主题，邀请相关人士参加。

第三节　区域实践案例

一、彭水第三小学——搭建多方联动育人环境，共育时代"美"少年

（一）德育目标

（1）"人的成长"是家校社协同育人的关键。其中一个重要目标是提高学生的社会行为能力，让学生具有走出家门、走出校门学习和参与社会公共事务的能力，以及在一定社会环境中获得幸福感及具备个人价值的自我实现能力，为学生未来"美"的生活打下坚实的基础。

（2）家庭教育作为人生的起点，对个体的成长和发展影响重大、意义深远，是大教育的组成部分之一，是学校教育与社会教育的基础。家庭教育是终身教育，是孩子成长、成才、成功的垫脚石。要给孩子一个"美"的童年，必须从家长入手，提高家长的认知水平。

（二）实施方案

1. 建立健全家长委员会建设和管理工作，保障"美"育人制度

学校组织全校教师开展《中华人民共和国家庭教育促进法》的法律条文学习，使教师理解并熟知这部法律，增强学法用法意识，明确职责，指导家长进行科学育人。向家长宣传法律的重要意义、地位作用和核心内容，引导家长树立科学教育观念，理性确定孩子成长目标，切实履行家庭教育的主体责任。

定期召开家长委员会会议，完善工作制度建设，强化职责落实，充分发挥家委会的组织协调作用和参与学校教育教学管理的积极性，共同维护学校正常教学秩序。

2. 定期召开线上、线下家长会，交流"美"的育人方法

在家长会上学校领导把学校的办学方向、办学水平和教改的成果及举措告诉家长，教师向家长汇报班级情况，介绍一些科学育人方法，请有经验的家长作交流。老师和家长把孩子在校在家的表现相互通报，多听取家长对班级、学科教学及学校工作的意见与建议。

3. 定期家访，关注特殊学生，探索"美"的育人途径

随着社会的发展，班级特殊学生有所增多，主要表现为心理健康问题。学校德育办、心理健康办的老师定期对学生进行心理疏导，缓解学生心理压力。班主任采取家访或者电话家访的形式和家长沟通，对学生的一些好习惯的养成和坏习惯的形成原因及心理疾病有更深入的了解，与家长达成一致意见，使家庭教育与学校教育相得益彰。

4. 继续做好家长学校学习工作，提升"美"的育人方略

自成立家长学校以来，依托三宽家长学校教育平台，由专家教育团队每周一次授课，全校家长共同学习，学习现代家庭教育新理念，树立正确的儿童观、教育观、成长观，掌握为国教子的新知识、新方法，以高尚的人格和良好的言行建立新型和谐的家庭关系。

（1）收看平台推送的育儿知识，学习正确的育儿方法。德育办、大队部每周五晚7点从重庆市三宽家长学校科研实践管理群或彭水家庭教育实践校管理群转发学习链接到班主任工作群或家委会工作群里，再由班主任或家委会成员转发到家长群里。三宽教育平台通过《如何引导孩子正确表达和管理好情绪》《如何从"手机控"到"控手机"》《如何让所谓的"问题孩子"不再成问题》《孩子情绪那些事》《如何让孩子亲近经典》等精品课程，引导家长正确地、科学地教育自己的孩子。

（2）撰写学习笔记和心得体会，提升科学的育儿水平。三宽教育平台推送的链接一周内有效，家长在此期间利用自己的业余时间学习本周的学习内容。我校要求家长在学习过程中记下学习随笔，供自己在遗忘后随时翻阅，为自己的教育经验储备资源。课程学习后，学校鼓励全体家长撰写学习心得体会，将自己的学习感悟转化为外显的文字，通过撰写心得体会将教育理念内化于心。

5. 持续做好家长学校联系制度，打造"美"的育人场所

利用家长热线电话、学校和班级家长 QQ 群、微信群、家校联系手册，加强家校交流，让家长和教师相互交流，了解学生校内外学习和生活等情况，探讨学生的教育、培养方法和途径，普及家庭教育知识，宣传家庭教育理念，为

学生综合能力的提高提供沟通渠道。

6. 协调多方资源，搭建多方"美"的育人渠道

学校先后与县绍庆街道派出所、绍庆医院、绍庆街道办事处、人民武装部、人民检察院、民族文化艺术中心、交警大队、融媒体中心、退役军人事务所、沙沱消防救助站等单位及各小区物业达成共识，构建社会共育机制，搭建社会育人平台，实现社会资源共享共建，净化学生成长环境。

（三）德育成效

（1）积极开展家校活动，引导广大家长注重家庭、注重家教、注重家风，树立正确的家庭教育观念，自觉履行家庭教育的职责。

（2）引导家长树立科学教育观念，理性确定孩子成长目标，切实履行家庭教育的主体责任。

（3）利用身边或网络上的鲜活事例，从正反两个方面向家长阐述家庭教育的重要性，让家长明白在孩子的教育中，家庭教育起决定性作用，引导家长正确地、科学地教育自己的孩子。

随着家校协同育人的开展，给孩子创造了一个宽松的家庭成长环境，让孩子度过一个"美"的童年。随着各方力量的不断整合发展，家校社协同育人的重要性日渐显著，学校将协调好各方力量，落实立德树人根本任务，为学生的美丽人生护航。

（四）方案点评

彭水三小将"美"的思想通过家校社协同内化到每一个孩子的心中，让"美"的家庭生活、"美"的社会生活、"美"的学校生活相互交融，让美的教育理念真正深入人心。

家庭、学校、社会是一个和而不同的教育共同体，所谓"和"即应该形成合力、构成和谐的整体；所谓"不同"即各有特点、各有功用、不可取代，同时本质又是相通的。

"育人是核心、协同是关键、机制是保障。"彭水三小的多方联动打造育人环境，为协同育人树立了现代化的新理念。坚持科学教育观念，增强协同育人的共识，积极构建学校、家庭、社会协同育人的新格局。家校社共育以"共"为根本、"育"为核心，形成学校主导、家长主责、社会支持的"三位一体"教育共同体，开拓出了全方位、全链条、全流程、全覆盖的协同育人方案。此外，彭水三小的协同育人还创建了家庭教育课程体系，创新了家庭教育与学校的指导，充分发挥家长学校、家长委员会等协同育人阵地桥梁纽带的作用，让协同育人真正落到了实处。

二、彭水第四小学——家校共育 携手未来

（一）德育目标

彭水四小全面推进教育教学工作，构建教育与社会、学校与家庭、教师与学生和谐共进的良好教育局面，传递教师对学生的关心与爱护，加深家庭与学校的互相理解，形成家庭、学校的教育合力，为孩子们创设良好的成长环境。进一步加强家校合作共育，优化育人氛围。结合彭水四小"继山谷遗风，育博雅好少年"的教育理念和教育实际，制定了"家校共育，携手未来"的协同育人实践方案。

（1）以培养"博学雅正好少年"为总目标，博就是指学生博览群书、获取广博知识、乐于广泛探究；雅就是指学生具有高雅的审美情趣、高雅的行为举止和文雅的语言。

（2）培养学生良好的道德认识和行为习惯，包括培养学生良好的日常行为习惯、学习习惯、文明礼貌习惯和卫生习惯等。

（3）培养学生的道德思维能力和道德评价能力，培养学生的自我教育能力。

（4）培养学生健康的积极向上的心理，学会感恩、学会自律，树立正确的人生观、价值观。

（5）培养热爱学校、热爱集体、热爱生活的博雅好少年。

（二）实施方案

1. 宣传家校共育作用，强化家校共育理念

为了孩子身心健康发展，拥有一个美好未来，彭水四小积极宣传家校共育

的作用和意义。强调家庭教育和学校教育之间的一致性和良好配合，更有利于培养学生良好的习惯。和谐的家校共育关系能够促进学校和家庭之间的信息交流，家校共育能更好地促进青少年健康成长。家校共育，关键在"共"，宗旨在"育"。家校共育，就是要充分发挥好家庭、学校的作用，形成教育合力，共同把孩子培育好。强化家校共育理念，让家校共育理念深入家长内心。

2.搭建家校共育平台，创新交流形式

学校教育与家庭教育衔接的方式是灵活多样的。创新多种家庭参与途径，帮助孩子在道德情感方面健康成长，增强德育实践性。

学校是开展教育教学活动的主要场所，所以学校主动搭建起"家校"共育平台，通过及时有效地沟通，弥补学校和家庭教育单方面的不足。在交流形式上，既有传统家访、家长会，又充分利用现代信息技术与家长沟通，如腾讯会议、钉钉、微信群、公众号等，进而增进家校之间的交流。

（1）摸排走访，重点关注特殊群体。家访是家校联系的重要渠道，每学期都要遍访班级学生，尤其关注特殊体质学生、家庭经济困难学生和留守儿童。因学校留守儿童多，学校健全和跟踪留守儿童成长档案，建立留守儿童关爱室，增进留守儿童与家长的联系，关注留守儿童的健康成长。通过家访切实寻找问题，解决问题，促进学生的发展，家长们客观真实地反映情况，真正建立起了家校之间的合作关系。

（2）定期召开家长会。家长会是争取家长配合的有效途径，定期召开家长会。组织家长交流互动，尽量让更多的家长发言交流。家长朋友们畅谈经验与困惑；探讨共性话题，分析个性案例。教师认真听取家长意见，并作总结反思，进一步缩小家校距离，增强家校共育的实效性。

（3）榜样家庭教育交流会。学校提供平台，引导家长之间相互学习，相互示范，共同成长。同时建立长效机制，推动家风家教建设深入发展。班级推荐榜样家庭教育交流会，开展家风家训专题讲座，让家长和学生了解好家风好故事，传承家风文化，将养成良好习惯自觉践行在生活的点滴之中。

（4）开展"家长开放日"活动。每学期开展一次"家长开放日"活动，邀请家长进校园、进课堂。目的是让家长了解学校，认识学校，与学校育人目标保持一致。增进家长对学校的理解、关心、支持和参与，初步形成多元化育人。如邀请家长们参与校园文化艺术节、校园运动会、六一文艺汇演等活动，共同见证孩子们的成长与进步。这些活动一方面向家长展示学校素质教育的成果、培养孩子的综合素养，另一方面增加家长对孩子和学校的认同，赢得家长对学校工作的高度认可。

（5）开展亲子阅读活动。培养学生的阅读兴趣和习惯，使家长和孩子在阅读中寻找共同交流的语言密码，实现家庭中共读共写共成长。

①教师为班级"亲子阅读"作规划指导。

②在班级开展读书故事会或读书交流心得体会。

③开展"亲子共读摄影展"记录亲子共读美好瞬间。

④开展"我读我秀读书笔记展评活动"将读书活动中读到的精彩片段、好词好句、名人名言记录下来，班内选出若干同学进行亲子读书笔记展评。

3. 制定共育措施，共促孩子发展

（1）制定家长调查问卷。教师制作"家长调查问卷"，分发给家长，要求家长如实填写。教师梳理问卷调查结果，并虚心听取家长朋友意见，欢迎家长朋友为学校发展建言献策。通过问卷相互问答交流、积极沟通。

（2）组建共育机构。组建和完善家长委员会建设，畅通家校联系渠道，负责引领学生家长，与学校沟通联系，反馈学生和家长信息、建议，监督学校工作，帮助学校改进工作。

（3）资源共享共成长。利用公众号、服务号、微信群、美篇、微视频等渠道，向家长朋友推介共享有关孩子心理健康、品德培育、习惯养成、亲子沟通技巧等方面的家庭教育资源。借助多媒体平台，提升家长实施家庭教育的能力和水平。

总之，学校教育和家庭教育的有机结合形成了整合优势，二者共同促进了孩子的健康成长和良性发展。

（三）德育成效

（1）通过宣传，提高了家长对家校共育的认识，强化了家校共育理念，使家庭教育和学校教育之间达成了一致和配合，极大地促进了学生良好的行为习惯的养成。

（2）通过搭建家访、家长会、家长开放日活动等家校共育平台，灵活多样的交流形式进一步加强了家校沟通，密切了家校联系。通过"榜样家庭交流会"的互学互动，进一步指导家长实施家庭教育，推进了家庭与学校形成教育合力。通过系列亲子活动，协助家长建立良好的亲子关系。学校充分利用家长这一有利的教育资源优化，促进了学校内外的教育环境，使学生接受的教育更完整。

（3）通过制定家长调查问卷、完善家委会建设、网络资源共享等共育措施，畅通了家校联系渠道，形成学校、社会、家庭三位一体化的德育网络，使各种力量形成时空交叉影响的教育优势力量。充分利用家庭、多媒体、社会教育资源，提升了家长实施家庭教育的能力和水平，提升了学校内涵发展动力，初步实现了学校的德育目标，提高了学生综合素质，初步形成了家校共育的强大合力，有效提升了社会对我校教育的满意度。

（四）方案点评

打造家校社协同育人共同体是指家庭、学校和社会以落实立德树人根本任务为主线，在育人过程中充分发挥学校主导、家长主体和社会支持的协同育人职能，形成优势互补、协同育人的新机制和新格局。打造家校社协同育人共同体，不仅使学校教育主阵地作用进一步强化，家庭教育主体责任更加到位，社会育人资源利用更加有效，而且有利于促进家校社各展优势、密切配合、相互支持，切实增强育人合力，共同担负起培养学生成长成才的重要责任。

彭水四小"家校共育 携手未来"的本质就是架构起"家校社协同育人共同体"，充分利用家长及社会资源，本着相互理解、相互支持和求同存异等原则，广泛深入地就学生成长中的问题进行研究，集众智聚众力，不断增强协同育人的科学性、针对性、实效性。

在整个协同育人的实施过程中真正实现了：

机制共建——家校社充分利用科技资源组织形成协同管理机制，让育人体系更加规范；

过程共管——以学校为主体，家庭和社会积极配合学校组织的各类家庭及社会活动，让孩子们更好地亲近自然、开阔眼界、增长见识、提高素质；

效果共评——以家访、问卷等形式开展的评价，让评价体系不再仅仅局限于自评、师评，进而让评价体系更加多元化，进而形成相对客观、综合、公正的评价。

彭水四小的"家校共育 携手未来"促进家校社育人共同体的形成，进而让育人成果辐射效应最大化，是坚持科学教育观念，增强协同育人共识，让育人效能更优化的生动体现。

三、彭水县第一小学下塘分校——心理健康教育中的家校合作

（一）德育目标

在小学这一教学阶段，孩子们的性格与智力都在迅速发展，但他们自身所具备的社会经验与文化知识不足，容易产生一些心理疾病。此时教师可以通过开展心理健康教育的方式来让他们有更健康的心理和意志。而心理健康教育也从来不是仅仅靠学校、靠老师就能完成的，要让学生身心健康发展，必须调动家校社资源进行协同，对有心理问题的孩子进行全方位、全过程的观察和疏导，这样才能真正解决孩子们的心理疾病。

（二）实施方案

1.运用心理健康测评来促进家校合作

心理健康测评的方式能够让学生适应学习生活，并积极地面对生活中所遇到的一些困难。心理教师也可以根据心理测评的真实情况来制订一些家校共育的方案。

在教学"面对挫折，我不怕"这一课程时，挫折是小学生学习生活中普遍存在的现象，如果在面对挫折时并没有积极面对，而是感到无助、害怕，那么就会不断地进行自我否定和贬低自己。

为了能够更好地解决这一心理健康问题，教师在"心理测评"这一模块中发布有关"如何面对挫折"的心理学专业测试题目，并要求家长们辅助孩子进行填写和作答。教师结合测评结果可以精准地掌握每个学生潜在的挫折感，明

晰到底是因为对自己不够自信还是因为缺乏干劲导致的挫折感。

对于家长而言，应当根据测评结果更为科学地了解如何面对挫折，教会孩子如何勇敢地面对挫折。并结合孩子们的日常行为习惯来反思家庭教育中所忽视的问题，教会他们面对挫折不再选择逃避，而是肯定自己，按照科学的心理健康教育方案来对他们展开心理健康辅导。

2. 开展心理健康培训课堂来提高家长素养

小学生们的心理问题形成原因有很多，有的是周围环境因素造成的，有的是家庭教育造成的，也可能是受到社会的影响。而父母是孩子的第一任教师，他们的言行举止、文化水平以及个人素养等都会影响孩子。有些学生的家长具有传统的教育观念，认为心理健康教育并不重要，这也会在一定程度上影响学生的心理健康家庭教育水平。因此，开设家长心理健康教育的培训课堂，通过有效提高家长们的教育能力来消除学生的心理问题是非常有必要的。

教师应当定期对班级内的每位同学进行家访，全面了解他们在家的真实生活状况。在开展对家长的心理教育培训课堂中，教师要重点向家长们传授科学的心理健康理论知识与正确的教育观念，从而更好地提高他们的教育能力。

在学习"学会感激"这一课程时通过播放"感激父母、老师和朋友"的相关视频，引起孩子们心灵的共鸣，同时鼓励家长们结合视频中所播放的内容来反思子女的行为，而后通过讨论学生在生活中常见的不良行为来提出"面对这种情形，家长朋友们应当如何进行良好的教育"的讨论问题。最后，教师应鼓励他们以身作则，积累生活中感激的经验并丰富他们的理论知识。

3. 合理运用心理健康微课资源来加强家校合作

当前互联网技术高速发展，家校合作网络平台中也逐渐兴起了微课视频的教学模式，通过在平台中增设"心理健康微课"模块，帮助学生们在教师或家长的陪同下一同观看有着较高质量水平的心理健康教育课，进而提高心理健康教育课的家庭教育效果。

教师准备的微课教学资源不仅要与学校教育相关，还要重点关注学生们的家庭生活，通过思考如何让家长懂得创设一个和谐的家庭环境来引导他们形成积极向上、健康的心理。由于不和睦的家庭氛围或多或少地会给学生带来不良影响，再加上有些父母会因为彼此的感情纠葛而变得压抑和焦虑，从而对孩子们的心理产生一系列的负面影响。这就要求家长们必须配合教师工作，充分认识到家庭环境对学生心理成长的重要意义，并要求他们为其做好表率。因此，心理教师在制作微课的过程中应引导家长们理性看待生活中发生的事情，能够从不同角度引导孩子们形成健康的心理。

在学习"盲目攀比要不得"课程时，首先通过问卷填写的方式来了解每一位学生在日常学习生活中常见的攀比心理及行为，通过询问家长来充分了解他们在家庭中为孩子灌输的思想有没有与"盲目攀比"相关的。

其次，根据调查过程中所收集到的信息来为学生们制作微课"拒绝盲目攀比"的动画片，通过动画片中互相攀比的趣味性故事来让他们更为深刻地意识到攀比行为会伤害人的身心发展，对人际交往也有负面的影响。在此过程中，教师要求家长们陪同孩子观看微课视频，推动他们帮助学生们养成良好的生活习惯与规范做事的行为。

（三）德育成效

有老师表示：通过家校协同，立体推进心理健康教育，孩子们的变化非常大，以前有些孩子特别胆小、怕事；有的抗挫折能力非常差，不管是老师和学生说了他一下，他就会很生气；还有的同学很自卑，一天愁眉苦脸，脸上几乎不带一点笑容。可现在这些负面表现全部都没有了，一个个孩子的脸上都是阳光快乐，激情满满的，消除了孩子们的一些心理问题，孩子们的学习自然就进步了，就连一年级的孩子都是自己愿意学习了，而不是老师和家长要他们学习。能达到这样的效果我内心无比的高兴，不过这一点成绩还很渺小，我还得努力学习心理健康知识，争取未来能用更专业的知识帮助到孩子们。

（四）方案点评

在素质教育蓬勃发展的当下，小学心理健康教育教师在进行课堂教学时，要采用家校合作的方式，加强心理课程的教学效率，提升学生的学习热情，促使学生能够形成良好的心理抗压能力，乐观地面对生活和学习。

对于学生的心理健康教育而言，彭水一小下塘分校通过家校协同，让小学心理健康教育真正落到了实处，整个方案中我们不难看出，学校首先强化了学校的主阵地作用，使家庭教育指导服务更加专业，让家长科学育儿观念普遍提升，履行家庭教育主体责任更加到位，区域协同育人水平显著提升；其次是明确任务、细化责任，凝聚"家校社"协同育人的强大力量，按照"家长社会参与、学校创新、学生受益"的总体要求，构建家校社协同育人工作网络；再次是创新举措、共同参与，多元化家庭服务项目、学校家庭教育指导等，营造家校社协同育人的浓厚氛围；最后，充分利用新媒体的强大力量，多平台、多渠道、多形式开展家校协同的心理健康教育，调动家庭参与孩子心理健康教育的积极性，为学生的健康成长创造了良好环境。

四、森林希望小学——统筹家校社 奠基绿色人生

（一）德育目标

森林希望小学秉承"绿色教育奠基绿色人生"的办学理念，坚持以自然主义教育和生命教育理论为核心，倡导绿色教育，主张正确认识儿童的天性，尊重儿童，以学生对象潜在的生命基质为基础，实施自然和谐教育。

绿色德育是绿色教育的基石，是立德树人的根本保证。绿色德育以课程为核心，以家、校、社协同为抓手，让绿色德育课程得以在学校中践行。学校通过"探索培养体系、实施养成教育、强化学科渗透、重视社会实践、实施家校共育、打造学生名片、构建评价体系"来实现育人目标。引导学生会学习、会创造、能成才，充分建构师生"森林大舞台、有我更精彩"的校园文化氛围，努力为学生阳光的绿色人生奠基！

（二）实施方案

1.健全人格攻坚月推动习惯养成

以"健全人格培养攻坚月"为推手，落实行动德育课程。以每学期第一个月为"健全人格攻坚月"，主要以学生行为习惯训练为主题。班主任每天利用一节课时间，带领学生从教室到阳台、楼梯、操场、餐厅等具体场所进行现场

演练，实地讲解指导，从而培养学生良好的坐立行走习惯。

2.利用社会资源做好传统节庆活动

（1）统筹社会资源，做好传统节日、各种纪念日的主题实践活动。组织学生参与植树节活动、"三八"国际劳动妇女节活动、"清明节"祭扫烈士墓、世界环境日举行"人与自然和谐共生"的主题教育及上街义务宣传垃圾分类和捡拾垃圾等；在学雷锋纪念日举行讲雷锋故事比赛；在国庆节举行"向国旗敬礼，做一个有道德的人"主题活动等。

（2）认真做好校内各项固定节庆课程。每年定期开展"绿苗苗"科技节、"绿韵味"读书节、"绿娃娃"艺术节、"生命力"体育节，并不断创新主题和丰富活动内容。

3.仪式活动激发师生责任感

用"仪式感"推动学校文化的传承，让学生以更庄重认真的态度对待每一件有意义的事，让师生严肃认真、积极阳光的行为文化得到彰显与传承。每周升旗仪式中的"国旗下演讲与才艺展示"，激发全体师生强烈的爱国热情与责任担当；每年一年级孩子进校的"我是小学生了"入学仪式，让孩子们从进校第一天就感受到入学的快乐，开启自信的小学学习生活；新队员入队仪式，让入队孩子充分体会加入少先队的光荣与自豪；六年级的毕业典礼，让孩子们尽情回味六年的点点滴滴，尽情表达对母校、对恩师的感恩之情……

4.整合家校社资源做好社会拓展与实践

（1）组织学生深入社区街道，开展宣讲安全、环保，体验挫折，献爱心等活动。近年来，学校大队部还先后组织学生慰问了社区贫困学生家庭，参观税务办税大厅、消防中队、污水处理厂、水电站等。积极开展"小手牵大手活动"，宣传环保，推广普通话……

（2）组织"爱心捐赠"活动，体现感恩、责任与担当。学校先后为灾区捐款，为身患重病的学生进行爱心捐款。灾难无情，人间有爱。将"爱"的教育从课堂转移到生活实践中，让学生在活动中实实在在地感受"赠人玫瑰，手有余香"的快乐。

（3）学校利用种植园，结合植树节、丰收节、五一劳动节等，由德育办灵活安排各年级劳动主题活动，开展"水果拼盘、拿手菜、种植、厨艺比赛"等劳动教育实践活动，种植课程以四年级为主，划分责任地，包产到班，春种秋收。

（4）开展研学旅行，进一步开阔学生视野。暑假，组织部分学生参加"聆听古风蜀韵，畅游魅力成都"研学旅行活动。孩子们从多角度了解了读万卷书、行万里路的重要性，更明白了国家的美丽富强离不开各行各业的分工合作、无私奉献。

5. 规范系列班队活动

（1）规范、有特色的升旗仪式成为品德教育的主阵地，成为展示班级风貌的大舞台，每周的升旗仪式是每个班最为重要的班队课程之一。

（2）每期学校德育办依据德育课程要求，确立一条主线，围绕一个目标，制订一个严密的养成教育计划，每周一个养成教育主题，落实每周四下午一堂班队课，各班同课异构，开展主题班队课程。

6. 联动实施家校共育

注重对家长的培训、要求，落实家庭教育的责任、义务。借助家长微信群、三宽教育等传播学校育人理念及方式，拓展家校互动的新途径，树立家校共育理念。

（1）成立学校、年级、班级三级家长委员会，让家长参与学校、年级、班级重大事项的商议与决策。

（2）定期召开家长会，组织家长培训。培训有课程，有要求，有正面示范，也有失败的教训提醒，特别是一年级新生入学，必须对其家长集中培训三天，助力提高家长教育能力。

（3）设立家长开放日，组织家长代表观看升旗仪式、晨诵、大课间，深入课堂听课等。

（三）德育成效

从森林希望小学走出的优秀人才遍布各行各业，他们在社会各个领域实现自己的人生价值，闪耀着自己的光芒，有力地验证了学校绿色教育奠基绿色人生的办学理念。

学校绿色德育课程建设的发展离不开全体老师们的辛勤付出，更离不开班主任这支德育骨干团队的智慧和力量。学校以"健全人格培养"为养成教育的主线，开展各类活动，其指导思想是"德行为先、全面发展"。广泛培养学生兴趣爱好，促进学生综合素质的发展，树立自信、阳光、好学、多才的森林学生名片形象。

多年来，经过森林小学全体师生的努力，取得了骄人的成果。学校先后获得彭水县示范学校、教育先进集体、科研先进集体、科技示范校；重庆市优秀卫生单位、安全文明校园、绿色学校、园林式单位、巾帼文明岗、红领巾示范校、百佳人文校园、依法治校先进单位；重庆市文明单位、文明校园；重庆市教育科研基地校、科技工作先进单位、科技特色学校；重庆市首批60所书法示范校、首批52所义务教育阶段书法艺术特色学校、书法示范学校；重庆市中小学美育改革实验校、少儿美术特色基地县基地校；全国学校文化建设基地、全国第一批百所体育示范校、国家青少年体育俱乐部、国家图书馆建设先进集体等荣誉称号。

（四）方案点评

家庭、学校、社会协同育人机制可以界定为：为了实现全面发展的育人目标，通过组织体系建设、实施平台建设、评价体系建设等促使家庭、学校和社会实现功能互补、相互兼容，从而形成教育合力。

在协同育人的模式和具体的实施过程中，学校发挥着主导作用。通过加强家庭教育指导，打通社会共育桥梁，实现立德树人教育工作的最优化。家校社的协同合作包括家长参与学校教育和学校指导家庭教育，相互配合、相互支持，且地位平等、作用相同。

森林希望小学的绿色德育深入到了家庭和社会层面，不再是传统的脱离社会的学校教育，而是充分利用了家庭、社会资源……让学生真正体验到绿色生活、社会实践等在书本上学不到的东西，让学生得到了本质上的升华。

新时期家校社协同育人具有新特点。从教育目标来看，注重"价值统一，育人导向"，明确"立德树人"根本任务，围绕"五育并举""全面发展""立德树人"搭建育人机制和体系。从教育过程来看，注重"以生为本，尊重个体"。学生是家庭学校社会协同育人的共同对象，协同的一切活动应以促进学生的全面发展为出发点和归宿。在协同育人过程中要尊重学生的年龄特点和个性差异，注重学生自主能力的培养和潜能的发挥。从教育生态来看，注重"多维互动，伙伴合作"。协同育人中，学校与家庭、教师与家长等各方是平等互助的关系。协同育人机制的构建过程中，要体现现代教育理念和教育思想。

五、彭水第三中学——"同心同向 共生共长"家校协同育人实践

（一）德育目标

为了落实立德树人的根本任务，为了促进学生全面发展、健康成长，我校高度重视"双减"政策和"五项管理"相关规定的落实和跟进，彭水三小从教师、家长、学生三方发力，紧紧围绕培育和践行社会主义核心价值观，把品德教育作为家庭教育指导服务的重要内容，在"爱在三中参与其中"办学理念的引领下，结合学校实际，采取多种措施，指导家长科学开展家庭教育，让孩子养成受益一生的良好习惯，让每一个孩子都拥有阳光心态和强健体魄。

（二）实施方案

1. 调查问卷知需求

为了加强家庭教育指导工作的有效性，针对"双减"背景下家长教育子女的困惑及对学校的需求开展调查，从家长的学历、教育子女的问题、解决问题的途径、需要学习的家庭教育知识、对学校的教育需求，以及是否自愿参与孩子的学习生活、对学校工作的满意度等各个方面进行问卷调查，通过调查了解家长需求，从而有针对性地开展工作。

2. 遍访工作"六个一"

结合县教委布置的"遍访"工作，学校结合自身实际，将遍访工作落细落实，形成"六个一"遍访工作模式。

一倾听：听取家长讲解孩子在家的各种表现，全面了解孩子。

一汇报：教师汇报孩子在学校学习和生活的各种情况，让家长了解孩子在校的表现。

一查看：看学生的书房，了解学生的学习习惯。

一询问：在询问的环节中，从五个方面了解孩子的家庭和身心健康状况：

①问家庭经济情况，了解孩子上学是否存在困难等；

②问家中在读学生的数量，了解学生基本家庭情况；

③问家中父母与孩子的关系是否和谐，了解亲子关系是否存在问题；

④问家庭的教养方式，让教师在学校里有的放矢地开展教育工作；

⑤问在教育孩子过程中是否存在问题，了解家长的需求和担忧。

一交流：针对家庭教育出现的问题，老师给予耐心的指导并给出建议，与家长共同商量促进学生健康发展的教育方法、措施。

一总结：针对家访中出现的突出问题，班主任和科任老师及时反馈意见，召开班级教导会，及时解决问题。

3. 借助平台促学习

学校每周在县关工委的组织下，借助"三宽家长学校"平台，在班主任老师的发动下，组织学生家长学习家庭教育知识，并在班级群分享家长学习心得或感悟，学校德育处及时总结每一周家长的学习情况，并把三宽教育的内容整理成册，形成家庭教育资源，弥补家庭教育知识的不足，帮助班主任和老师们提升家庭教育指导工作的胜任力。通过每周的学习，也帮助家长不断扩充家庭教育知识，掌握科学教育孩子的方法，不断提高家长的教育水平。

4. 家长讲座提素质

心理学家哈里森说："帮助儿童的最佳途径是帮助父母。"家庭教育的实质就是实现对家长的有效指导。初一新生入学、初二逆反期、初三升学期，学校在学生成长的重要节点，在德育处的设计下，分班级讲解教育孩子的方式方法，如初一开展初中和小学的差异讲解，怎样配合学校培养孩子良好的习惯等讲座；初二开展孩子进入逆反期，家长应该怎么办，如何与青春期的孩子对话等讲座；初三开展进入初三，家长应该扮演什么角色，初三家长怎样帮助孩子调整心态等讲座。

5. 家长志愿者促了解

初一读书节、最美教室和最美寝室设计大赛由家长担任评委或观众；初二青春礼，家长顶着烈日，全程参与，做好孩子的榜样，孩子们为家长献上自己亲手制作的感恩花，家长和孩子手牵手走过青春门和老师们一一击掌庆祝自己十四岁的集体生日；初三百日誓师大会、初三毕业礼，家长、老师为孩子们戴上三中毕业徽章，一起见证孩子的成长！学校篮球比赛家长自愿担任班级训练员、裁判员和啦啦队；端午节孩子、老师和家长共同参与端午香囊制作、包粽子，体验传统文化的乐趣！各种家长志愿活动拉近了家长和老师的距离，开阔了视野，增进了彼此的理解。

6. 优良家风传美德

在"三代共话好家风"活动中，我校积极行动，召开专门会议讨论活动开展并设计出学校活动方案，经过班级选拔到学校选拔，德育处和语文备课组精心组织，我校两位同学获县一等奖，我校也被评为"优秀组织单位"。本学期我校在全校进行中华好家风演讲比赛，让好的家风在三中少年心中播下正义、善良、勤俭、自强、仁德的种子。

（三）德育成效

通过一系列的家庭教育实施举措，家长认识到要积极参与各项家校共育活动，学会更全面地评价自己的孩子，改变成绩第一的陈旧观念。在家校共同努力下，孩子们在学校、在假期通过各种课程和活动锻炼自己，养成了良好的生活和学习习惯，表达能力、解决问题能力、身体素质、心理素质等方面得到不断提升，家校合作共赢，带给孩子无穷的教育力量！

（四）方案点评

党的二十大报告明确指出"高质量发展是全面建设社会主义现代化国家的首要任务"，教育领域的核心任务则是"加快建设高质量教育体系""健全学校家庭社会协同育人机制"。健全家校社协同育人机制，全面构建协同育人新格局，是重构教育生态的战略选择和重要任务。

彭水三中的"同心同向 共生共长"从协同育人的角度提供了一套完整的解决方案：

第一，彭水三中的协同育人体系，本质就是构建家校社共同育人平台，让学校、家庭、社会三方共同参与，发挥各自的作用，形成一种有机的育人体系。

第二，加强学校、家庭、社会之间的互动和合作，学校要积极与家庭、社会沟通和合作，了解学生的家庭和社会背景，为学生创造更好的成长环境。

第三，六个一的问卷调查，促进信息交流和资源共享。协同育人需要学校、家庭、社会之间保持良好的沟通和协调，建立开放型的育人机制，实现优质教育资源公平分配。

第四，优良家风传美德，让学生更具自豪感和归属感，让家校协同育人的实施变得更加便捷合理。

彭水三中的家庭教育和协同育人充分整合了家校社资源，为每一个孩子的全面发展搭建起了一个优秀的平台，家校社聚力，让每一个孩子都能得到最好的发展。

后　记

　　中共中央、国务院多次强调德育工作的重要性，党中央领导人习近平在多次讲话中指出要重视青少年的德育工作。为贯彻落实党的教育方针，落实立德树人的根本任务，依法依规履行德育职责，彭水构建了区域一体化德育体系。基于此，彭水县教师进修校组织编写了本书，梳理了一体化德育理论脉络，总结了区域德育一体化的实践经验，为德育一体化实践提供参考。

　　在当前社会迅速发展的同时，也产生了一些不良的社会风气，这对学生的思想产生了极大的影响，给学校的德育工作带来了相当大的难度，也带来了新的挑战。如何应对新形势下的新挑战，有效地开展德育工作，这是摆在每一位教育工作者面前不得不深思的问题。

　　德育的根本在于言传身教：一个好教师不仅要让学生学到知识，更要让学生领悟到做人的道理，学会做人。教师是学生的一面镜子，教师的一言一行都会对学生思想品德的形成产生深刻影响。因此教师应加强自身的道德修养和职业素养，为学生树立榜样。这就要求每一位教师要树立为人师表的荣誉感、责任感和历史使命感；要保持较强的勤奋向上、积极进取的精神风貌，时刻注意自己的言行举止；要有良好的行为习惯，特别是在日常生活中更要做好学生的表率。例如，教师要求学生做到不讲粗话，讲文明讲礼貌，不乱扔纸屑、果皮，不随地吐痰等，教师首先自己要做到这些，也就是说教师要求学生做到的，教师应先做到，要求学生不做的，教师绝对不做。

　　"言传不如身教"，在进行德育的过程中，教师说一百遍不如做一遍给学生看更有实效。在这一过程中，不仅要言传，还要身教，这样才能有效提高思想道德教育的效果。因此，教师要强化自身修养，以文明的言行、高尚的品格去影响学生，时时、事事、处处以身立教、以德育人，起到言传身教的作用。

活动实践是德育的途径也是德育的核心载体：活动实践是德育核心载体，开展形式多样的活动和实践有助于学生形成良好的道德品行，若课堂教学是"求知"，那么活动实践就是"践行"。课内、课外相结合，才能实现真正的知行合一。

课外活动与实践多以集体方式进行。学生自愿参加，让学生在课外活动实践中受到教育、启发与鼓舞，是提高德育工作实效性的有效途径。因此，学生会以积极的态度面对活动中遇到的困难，处理好个人与集体的关系，这有利于培养学生的主体意识、团结互助的团队意识、集体主义精神及克服困难的毅力。学校开展形式多样的课外活动既可以提高学生的素质修养，开拓视野，同时也起到思想道德教育的作用。

此外，开展各种社会实践活动，能够增强学生的公共意识，培养学生积极的思想情感。例如组织学生走出校园开展"远离毒品，珍惜生命"宣传活动、"走进黄家红色革命小镇，听革命英雄事迹"实践活动等，有助于学生了解社会，培养学生的社会公德意识，关爱他人，助人为乐和互助合作团队精神。

德育是一项持之以恒的工程：一个人思想道德的形成需要一个过程，在这过程中需要有人引导他，当他偏离道德准则时及时把他拉回来，让其步入正轨。这就要求一线德育工作者要做一个细心人，深入学生生活，了解学生、关心学生，积极开展个别谈话与反映他们心声的集体活动，用"因材施教"的方针，重视做好转化工作，变简单灌输为启发诱导，变消极约束、看管为积极地自我激励、自我管束，提高思想道德教育工作的效果。在进行思想道德教育的过程中，我们要深入学生生活，充分了解学生，坚持晓之以理，动之以情，导之以行，坚持持之以恒的教育原则，必然会收到好的效果。

德育是一个协同化的综合实施方案：著名教育家苏霍姆林斯基认为，只有学校和家庭志同道合，信念一致，行动相同，儿童才能获得全面和谐的发展。学生的经验和社会生活在哪里？答案显而易见，在家庭和社会教育实践里。因此，以核心素养为导向的课程改革必须改变育人方式，打通学科知识学习和学科实践教育的关系，重建"学校与家庭、社区、学校与生活"的关系。所以，德育要回归生活、回归社会、回归实践，家校社形成育人闭环，构建起协同育人的综合实施方案。

本书在撰写过程中得到了课题研究团队、专家等的热心支持，特别感谢我县部分中小学和幼儿园提供的大量素材，并组织学校教师撰写案例，在此一并致以诚挚的敬意；还要特别感谢重庆大学出版社的编辑在本书出版过程中所付出的辛劳。

由于时间仓促，水平和能力有限，本书肯定存在疏漏和不妥之处，恳请广大读者批评指正。

陈恒平

2025 年 2 月